清芬领航企业
创│新│辑│录

第一册

清华大学产业创新与金融研究院
●主编●

清华大学出版社
北京

本书封面贴有清华大学出版社防伪标签，无标签者不得销售。

版权所有，侵权必究。举报：010-62782989，beiqinquan@tup.tsinghua.edu.cn。

图书在版编目(CIP)数据

清芬领航企业创新辑录．第一册／清华大学产业创新与金融研究院主编．—北京：清华大学出版社，2021.7

ISBN 978-7-302-56755-4

Ⅰ．①清… Ⅱ．①清… Ⅲ．①清华大学－校友－访问记 Ⅳ．① K820.7

中国版本图书馆 CIP 数据核字 (2020) 第 212107 号

责任编辑：刘志彬
封面设计：汉风唐韵
版式设计：方加青
责任校对：王荣静
责任印制：杨 艳

出版发行：清华大学出版社
　　网　　址：http://www.tup.com.cn，http://www.wqbook.com
　　地　　址：北京清华大学学研大厦 A 座　　邮　　编：100084
　　社 总 机：010-62770175　　邮　　购：010-62786544
　　投稿与读者服务：010-62776969，c-service@tup.tsinghua.edu.cn
　　质 量 反 馈：010-62772015，zhiliang@tup.tsinghua.edu.cn
印 装 者：三河市天利华印刷装订有限公司
经　　销：全国新华书店
开　　本：170mm×240mm　　印　张：17.25　　字　数：283 千字
版　　次：2021 年 8 月第 1 版　　印　次：2021 年 8 月第 1 次印刷
定　　价：55.00 元

产品编号：087036-01

丛书编委会

主 编

刘 颖

编 委

高 娜　艾 欣　金 韬　李 博　杨建业
姚迁迁　周丽英　张遥力　张世明

前　言

本书收录了十六个清华校友企业的创业故事,记录了企业创办、发展、成长、壮大的心路历程。这十六家企业遴选入书,是基于2017年清华校友总会与清华大学产业创新与金融研究院联合开展的"清华校友企业创新力调研评选"活动,通过问卷调查、实地走访和专家评审产生出获奖企业。调研评选由校友和企业自愿参与,故收录进书的企业只是众多清华校友企业的一个缩影,编委会撷取浪花,采集样本,呈现清华校友企业群体画像中的一些共性,希望读者窥一斑而见全豹。

清华校友创办企业,有哪些共性呢?编者尝试梳理出以下几点:

1. **强于技术创新**。无论是这十六家企业,还是我们调研过的其他几百家清华校友企业,绝大多数都是高科技制造和高科技服务类企业,行业涉及信息技术、生物医药、新材料、先进制造、能源与生态环境等领域。这些企业普遍经过多年技术积累,紧密契合国家战略高科技发展趋势。在中国经济过去长时期以房地产投资拉动为主要增长点的浪潮中,它们的探索和实践显得尤为宝贵和重要,体现了清华这所以工科见长的综合性大学培养的企业家的优势。

2. **着眼于国家经济发展大局**。清华校友创业的初衷不同,道路迥异,但普遍具备一个特征:积极投身于国家经济转型升级的探索实践,主动将企业发展与国家命运紧密相连。所以他们不是追求在同质化的、技术门槛低的领域打残酷的价格战,而是着眼国家经济发展全局去布局产业,研发技术,发展企业。

3. **传承清华"行胜于言"的作风**。这些清华校友有的与同窗知己、师兄师弟创办企业,从同学变成搭档;有的投资校友的企业,用信任与资本支持帮助后辈；有的彼此成为产业链的上下游合作伙伴。校友文化培育了良好的创业创新生态圈，在这个生态圈中，大家互相支持帮助，共同进步。在编者调查走访过程中，很难捕捉到这些清华校友有什么一鸣惊人的语言，低调做人、踏实做事、实事求是是他们一以贯之的作风。这种"行胜于言"的作风似乎也渗透到了他们所带领的企业中，成为企业的一个品质。

创业是一项复杂的系统工程，选择创业，意味着选择了一个充满冒险、煎熬和未知的人生，但这也正是创业的魅力所在。创业者就像探险者，无论旅途多么艰辛都必须坚持走下去，方能守得云开见月明，遇见路途中不一样的风景。

对于创业者，这是一个最好的时代，也是一个最具挑战的时代。国家经济结构优化升级已经到了历史性关口，百年未有的世界变局扑面而来。这一切会创造诸多新的机遇，也必将面临诸多严峻的挑战。清华创业者、企业家在这样的历史时期，更应该勇挑重担，焕发更加蓬勃昂扬的激情、创造力，付出更加艰苦卓绝的辛勤和努力，用实干破难题、抓机遇、迎挑战，与国家和民族经济同频共振，为时代发展交出满意答卷。我们期待着这些校友企业清芬挺秀，茁壮成长，取得更加辉煌的成绩，期待更多的清华校友企业加入清芬领航队伍，践行企业家使命，为社会创造源源不断的价值和财富！

编　者

2020年8月于清华园

目 录

排序不分先后

1 完美——池宇峰 / 1
2 海纳医信——崔彤哲 / 25
3 超算长跑者——陈健 / 52
4 创新创业　承担超越——黄代放 / 68
5 用创新铺一条向善的路——李竹 / 86
6 上善若水，柔而制胜——逯利军 / 102
7 卓尔不同——瞿晓铧 / 120
8 快乐创业，践行梦想——任天挺 / 129
9 中文在线——童之磊 / 149
10 5G+8K 领域先行者——温江涛 / 169
11 清华园走出来的创业先锋——许军普 / 182
12 兆易创新——朱一明 / 202
13 捷通华声——张连毅 / 210
14 长风破浪会有时，直挂云帆济沧海——张赛 / 222
15 历经艰辛矢志不渝，攻艰克难创新不辍，产业报国初心不改——同方威视 / 240
16 同方环境 20 载 / 257

致谢 / 266

1

完美——池宇峰

—

数千人工作的完美世界大厦,上班高峰期,所有人有序排队,依次涌入电梯。

池宇峰最后一个登上这部电梯,超重声响起。一位老员工说:"池宇峰,你下去吧,不然超重。"

老员工说得无比自然,而作为这家公司董事长的池宇峰,也自觉地下了电梯,看着电梯关门,升起……

20多年来,这个低调的高个子,目睹着公司的教育、影视和游戏等业务一个个升起,并成为中国顶尖的企业。期间,他也会偶尔想起,曾经在高校宿舍许下的愿望。

宿舍梦想和"开天辟地"

1990年,清华一个普通的男生宿舍里,刚入学的一批新生在谈论一个话题:中国为什么这么落后。

大家天南海北,从各个角度高谈阔论。其中一位讨论者的角度略有不同,他认为,中国落后,是因为中国缺乏世界级企业,而他愿用一生致力于创造中国的世界级企业。多年以后，池宇峰这样回忆那个夜晚："我为了让父母高兴而考上清华，但未来做什么？向何处去？进校后我曾经一度迷茫。那天晚上，我其实是表达了自己潜藏在内心的理想，我愿意致力于创造一个世界级企业，在当时虽谈不上深思熟虑，但自从说出这个想法，也就顺着这条道路走下去了。"

快钱向西，理想向东

1994年，广州浪奇宝洁公司想任命一位总经理助理，并提供去美国培训半年的机会。

在当时，这是令人羡慕的良机。公司高层非常看好一位刚离开校园不久的清华毕业生，让他们意外的是，他们遭到了这位清华毕业生的拒绝。

年轻人说："我想辞职创业。"

他给出的理由在今天或许并不稀奇，但在24年前，却并不寻常。

这个年轻人就是池宇峰，他后来回忆说："我想去创业很久了，来宝洁也是为了学习国际大公司的管理方法，为日后创业做准备。我不能接受了公司优厚的福利，去美国培训回来后再辞职创业，这不仅会贻误公司发展，而且会让外国人认为中国人不讲信誉。"

此后不久，池宇峰南下深圳，开始创业，从组装电脑做起。因为技术过硬，他一年之间就成为深圳最大的电脑组装商之一。钱是赚到了，但池宇峰心里却嘀咕了。

1996年的一个夜晚，当带领着一同创业的伙伴们完成十几台电脑的组装后，池宇峰突然冒出一句："我得回北京，去寻找新的机会。"兄弟们都愣了，搞不清他脑子里到底在想什么——这生意刚干了一年，就挣了好几十万啊！1996年的好几十万，绝非一个小数目！

只有池宇峰清楚，他要的不仅仅是个赚钱的生意，靠组装电脑，赚钱是快，但要把公司做成世界级企业，实现心中的梦想，这样的打法不行！

回到北京，池宇峰立即联系了很多好友，有清华在校的研究生同学，还有国家机关和报社的朋友。在他的鼓动下，大家满怀一腔热血，辞职创业，但摆在面前的现实问题是：辞了职，干什么？

池宇峰似乎已经胸有成竹。

在深圳电脑兼容机行业的创业生涯，除了给池宇峰带来经济上的收益，也给他带来许多思考。20世纪90年代，人们对电脑的认知还停留在很初级的水平，电脑售出后许多客户会反映有质量问题。当池宇峰风尘仆仆赶到客户家里去维修时，发现根本不是什么产品质量问题，而是对方的电脑鼠标没有插上，诸如此类……

这样的情形多了，就让池宇峰意识到，当时大多数消费者对电脑的了解极其有限，有些客户甚至连开机都不会，更谈不上如何操作。他敏锐地察觉到，出一套电脑教育软件，通过轻松、互动、形象的设计，让第一次接触电脑的人通过这套软件，就能掌握从打开机器、掌握文档处理，到消除病毒等一整套的基本操作方法……总之，通过多媒体软件教授消费者和广大公众如何使用电脑，或许就是一个绝佳的商机！

说干就干，虽然池宇峰当时手里攥着组装兼容机挣下的几十万元钱，但做多媒体软件够不够，他也心里没底。于是利用暑期时间，他先借用清华的办公室，后来又租用清华东门外极为简陋的小平房。到了冬天，没有暖气的平房里异常寒冷。不过，池宇峰相信，电脑技术将彻底改变人类社会，让人们学会使用电脑，这是一个开天辟地的变化，因此他给公司的第一款学电脑软件命名为"开天辟地"。1996年11月21日，北京金洪恩电脑有限公司正式注册成立。

洪恩旋风

经过两个月的艰苦开发，一天，池宇峰和伙伴们兴致勃勃地把一位朋友摁在椅子上，开始为他演示第一版《开天辟地》。大家都巴不得听到第一位用户的赞扬和首肯。但演示进行到一半，朋友昏昏欲睡，池宇峰和伙伴们十分懊恼。

本想"引人入胜"，结果"催人入眠"，这样的产品大违初衷。大家面面相觑，池宇峰叹口气，说："推倒重来吧。"

池宇峰重新写软件文本。他回忆说，当夜深人静时，自己坐在书桌前，就假想面对自己根本不懂电脑的双亲，手把手教他们的场景。

池宇峰将软件设计成"小博士"和"小教授"的对话，每一句话简洁自然，这让用户体验极为亲切贴近。但谁来配音？钱少不可能请专业人员，池宇峰干脆拉上同事王震宇，在半夜时分两人变身"小博士"和"小教授"，在平房里你一句我一句，说得不亦乐乎。今天，熟悉池宇峰的朋友在第一版的《开天辟地》中听到他略带卡通味的配音，都不禁会哑然失笑。而池宇峰回忆说，由于录音条件所限，在软件背景音中还能隐约听到平房附近铁路上疾驰而过的火车声。

1996年底，在北京国际展览中心举办的计算机展上，洪恩的《开天辟地》大受欢迎，根本来不及压制光盘的洪恩员工，仅搬了台电脑，通过硬盘演示软件，就预定出300套。一些用户为了保证能拿到光盘，现场预定后直接付款，以防订单"有变"。

很快，《开天辟地》光盘正式亮相，一个月就卖出1万套，此后售卖数不断创出新高，累计卖出数百万套。

《开天辟地》光盘

第一款产品大火，给了池宇峰和他的团队极大的信心。很快，同样轻松易懂、生动活泼，侧重于讲解电脑硬件知识的第二款产品《万事无忧》，于1997年5月上市后再次大卖。

一年之后，中国互联网风起云涌，洪恩适时推出了历时一年制作完毕的第三个产品——上网教学软件《畅通无阻》，继续高奏凯歌……

在《开天辟地》《万事无忧》和《畅通无阻》连战连捷后，洪恩将目光迅速投向了与电脑同样炙手可热的英语教育领域。1998年5月，他们的英语教育软件处女作——《随心所欲说英语》面市不到3天，就创下了销售8000套的纪录，创下了中国软件业新的奇迹。

在创业最初的5年时间里，洪恩以每年高于100%的速率迅速成长，并于1999年7月被中国软件协会评为中国教育软件第一品牌。

多年后，池宇峰回顾当时迅速获得的成功，他认为："我们刚好踏在了个人用户电脑普及和学习的浪尖上，所以很幸运。"而除了洪恩这家企业有了成为世界级企业的潜质外，令池宇峰最满意的一点是：做企业终于让他觉得"自己对社会有用"。他要把握住时机，在成为世界级大企业的道路上快马加鞭。

但池宇峰没有料到，一朵乌云，已经飘在洪恩的上空。

绕不开的乌云

池宇峰走在中关村大街上,时常会有小商贩过来兜售盗版光盘。洪恩的产品,颇受盗版商青睐。

看着小贩如数家珍地介绍洪恩的产品,池宇峰只能苦笑。洪恩的销售业绩,已经开始增速放缓,因为盗版实在太厉害。有人估计,洪恩的《开天辟地》系列,盗版量是正版的十倍以上。

池宇峰曾说:"如果通过我们的努力,能够让全国人民的电脑知识提高一点点,就是令人骄傲的事情!"所以,面对盗版,他也只能聊以自慰:"至少有更多的人能通过洪恩了解电脑,虽然此洪恩非彼洪恩。"

当洪恩达到数千万营收后,盗版带来的发展障碍也终究无法绕开。

眼看大家的激情在慢慢消退,池宇峰感到惭愧:"兄弟们跟了我这么多年,最宝贵的二十几岁的年纪一直都在这里,不仅没赚到什么钱,实现自我价值,还荒废了青春。如果我拍拍屁股走了,兄弟们的这十年算谁的?以他们的能力、学识、干劲,在别的地方,早就做起来了!"

盗版的伤害并不止于洪恩。1997年,清华几个学弟找到池宇峰,请他支持他们开发单机游戏。

看到产品虽然粗糙,但这帮年轻人竟然自己开发3D引擎,池宇峰感到非常震惊,要知道,当时的中国基本上没人敢于挑战如此"高难度"的技术。于是,池宇峰毫不犹豫拿出20万元投资。虽然这个团队最初的项目失败了,但池宇峰依然对他们很有信心,把这个游戏开发团队直接招进公司,这就是日后在中国游戏市场上享有盛名的"祖龙工作室"。

祖龙工作室后来推出了3D即时战略游戏《自由与荣耀》和《自由与荣耀2》,以及《大秦悍将》《抗日·血战上海滩》等单机游戏,得到国内玩家的好评,销售情况也一度乐观。但敏锐的盗版商盯上了这些口碑很好的单机游戏,几元钱一张的光碟让正版开发者毫无市场竞争力。无奈,池宇峰和他的游戏团队不得不转战海外,在当时海外版权保护更好的市场艰苦耕耘,获得收益,贴补开发团队。

为了解决盗版的问题,2000年,池宇峰尝试做了洪恩在线。显然,那时候的在线教育市场实在太超前,在商业上并没有实现设想中的成功。

尽管如此,但池宇峰认定好的多媒体教育产品始终具有极强的市场需求，盗版能影响业务发展，但不足以致命。洪恩一方面在多媒体教育市场进军英语学习，推出了《耳目一新读英语》《听力超人》《开天辟地背单词》《英语世纪行》等产品；另一方面开始涉足儿童教育领域，并且一做就是十余年。

几年下来，池宇峰与他的洪恩软件占据了中国50%以上的多媒体软件市场份额，并逐渐成为儿童教育领域的一支奇兵。正因这些教育软件和内容的积累，洪恩在幼儿教育领域打造了极具口碑的精品教材，如《洪恩Teddy英语》《洪恩GOGO英语》成为国内幼儿园使用率最高的教材，这也为日后洪恩幼儿园的发展打下基础。

只是当时的池宇峰还不知道，之前所有的尝试，不管成功与失败，竟都在未来助力了他的新事业。许多年后，苹果的乔布斯在斯坦福大学发表演讲说："你们现在不可能从现在这个点上看到将来，只有当你回头看时，才会发现这些点点滴滴，在未来都串联起来。"这也正是池宇峰创业之路的写照。

完 美 世 界

进军网络游戏

2004年，网络游戏在中国开始红火，盛大、网易的成功引发各方瞩目，池宇峰觉得奇怪："网络游戏如此赚钱，做这样的东西很难吗？"

事实上，当时国内单机游戏企业，由于盗版横行，生计维艰，跨过2000年后，存活下来的只有金山、目标、洪恩等为数不多的几家公司。池宇峰的公司因其依靠自主研发，做难度颇大的3D游戏，在其中独树一帜。即便是最艰难的时候，祖龙工作室——池宇峰认为是国内最好的3D游戏开发队伍也一直保留下来，为未来的发展蓄积力量。池宇峰以这支团队为基础，成立了完美时空（后更名完美世界），正式进军网络游戏。

当时，池宇峰和他的洪恩教育软件产品已经颇有影响，而通过试水洪恩在线，在网络领域得到很好的锻炼。洪恩在线短时间聚集了一大批用户，流量非常可观。无论是做游戏，做教育软件，都是单机版的，池宇峰和伙伴们没有机会接触服务器端的技术、网络数据库等。而通过洪恩在线，该团队迅速在互联网和管理大量用户方面积累了丰富的经验。这支团队日后也成为公司网游技术的骨干力量。

由于已有"盛大"公司的成功范例,不少人劝说池宇峰直接代理韩国游戏,但池宇峰果断拒绝。一方面,他和他的队伍已经习惯了自己开发产品,颇具自信;另一方面,池宇峰说自己天生受不了委屈,不愿意看别人脸色。后来做儿童教育软件时,池宇峰也尝试和迪斯尼、华纳谈过代理,但谈判过程非常艰难。池宇峰的理论是:与其天天求人,为什么不自己原创呢?所以一开始,池宇峰就想自己开发网游,不仅自己做,还要自己运营。

多年的市场打拼也让池宇峰认识到,把游戏做好最重要,但没有运营和市场人才照样行不通。通过朋友介绍,池宇峰吸纳了多名运营骨干力量。

人员齐整了,准备大展拳脚时,池宇峰却发现,跟他多年的弟兄们,开始对未来动摇了。

从决定进军网游开始,团队里并不是每个人都信心十足,整个队伍在做网游之前,仅有一个策划人员玩过网游,而且还不是公司骨干。池宇峰对于网游开发的难度没有给予太多重视。从洪恩的成功获取了极大信心的池宇峰也经常对团队说:"我们这拨人,做那些小儿科的网游,还不是手到擒来?"但显然,他和他的团队远远低估了网络游戏的难度。

随着开发的逐渐深入,网游的难度开始显现。单机游戏的工作量只有网游的十分之一,网络游戏突然而来种类繁多的服饰、装备、怪物、动作的开发,池宇峰在单机领域根本没有碰到过,更不用说还有很多服务器技术、网络管理技术……

池宇峰说,那个时候最艰难的就是必须不停地给开发人员信心。单机开发很多年,并不赚钱,网游能不能成功,他也没有十足的把握。甚至就在《完美世界》马上要面市之前,两个技术骨干依然选择了离开。其中一个回到了原来的建筑设计业,他说他甚至不敢告诉父母自己曾经做过游戏。另一个是美术专业毕业,被某个国外游戏公司高薪挖走。走之前,池宇峰和他谈心:"我们马上要成功了,为什么还要走?"这位技术骨干叹了口气,说:"池总,我们真能成功吗?"

池宇峰知道,这些技术骨干的担心不无道理,2005年,在带领团队开发《完美世界》时,只有池宇峰和极少数高管知道公司账面上只剩下10万元!公司正在经历生死存亡的考验。上百人的开发运营团队,如果渠道商不给预付款,下个月的工资都发不出来了,公司面临空前危机。

池宇峰不停地给自己，也给团队打气。他相信这个团队技术开发实力很强，没有什么事情搞不定。当时唯一支撑他的，就是对产品的信心。"无知者无畏。"池宇峰用这样一句话评价当时的自己。

那时市场上，并没有国产3D网络游戏，完美世界的第一款游戏《完美世界》不仅填补了这一空缺，在美术表现力上也高出了其他公司一个档次。当年渠道商骏网的CEO吴洪彬回忆说："当时看到3D的《完美世界》，真的让人眼前一亮。"

公测时，《完美世界》不负众望，所有开发人员悬着的心都放下来了，池宇峰也终于松了一口气。

《完美世界》场景图

《完美世界》

一开始决定做游戏时，池宇峰曾经问大家："我们直接上3D网游？"因为2D和3D的游戏对技术、美化等要求完全不一样。团队一致认为：上3D。事实上直到《完美世界》问世，整个中国市场，仅有一款大型3D网游，那就是风靡全球的《魔兽世界》。开发3D网游，无迹可寻，无鉴可借，难度之大，可想而知。

游戏进行内部测试时，正值公司招募了一批很有经验的运营人员，这些见识过很多网游的行家看完《完美世界》第一版后说，这个游戏，也就1万人同时在线吧（这意味着是一款平庸之作，商业上也无法获得成功）。开发人员几乎崩溃——这个糟糕的评价让他们始料未及。

池宇峰回忆道，当时这个场景让他似曾相识。他很快想起了那个昏昏欲睡的朋友，和第一版的《开天辟地》，并将这个故事讲给大家，鼓励大家说："没关系，我们一起来重新打造'更完美的世界'。"

于是修改引擎，改进网络传输，改进美工……池宇峰和他的团队研究了全世界很多好游戏，想知道为什么自己的游戏动作僵化，而别人的却灵动自如。在此基础上，他们又做了很多创新，比如，能变脸、能飞翔、能自建家园，每件衣服可以换十几种颜色……

同时，完美世界开始建立自己的渠道。以前做洪恩时打下的底子此时显示出了威力。"洪恩在全国的用户人数众多，我们一天就建起了渠道部，全国代理商一天就转过来。他们了解洪恩，对洪恩的产品有信心，自然也就对我们有信心。有意思的是，当时卖点卡，80%都是通过以前的软件渠道去做，这就让我们游戏的渠道非常畅通。"

接着就是地推、与点卡销售商去找网吧合作……洪恩教育软件推广的经验也让这些工作轻车熟路。2005年，完美世界的第一款网游《完美世界》公测，大获成功。直到今天，完美世界的产品还在全球100多个国家和地区运营，十多年来一直受到玩家的喜爱。

池宇峰知道，《完美世界》虽然开门红，但产品还远远没有充分挖掘其内在优秀的价值。早在2005年，他就注意到免费网游（道具收费模式）一定是行业发展的未来。他曾试图把《完美世界》改成免费模式，但当时手里的钱已经花光了，按时长收费的《完美世界》必须强行上马，而且只能获得成功。幸运的是，《完美世界》迈过了这道槛。

与此同时，完美世界的第二款游戏《武林外传》完全按照免费模式设计。《武林外传》不论从画面精细程度、3D效果，还是游戏道具设计、可玩性设计等方面，都别具特色。这是池宇峰和他的团队，大胆地将热播电视剧与游戏相结合的一次有益尝试。十余年后的今天，影视与游戏的融合已是业界共识，这足以看出池宇峰对行业发展方向敏锐而前瞻的判断。

2007年，完美世界推出了公司史上最重要的产品之一——《诛仙》，这款产品不仅是当年整个中国网游界最有影响力的作品之一，迄今依然是完美世界重量级作品。《诛仙》的独特之处在于，这是第一款结合高人气网络小说，真正成功改编的网络游戏作品。继《武林外传》开辟了影视游戏结合之路，《诛仙》再次创新成功。

《武林外传》场景图

40个月上市

富达基金管理公司（Fidelity Investment Group）的代表怒了："我们投资的项目多了，不缺你们这个。"

这家全球最大的基金管理公司的代表在电话里这样告诉负责完美世界IPO的投行销售，他们从来没有遇到过这样的事情——完美世界迟到了，让富达的代表等了20分钟。而作为全球投资商的风向标，富达的投资，对于希望上市的企业来说求之不得。实际上，很多投资机构都会在确认富达投资后，才会出手。

那位销售人员在电话那头急得满头大汗，而完美世界正在赶往与富达会面的路上。之前，完美世界每天见10个左右投资机构，每个控制在50分钟。上一家投资机构拖延了时间，留给完美世界与富达的会议时间只剩不到30分钟。

高度紧张之下，英文并不流畅的池宇峰出人意料地口齿伶俐。池宇峰当然希望富达能够购买完美世界的股票，世界第一大基金管理公司的认可，对完美世界的重要性不言而喻。

庆幸的是，富达的代表对完美世界的满意程度让他们忘却了对方迟到带来的不快，在上市前四天，他们购买了完美的股票。而通常情况下，为避免被其他投资机构跟风，富达一般最后一两天才下单。

事实上，在《诛仙》成功后，完美世界已经有能力去纳斯达克上市。

从公司成立到上市，用时不到40个月，所有人都觉得这简直不可思议。

池宇峰也认为，在中国做企业，如果不能上市，似乎还不能算真正成功。而且，要做国际化企业，上市是必不可少的一个过程。池宇峰认为上市最重要的意义之一，是实现员工期权价值，团队共同富裕，兑现他当初对大家的承诺。

池宇峰至今清晰记得，在美国新泽西，他对大家说："我们找一个有意义的地方定价（上市价格）吧。"在池宇峰看来，科学家要比企业家更伟大，既然来到新泽西，就得去普林斯顿大学——爱因斯坦和纳什工作过的地方定价。定价完毕后，池宇峰就去普林斯顿寻找爱因斯坦纪念碑，但遍寻无果，一打听，当地人说普林斯顿从不给任何人树碑立像，这让池宇峰感叹不已。

相比其他公司上市的坎坷，完美世界的上市过程出奇顺利。池宇峰回忆说路演很简单，无非是辛苦些，每天开十个会，睡四五个小时，回答问题，仅此而已。由于当时买股票的投资机构代表很少有懂游戏的专业人士，所以，他们提的问题池宇峰都早有预料。

一路上，投资机构普遍对完美世界的表现很满意，下单很积极，以至于除了第一大投资机构之外，第二、第三和第四大的机构只给了几百万美元的股票，第五名至第十名的就只有几十万美元。全球最大的基金管理公司富达公司（Fidelity Investment Group）买了一千万美元股票，在上市后，又出手买了几千万美元完美世界股票。而在他们购买之前，很多投资商销售眼睛只盯着富达公司，每天都要问：富达下单了没有？

2007年7月26日，公司正式登陆纳斯达克，首次公开招股（IPO）发行1180万股美国存托凭证（每股美国存托凭证相当于5股普通股），发行价为16美元，融资总额为1.88亿美元，IPO承销商包括摩根士丹利、瑞士信贷、CIBC世界市场以及SIG。2006年10月投资800万美元入股完美世界的软银亚洲信息基础投资基金（SAIF）也获益颇丰。整个北京公司团队都异常兴奋，大家守在电脑前看直播、欢呼雀跃，给池宇峰发短信祝贺。而池宇峰却由于提前消耗了兴奋值，上市时，本应该最激动的敲钟按铃，他也麻木了。上市后很长时间，他都没给大家开过会，也没有一起吃饭庆祝，大概一个月后，团队才到三亚和云南游玩几天，以示庆祝。

"几年来，我一直给大家灌输，人生不过如此。钱、名声、英雄般的经历，我认为都很缥缈，开心地工作与生活，做有价值有意义的事情才是最实在的人生。"池宇峰说,"所以,我们的员工兴奋过了,也就跟以前一样继续工作了"。

当时的池宇峰并没有想到,数年后,他还会再敲一次钟,只不过,这一次是在大洋这一边的中国。

另辟蹊径

2006年5月,飞往中国台湾的航班上,两位男士在翻阅机载的杂志。降落之后,他们也找当地杂志,不为别的,就为寻找有关明星的报道和广告。这两人其中之一就是池宇峰,他正为把完美世界的游戏带到中国台湾紧锣密鼓地奔忙。当他们翻阅过一批杂志后,两人商定,用林志玲在台湾代言《完美世界》。

台湾当地的代理——台湾最大的游戏运营企业智冠老总王俊博有点犹豫,他很看好完美世界的游戏,但林志玲是当时台湾最红的女星之一,代言费如此高昂,能否赚回来,王俊博心里没底。

池宇峰看王俊博有些犹豫,干脆表示,代言费由王俊博先出,如果到时候赚不回来,完美世界承担一半。这样厚道的条件,让王俊博打消了顾虑。

2006年7月26日,完美世界和智冠在台北签署协议,就智冠科技代理《完美世界》繁体版正式签约。同月,完美世界与日本著名网络游戏运营公司C&C Media联合举行《完美世界》日文版代理授权发布会,《完美世界》成为首款正式进军日本的国产网络游戏。两个月后,完美世界将《完美世界》签给越南的光明D.E.C通信。一年后,《武林外传》也出口到马来西亚、新加坡、泰国及日本四个国家和中国台湾、中国香港、中国澳门三个地区。此后,《诛仙》《赤壁》等作品纷纷赴海外运营,欧洲、日本、韩国、东南亚和北美……至2009年底,已经授权出口至六十多个国家和地区。

这时候,关注此领域的媒体记者才注意到,池宇峰早在两年前,就在公开场合发表言论:"完美世界每一款游戏,都要能够国际化。"这绝非虚言。

实际上,海外玩家对于网游的产品质量要求非常高,出口并不容易。完美世界为适应海外市场做了大量准备工作。例如,有些游戏在面向日本的版本中,将衣服设定为和服,而在面向东南亚的作品中,帽子就直接制作成斗笠。这些看似不经意的举措,让当地玩家倍感亲切。

2008年全年国产网游企业海外市场总收入达到5500万美元。而完美世界一家就占到了近40%，但这仅仅是开始。[1]

2009年完美世界北美分公司开张运营。这是国内游戏企业第一个海外全资子公司。完美世界的观点是，如果按老办法和当地运营商分账，收取版税金，虽然赚钱容易，但对当地市场永远不了解。仅在海外市场赚点小钱显然不是完美世界的目标。2009年1月在青岛举行的2008年度中国游戏产业年会上，池宇峰抛出的"抱团出海"概念，试图让更多中国游戏借助完美世界已经开拓的渠道，走出国门。

此后，完美世界的国际化进一步深入。池宇峰说："如今，完美世界正在做国际化3.0，即设立实验室，全球孵化、孕育，运用全世界的人才，将全世界的经验交叉互动，最终产生向全球发售的产品。"

2012年，央视《新闻联播》首次从"中国文化走出去"的角度报道了网络游戏，报道称，网络游戏已经成为中国文化走出去的过程中，赚取真金白银最多的行业。《新闻联播》以完美世界为例，报道了中国网络游戏出口到100多个国家，成为中国文化走出去的新探索。该年底，《人民日报》以《为什么是完美世界》为题，以几乎整版的版面，报道了完美世界在中国文化走出去中探索的新道路。这让完美世界乃至整个游戏产业非常振奋。此前，游戏行业在媒体报道中，负面形象居多。池宇峰自做洪恩时起，除了商业成功，另一个强烈的愿望就是对社会有益。因此，游戏行业中的某些公司为获利不择手段的行为，他从不屑于做。而一些有意义的尝试，即便艰难，他也愿意投入，并乐此不疲。

海外市场拓展，就是其中战略性的一步。这对池宇峰来说并不是什么新鲜事，在单机游戏时代，为绕开盗版，游戏业务早早出海开疆辟土。没想到后来网络游戏业务成长起来，这些海外市场，也成为完美无与伦比的优势。

2015年1月，完美世界董事长池宇峰在纳斯达克发出私有化邀约；该年7月，宣布私有化完成；次年，完美世界宣布装入池宇峰在国内A股上市的完美环球。对于这样迅速的转变，资本市场普遍认为，中国概念股在美估值偏低，网络游戏商业模式更是被投资商"看不懂"，这是完美世界回归A股的重要原因。而另一些人则认为，池宇峰的另一块产业——影视已经起航，此次装入游戏业务，正是为了一步步实现他的影游协同目标。

影视宏图

2011年11月,《失恋33天》上映前几天,完美世界影视的一位副总裁和影视圈朋友打了个赌,看票房能否过亿。

几乎所有朋友(包括不少媒体人)都认为悬,1000万元的小成本电影,能有几千万元票房就不错了。此前公认的大黑马是成本300万元的《疯狂的石头》,如此热闹,票房也不过2350万元。

这位副总裁此前在完美世界游戏工作,对互联网的运营理解超过当时大多数传统电影人。他简单讲了下《失恋33天》票房过亿的理由:未上映前,百度指数已经逼近100万;官方微博每天发送12条,总计评论数超过10万条;微博上关于这部电影相关的失恋主题活动十余个,一些活动热闹得让当时拥有2000万微博粉丝的姚晨和1600万微博粉丝的何炅也加入其中,而调查显示,80%的受访者通过微博了解到这部电影……[2] 在座的影视圈的人像听天书一样,面对这些数据分析,全都傻了。

对于曾经的游戏行业从业者,通过大量、精确的数字,来揭示产品背后的规律,早已是运营的基本功。当这些与影视的发行相结合时,催生出完全不一样的玩法。最终,打赌的两方都离实际票房相去甚远——《失恋33天》票房:3.5亿元,成为当时中国票房史上最大的黑马。[3]

池宇峰和他的完美世界影视在商业上广受赞誉,媒体形容完美世界影视是跨行业的颠覆者。

试水影视圈的第一张牌:尊重

2009年8月,章子怡主演的爱情喜剧电影《非常完美》,在46天内取得了9400万元的票房[4]。但比这更引人注目的是,大家忽然发现,有一家跨行业的企业来到了影视领域。这家企业就是完美世界。

2008年,池宇峰开始琢磨进军影视行业。在他看来,文化产品是个金字塔,影视与文学,是受众最广的部分,相比而言,游戏反倒显得"小众"。那时完美世界的游戏业务高速发展,公司2007年已经在纳斯达克上市,一切运转良好。而池宇峰进军影视行业的第一次试水——《非常完美》商业上获得了超过预期的成功,这让他非常振奋。他回忆说,那时他脑子里已经有"协同"的概念了,觉得游戏和影视可以结合起来,《非常完美》

里他尝试植入了一款《热舞派对》的游戏，这是影游融合的一次小小尝试。当时中国还没有企业横跨游戏和影视，而池宇峰想做第一个吃螃蟹的人。相比于电影市场的过山车，池宇峰打算先从相对稳健的电视剧产业入手。

对于进军新的文化领域，池宇峰有自己独特的考虑。首先，和进入多媒体教育与游戏一样，他判断2008年中国影视产业正处于大爆发前夕，此时布局是"天时"。自己做游戏和多媒体教育积累了不少资源和经验，这是"地利"。只要能抓住"人和"，那影视公司崛起只是时间问题。

当时市场上比较厉害的影视剧制作工作室数量极其有限，于是池宇峰就逐个和工作室谈独家战略合作。而这些顶级工作室，也有许多投资机构或者影视巨头盯着入股，商谈多次。池宇峰为了表示自己对人才的尊重和对前景的看好，对对方提出的入股价格，几乎不讨价还价。这让顶级影视大腕们无不刮目相看。

很快，拍过《渴望》《编辑部的故事》《奋斗》的赵宝刚，《双面胶》《黎明之前》《媳妇的美好时代》的刘江，《刀锋1937》《铁梨花》的郭靖宇，《蜗居》《裸婚》的滕华涛，以及何静、吴玉江等著名导演和制片人，都聚集到完美世界影视。

多年以后，池宇峰回忆说，影视行业，人才为先。导演、编剧、演员、制作人，这些人才是灵魂所在。首先，尊重人才，让他们安心创作，解决后顾之忧，是最基本和最重要的法宝。其次，建立一套机制，让大家都能获得未来的收益。总之一句话，用最好的人才和团队，并给他们创造各种自由施展的空间。

尊重不是说说而已。2010年，电影《钢的琴》急需资金支持，找了多家投资机构未果后，制作方找到池宇峰。在明知这类影片无法保证票房成功的情况下，池宇峰二话不说接手过来。当时完美世界影视某位副总建议改一个通俗的名字，如《疯狂的钢琴》，试试看能不能挽回些票房，招致了导演和演员的抗议。池宇峰出面说就按原名。结果《钢的琴》横扫"东京电影节""上海电影节""迈阿密电影节""悉尼电影节"等多项中外大奖，充分证明了池宇峰的眼光。《非常完美》商业上的成功，《钢的琴》艺术上的成功，让完美世界影视逐渐被各方关注，而池宇峰的一些做法，也逐渐被更多机构重视甚至效仿。

与此同时，电视剧的播种与收获也有条不紊地进行。其中，赵宝刚

2010年的《婚姻保卫战》，2011年的《男人帮》，都是年度巨制。而从2011年下半年开始，积累了三年的完美世界影视开始爆发。

再入三甲，再敲钟

2011年，是中国互联网特别的一年。微博方兴未艾，微信刚刚问世。社交网络让中国用户如痴如醉，而智能手机取代电脑，一步步成为中国用户的"器官"……

一切在悄然改变，影视领域也不例外。

2011年，池宇峰整合资源，将2008年成立的北京完美世界文化传播有限公司正式更名为完美世界（北京）影视文化有限公司，此后数年，完美世界影视连续创造佳绩。

几年间，电视剧领域精品频出：赵宝刚的《北京青年》《老有所依》依然是年度巨制；郭靖宇的《打狗棍》《红娘子》《大秧歌》《射雕英雄传》等成为年代剧与新武侠的经典；刘江的《咱们结婚吧》成为中国电视剧2013年收视率冠军，并成为第一部中央电视台和湖南卫视同时开播的电视剧；滕华涛的《浮沉》《时尚女编辑》《我为儿孙当北漂》《长大》《二胎时代》《我的！体育老师》等，深挖都市题材，品质深得观众认可；何静与吴玉江的《神犬小七》系列更是开创了宠物电视剧集的新局面。一时间，电视荧屏上完美世界的作品处处可见，业内开玩笑说，黄金时段翻五个频道，必有完美世界的电视剧在播。

很多媒体人对完美世界影视并不了解，但谈起这些作品，无不恍然大悟："这些作品是完美世界的啊！"

在电影领域，池宇峰相对谨慎，但《失恋33天》《等风来》《触不可及》《咱们结婚吧》《非凡任务》等作品，也产生极大的影响力。

事实上，池宇峰不只把互联网和游戏的产品及营销玩法搬到了电影领域，更为重要的是，他将互联网和游戏领域的分享理念，移植了过来。内部按照创业的模式进行利益分配，并给予创作者极大的自主权。

因为大腕的明星效应，一时间，媒体闪光灯纷纷聚焦在这些名导身上，而区区五年之间将影视公司带到国内三甲，七年内将两家公司分别在美国和中国上市的池宇峰却依旧保持了一贯的低调。

环球布局

2018年3月4日，第90届美国奥斯卡金像奖颁奖礼正在全球直播。

当《至暗时刻》的男主角加里·奥德曼发表获奖感言说："Put the kettle on，and bring Oscar home.（沏壶好茶，我带奖回家）。"远在地球这边的北京完美世界总部，守在办公室看电视直播的诸多高管，笑着纷纷举起了手中的茶杯。

《至暗时刻》《魅影缝匠》《维多利亚与阿卜杜勒》都是完美世界影视参与投资的，这三部电影共获得包括最佳影片、最佳导演、最佳男主角等9项大奖的14个提名，刷新了中国影视公司在历届奥斯卡获得大奖提名的数量之最。与游戏的全球化相比，影视全球化的难度要大得多。已经将游戏出口到全球100多个国家和地区的池宇峰，有着与游戏颇为不同的影视全球化战略。

池宇峰认为，相比于游戏，影视作品的本土文化属性强得多，强行推广海外，难见成效。如果与世界顶级影视机构合作，既可以为国际化迈出第一步，又可以学习很多国外先进理念。他选择了环球影业。

一方面，2015年，环球影业再一次刷新了好莱坞历史，以全年北美票房24亿美元，全球票房66亿美元的传奇成绩稳坐市场份额第一的位置，并创造了好莱坞历史最高票房纪录。同时，环球影业也成为电影史上第一家一年内拥有三部破10亿美元作品的电影公司；另一方面，环球影业的作品在中国认可度极高，也有利于完美世界影视深耕国内市场。

谈判过程并不顺利。之前有太多和环球影业谈合作的中国企业，或是口气天大，实力有限，或是先热后冷，出尔反尔，让环球影业对来自中国的谈判者已经抱有成见。对于完美世界，对方并不热情，他们对这家来自中国的公司是否诚信，存有疑问。池宇峰和他的完美世界影视高层拿出了极大的诚意，让对方觉得这家中国公司值得接触，逐渐投缘。

2016年2月17日，完美世界影视与美国环球影业共同宣布达成片单投资及战略合作协议，未来5年参与环球影业不少于50部电影作品，享有影片的全球收益分配。此次战略合作的达成，意味着完美世界影视成为国内第一家直接与好莱坞六大制片公司签订长期合作协议的公司。

此后两年，中国观众看到的《新木乃伊》《谍影重重5》《五十度黑》

《五十度飞》等大作，都有完美世界影视的身影。

尽管很难，但池宇峰向海外输出的尝试从未停止。在东南亚地区，完美世界的电影逐渐为当地用户所接受。而 2014 年 7 月，完美世界的《北京青年》《老有所依》《失恋 33 天》等优秀影视作品甚至被作为国礼，由中国国家领导人赠送给阿根廷总统。

2018 年完美世界公司年会上，池宇峰用了一个比喻：完美世界是全球文化娱乐的小牛犊。他说："我们才 14 岁，应该血气方刚，充满斗志，充满希望，充满拼搏精神，我们将在 2018 年发扬我们的小牛犊精神，走向世界。"

《谍影重重 5》电影海报

产业的未来：多业态协同，重归教育初心

产品思维打造品牌

多年前，清华的数位企业家校友在一起吃饭，饭局中有人提议："池宇峰，这批同学里你的企业做得好，你出面组织大家做点啥。"

池宇峰连连摆手说，这个组织工作胜任不了。

校友继续说："你事业做得这么棒，怎么也得为校友们做点啥吧？"池宇峰说没问题。

几个月后，池宇峰和其余三位校友，为母校捐款了 3200 万美元，资助清华大学新清华学堂的建设。

对于教育领域的投入，池宇峰一直毫不吝惜。外界因为影视游戏而关注池宇峰，其未上市的教育业务，反倒逐渐淡出媒体关注的视野。他起步于教育，如今重归教育初心，池宇峰在这个领域，有极其深刻的认识。

他曾对媒体记者坦言，未来会在很多教育产品上有大动作。

2017 年，一款幼儿识字 App——《洪恩识字》悄然上架，初看起来，这是一款幼儿识字的产品。但在精选 1200 个儿童生活常用字的基础做法之后，用户发现，App 里，每一个"玩、认、读、练、写"等识字环节，甚至包括"测、复习"等模块，都像一款小游戏。

这款 App 很快被苹果推荐。因为设计新颖，游戏趣味浓厚，符合孩子习惯，《洪恩识字》迅速冲到了 App Store 榜的前列。

池宇峰回忆说，自己在教育孩子的过程中，有很多心得。于是，在儿童教育的产品上，他亲自担纲产品经理。《洪恩识字》只是第一款这样的试水产品。而未来，针对儿童教育，各种新的战略和规划，池宇峰将展现他这些年来对于教育的思考。

多年来洪恩的教育理念，完美世界的互动和游戏思路，被植入洪恩故事中，因此产品一上线，立刻获得孩子们的喜爱。经常有孩子家长咨询客服，说孩子已经学完了所有放出的字，能不能多放点字。

由于不希望孩子玩手机或者平板电脑太长时间，《洪恩识字》严格控制了新字的出现时间，即便因此损失一些用户也在所不惜。多年来，池宇峰做影视和游戏，坚守的一个原则就是：一切要有度，游戏会给人带来幸福感，但沉迷就超过了这个限度。早在 2010 年，完美世界就与其他行业企业共同发起"网络游戏未成年人家长监护工程"，为家长纠正部分未成年子女沉迷游戏提供切实可行的方法。2019 年，完美世界参与人民网《游戏适龄提示倡议》，并携旗下多款游戏产品参与到"游戏适龄提示"之中。2020 年 5 月，完美世界游戏携旗下优质文化产品参与全国"扫黄打非"工作小组办公室部署的 2020 年"绿书签行动"系列宣传活动，协力营造保护未成年人的浓厚氛围。

《洪恩故事》和《洪恩双语绘本》App

这些年，洪恩教育 App 已经悄然进入千万个家庭，包括了《洪恩识字》《洪恩数学》《洪恩故事》《洪恩绘本》等让孩子们爱不释手的精品手机软件，寓教于乐，启迪智慧。目前洪恩教育还拥有十余家直接管理的洪恩国际幼儿园，多年打磨积累下来的精品教育内容、教育方法与教育理念在这些园区中得以充分地实践与应用。

2019 年 3 月，苹果 CEO 库克来华，专程访问了洪恩完美未来教育科技有限公司，并与创始人池宇峰讨论了教育、AR 等话题。库克也对池宇峰的创业故事很感兴趣。据媒体称，库克到达洪恩教育后亲自试玩了两款产品，其中一款使用了苹果最新的 ARKit 技术，引起了库克的极大兴趣。

查看翻译

这时，不少人才关注到池宇峰正越来越多地把精力回归到教育领域。2020 年 10 月 9 日晚，伴随着美国纽约证券交易所的开市钟声，在线儿童教育企业洪恩教育（iH）正式登陆美股，股票代码为"IH"。洪恩教育以每股 12 美元的价格发行 700 万股美国存托股票（以下简称"ADS"），每股美国存托股相当于 5 股公司 A 类普通股。在不扣除承销折扣、佣金和其他发行费用的情况下，融资额为 1 亿美元左右。池宇峰表示，洪恩在产品层面将继续定位在寓教于乐，帮助儿童在游戏中实现能力的提升。

池宇峰做教育起家，对教育有一份执着的感情，同时他也看到了教育行业的发展潜力。在敲钟时，池宇峰强调，"中国的发展需要教育，而教育也是我一直想从事的领域"。他也非常看重"洪恩"这一块金字招牌，"洪恩在教育行业和出版业的发展潜力非常巨大，这是我们最大的价值所在"。

不管是在哪一块业务里，都能清晰地看到池宇峰身上清华理工男的印记，那就是坚持一贯的产品思维。就像洪恩的品牌打造一样，他始终认为："我们是基于产品能力，在不烧钱营销的情况下，靠家长口口相传占领市场。在教育领域烧钱没用，烧钱带来的仅是一时的领先，对于线上教育企业来说，只有不断创新才是生存之道。"

池宇峰也是这样做的，不停地推动一些新的尝试，创造新的可能。8 月 8 号是个好日子，这一天，完美世界控股集团在北京发布全新互联网品牌88及旗下首款产品完美邮箱，超级域名www.88.com同步亮相。

这一次池宇峰打开的是互联网商务的新大门，从邮箱市场切入，但并非只局限在邮箱这一个品类上。在池宇峰的构想里，88品牌未来还会包括招聘产品、知识平台、职场社交和商业资讯等，瞄准的是细分市场里依然存在的诸多问题和尚未被满足的用户需求，最终是在最大程度上为用户带来工作效率的提升。

88品牌也融入了池宇峰对未来的美好期待。在发布会上，他解释说，数字"8"与粤语"发"谐音，被赋予兴旺发达的美好期望，因此88.com域名也蕴含着"财富、幸运、美好"等意义。未来，88品牌及旗下产品将持续深耕商务领域，为职场人提供更丰富优质的体验。

终身学习：从事业进步到丰盈人生

低调的池宇峰喜欢沉浸在自己的思维世界里。他最忙的时候也坚持读书，"我是个爱读书的人。当你读书够多的时候你就开始解析这个世界，慢慢开始判断什么是对，什么是错，什么是应该，什么是不应该，方向在哪里"。

池宇峰后来去攻读博士，不是为实现一个文凭梦想，或者混圈子，而是他忽然发现：世界的很多知识就是从博士论文中产生的，以前不知道这一层，现在才知道。

这些年，他攻读了2个博士，抽出很多时间和专家教授、研究团队一起碰撞、查阅文献，经过长时间的观察思考和准备，池宇峰最终形成了一整套的思维模型。2019年这本《人的全景》正式与读者们见面。

《人的全景》

池宇峰写书的想法源自一次硅谷清华企业家的聚会，在场的一位创业者说十年前听过池宇峰的演讲，让他印象深刻。演讲中的"扳道工理论"，也使他意识到自己的人生道路确实是在一次又一次的扳道中，得到了拓展和延伸，这让他受益良多，甚至改变了他的人生轨迹。

池宇峰听了之后非常感慨，想到自己的思考方法能帮助到他人，对他人的人生产生影响，池宇峰觉得很有意义。于是他就想："为什么不能把自己多年来总结的思维模型，以书的形式出版出来，从而帮助更多的人呢？"

池宇峰洞察出了每个人身上那些不易被发现的特性，例如平衡态、弹簧人、比较器、小鸭子等，并用它们解答了诸如人的动机因何而产生、人失败的根源是什么、人怎样才能进步、人的价值观是如何形成的等问题。

授人以鱼不如授人以渔，池宇峰还创建了一套洞悉人行为规律的方法论——全因模型。理解了这套模型，就能在日后的生活中随时随地拆解自己的行为。他还提出了不同职业发展阶段的人需要注意的不同问题及解决办法——7层阶梯和26种思维体操，在剖析和反思自我的基础上，辅以实际可操作的方法，实现能力的快速提升。

池宇峰在《人的全景》中提出一个"多宝豆"理论。他对人类经验的扩展作了一个比喻：人生的每一段经历和见识，都如同一颗颗豆子被存入口袋，随着口袋里的豆子越多，人在面对一件事或一个问题时，就会有更多的思考方向和备选方案。池宇峰说："我们就像捡豆子一样，每看到一个新东西把它捡过来，然后武装自己，这样我们的兜里有好多豆子，那么在不同场景下我们可能用不同的豆子来解决生活的难题，所以我称之为多宝豆。""多宝豆"带来的多元视角让人更包容，让公司的业态更广阔，也让聚在池宇峰周围的这一群人，更有创造力。

万物总有相通之处，在企业管理中，池宇峰也形成了一些不同寻常的观点。比如关于企业的"好"与"不好"，池宇峰也有一套独特的标准。"企业追求的是综合成就的最大值，而不是利润最大值。"池宇峰举例说："某一个企业可能利润是完美世界的两倍，但是骨干员工离职，副总裁级别的也离职，只有一两个人成功；而我们利润是别人的一半，但愿意努力工作的骨干人员有一半多获得了成就感，甚至可以独立去上市。你选哪一种？"

许多人尊重池宇峰，是因为他尝试了许多别人未能或者不敢尝试的事情——从做教育软件跨界到做游戏，再跨界到做影视；尝试海外拓展，尝试影游融合，尝试文化生态链整合……如今，池宇峰规划了一个涵盖影视、游戏、电竞、院线、动画、教育、互联网商务等板块，同时战略布局文学、传媒等领域的业务矩阵。池宇峰戏称："所有这些产业都是一个很好的协同矩阵。如果说只有两项协同，那么属于标准的协同，如果有三项协同，那已经是大大超标，非常好了。"

安安静静地，洪恩和完美世界就长大了。池宇峰却还是那么平静，一如既往，坚守初心。

"我想在这个浮躁的社会上，留下一片安静的土地。"池宇峰说。

后记

如果说完美是一种病，池宇峰说自己病得不轻。

自从奥斯汀写下了"完美是一种病态"，人们对"完美"一词就加深了傲慢与偏见。虽然，我们乐于把安迪格鲁夫的名言"偏执狂才能生存"挂在嘴边；虽然，我们也喜欢史蒂夫·乔布斯"残酷的完美主义"所诞生的作品，但如果身边就有一个把自己公司以"完美"命名，一个承认自己是一个极度完美主义者，一个认为虚拟世界是为让现实世界更加完美的老板，有多少人愿意相信，这个老板的形象，不是偏激苛刻，固执强势，令人敬畏森然？又有多少人愿意加入这样的企业工作，并打算一干数年？

然而事实是，说这话的池宇峰，其低调与内敛有口皆碑。完美世界的队伍之稳定，在业界广为称道。

关于"完美"一词，一百个人有一百种不同的解读。大概是因为见惯了太多自称崇尚完美的企业管理者，他们将"完美"一词肢解成了苛刻、揽权；皱眉、发火；加班、返工；老板红着眼睛，员工疲于奔命……所以一提起老板要求"完美"，很多人不禁毛骨悚然。

我们姑且将这类人称为伪完美主义者。然而正如术有大小之分，完美主义者有真伪者之分，在对人对己、眼界大小、视线长短方面，两者泾渭分明、截然迥异。

要求自己完美者，自尊敏感；要求别人完美者，苛刻严厉。完美世界的员工，很少看见池宇峰呵斥、大失风度。池宇峰自己评价，对很多东西，他总会觉得只能达到他心目中的80分。然而他很少苛求员工每件事必须做到百分百。《论语》有云："吾日三省吾身。"又说："故旧无大故，则不弃也。无求备于一人。"那意思是老部下要是没什么大错，就别让人家辞职，求全责备不可取。这句话完全等同于"严于律己，宽以待人"。

完美也有远见短视之分。短视者，为一短期目标殚精竭虑，一如我们的一些企业和部门为完成当前业绩拼命涸泽而渔，只顾眼前利益。真正的完美者则首先考虑到企业的可持续发展，短期与长期的结合。短视者往往不择手段，远见者从来原则井然。

企业的发展之道，关键一点是要能经得住诱惑，坚定地向着自己的目标前进。"短视"的完美主义似乎赢得一时，真完美主义者才能笑到最后。

有些"完美主义者"言必称"我要求如何"，整日忧思，总觉得员工素质堪忧，世人皆不如我。而池宇峰言谈中反复提到了他的团队，而绝少自己；反复提到的是员工需要钱"买房、买车、孝敬父母"，而不为自己的财富沾沾自喜；反复强调工作的环境和员工的感情，而不对自己又有哪些创举洋洋自得。他乐观自信，常说："我们都搞不定，谁能搞定？"同时他又拿得起放得下，自言："人生不过如此，名利不必强求。"在他眼里，团队的快乐和稳定，是和业绩一样重要的事情，在他手机里，是孩子照片的笑脸，他恨不得见人就分享自己的天伦之乐。同时拥有一个幸福的家庭，一个愉快的心情，一个稳定的团队，一个潜力的企业，一生享之不尽的财富，你能说池宇峰不完美吗？

非也！

如果过度苛求与短视的"完美主义"是一种病，池宇峰拥有超强免疫力；如果真正的完美主义是一种病，池宇峰病得不轻。

备注：

[1] 2009年伽马数据、IDC、游戏工委的《中国游戏产业报告》

[2]《下一代互联网背景下中国用户行为研究——以完美世界用户为例》2017年 作者：王雨蕴

[3][4] 百度中国票房

2

海纳医信——崔彤哲

姓名：崔彤哲（Tony）

海纳医信（北京）软件科技有限责任公司创始人、董事长，清华大学未来医学影像实验室联席主任，正高级工程师，北京市特聘专家，国家"万人计划"专家。

1990年，崔彤哲从齐齐哈尔市实验中学，保送进入清华大学生物医学工程专业学习。1995年毕业后直读硕士，1997年辍学赴美攻读博士学位，1999年决定再次辍学去硅谷工作。2008年，获得清华大学经管学院高级工商管理硕士学位（EMBA）。

崔彤哲专注医学影像前沿科技研发二十余年，主创研发多款国际领先的医学影像软件系统，包括：曾连续两年美国排名第一的医学影像归档传输系统（PACS）[1] iSite，全球第一套网络化三维医学影像处理系统 iConnection，以及获得美国年度最佳医学影像新软件奖的 Vitrea Enterprise Suite。

2008年，崔彤哲在清华科技园成立海纳医信，致力于研发下一代面向全球市场的一体化医学影像大数据平台系统及远程医疗平台系统，立志打造世界级中国医学影像、远程医疗领军企业。目前，海纳医信推出的一体化医学影像大数据平台系统，在行业内获得广泛认可，已经成功在国内二十多个省份实现业务覆盖，并成功进入美国、东南亚、中东、北非等十几个国家和地区，形成了良好的国际品牌认同和影响力。

2020 大疫之年，崔彤哲积极承担社会责任，践行使命，勇于担当，率领团队帮助全国多个地区进行防疫抗疫工作。在北京市，崔彤哲积极献言献策，紧密配合北京市科委、市健康委、市医管局和北京市医学会的安排部署，联合中国研究型医院学会，春节期间组织员工数十人，连续 6 天的通宵奋战，于 2 月 1 日（正月初八）推出了面向全体北京市民的专家在线咨询问诊平台。普通市民通过关注北京市发布的官方平台，扫描二维码即可以随时随地跟在线专家进行问诊和咨询，为缓解疫情期间首都民众的焦虑情绪和引导百姓有序就医，作出了应有的贡献。在广东省，团队加班加点用 3 天的时间，为广东省 30 家新冠肺炎定点救治医院实现了与广东省远程医疗系统的对接联网，助力钟南山院士于 2 月 23 日为广东省新冠重症患者进行了第一次远程会诊（之后陆续又为重症患者开展了二十次左右的会诊）。

两次辍学与硅谷之缘

1997 年，清华大学电机系生物医学工程专业，有一位在读硕士生突然向学校提出辍学申请，决定去美国马凯特大学生物医学工程专业攻读博士学位。在那个文凭几乎是一切的年代，这是多么让人大跌眼镜的事，许多人心里唏嘘不已。美国的博士学位也并不容易拿到，如果拿不到，他将错失清华大学的硕士学位！

1999 年，在美国马凯特大学攻读博士两年后，他突然决定再次辍学，作为第一名研发工程师，加入了美国硅谷初创医学影像公司 Stentor，开启了他在医学影像领域的研发生涯。

这位两次辍学的"不安分"学生，就是崔彤哲。

幸运赴美留学

1995 年，崔彤哲本科毕业后直读硕士，突然发现身边很多同学都在考托福、考 GRE。有几个同班同学，本科毕业后竟然直接去美国攻读硕士、博士了！懵懂中，他也报名参加了新东方的培训，成为准备出国留学大潮中的一员。经过一年的准备，1996年他开始向美国大学发出了留学申请，并如愿拿到了美国马凯特大学的博士全奖。过程看似轻松，实际上充满艰辛。"母亲常年生病住院治疗，还有两个妹妹也在上大学，为了不给家里增添负担，当时向10所美国大学递交了申请材料，但都没交申请费。结果校方不受理我的申请材料……"崔彤哲回忆道。一个偶然的机会，他的履历被马凯特大学一位教授关注，并直接跟学校招生办公室联系，希望能录取这名学生到他的实验室，参与CT成像算法的研究工作，并给予了其所在专业最高额度的全额奖学金（Whitaker Foundation Fellowship）。"马凯特大学是一家历史悠久的天主教会大学，也是威斯康星州最好的私立大学，生物医学工程专业一直排在全美前二十五名，当时能被录取真是感到很荣幸，很满意！"入学后，崔彤哲了解到，这是马凯特大学生物医学工程学院第一次授予全额奖学金给中国留学生。

偶遇硅谷创业 [2]

1997年8月，人生第一次坐飞机的崔彤哲飞越重洋，开启了自己的留美之路。完成日常课程学习的同时，他几乎每天在实验室工作到半夜，取得多项科研成果，获得实验室教授和科研人员的认可。上学期间，崔彤哲更加深入地了解了美国的文化。他意识到，在美国读博士，尤其是对于中国人，毕业出路比较单一，主要就是在大学搞科学研究。而对于毕业于清华生物医学工程专业的他，做一名优秀的工程师一直是他的梦想。他同时意识到，在美国工业界，学历并不是特别重要，用人单位更看重人员的实际工作能力。而且美国教育体制比较灵活，学生甚至可以选择工作几年，再回到学校继续学习、答辩拿学位等，都是很正常的事情。考虑再三，崔彤哲做出了当时人生中最大胆的一个决定：辍学去工业界工作。

1999年，正值美国互联网蓬勃发展阶段，崔彤哲决定去硅谷试试。"我很幸运，一生中投送的第一份简历就找到了一份专业对口的工作。"崔彤哲回忆道。位于南旧金山的Stentor公司，由国际著名医学影像专家保罗·张博士牵头创立。保罗拥有哈佛大学医学博士和斯坦福大学工程硕士学位，对医学和工程的结合有很敏锐的洞察力。保罗博士在日常工作中发现，自己所在的匹兹堡大学医学院使用的PACS系统造价上千万美元，却非常不好用，于是萌生了开发一套全新 PACS 系统的想法。

"现在回忆起来，加入 Stentor，对我是巨大的挑战，也是最好的锻炼。我虽然在学校里做过医学影像相关的科研工作，但是对于开发国际顶级产品的要求，还有很大差距。尤其对于如何管理一个大规模医疗软件系统研发团队，根本就没有概念。"崔彤哲到公司报到后发现，他是公司首批录用的四名研发人员之一，而且是第一个来公司报到上班的。"我是1999年7月份加入 Stentor 的，入职后的前两年，每天工作到很晚才回家。当年11月底，短短四个月的时间，我们就开发出来第一代产品原型，并且参展了全球最大规模医学影像大会：北美放射学年会（RSNA）。"直到今日，崔彤哲还清晰地记得，展会前一天加班完成最后的代码封装后，公司 CEO 奥林先生笑着对他说："去 RSNA，向世界展示你的杰作吧！（Go to RSNA. Show your master piece to the world！）"

"一到硅谷，我就感受到了浓厚的创业氛围。"在上下班开车路上，他经常会听到各种广告，如"我们需要什么什么样的程序员。如被录取，公司将提供宝马 Z3 跑车"等激情的话语。在硅谷，人们对于高科技公司的上市、并购以及财富的增长会有很直观的感受，在这片创业的热土，全球高端技术人才荟萃，很多科技型初创企业成为技术创新的原动力，也造就了一大批财富新贵。

2001年12月，崔彤哲与 Stentor CTO 在 RSNA（北美放射学年会）

在 Stentor 工作的三年半时间里，崔彤哲逐步成长为 Stentor 核心研发人员，帮助公司从无到有开发了三代产品，并且作为主要开发人员与保罗博士联合完成了两项核心专利技术的研发工作。回顾在硅谷的那几年，崔彤哲觉得自己做了一个正确的决定：在非常早期参加了一个创业公司，幸运地加入了一个高水准的研发团队，从事了自己喜欢的医学影像事业，成功开发出了世界顶级的产品，亲身经历并感受到了一家初创企业从几个人发展到上百人，产品从无到有，发展壮大的全过程。在这里，他以亲历者的身份学习到了宝贵的创业理念，结识了一批美国顶级医学影像专家，为他之后的创业积累了宝贵的经验。

Stentor PACS 系统旗舰产品 iSite 于 2003 年、2004 年连续两年排名美国 PACS 产品行业第一，并于 2005 年被飞利浦公司以 2.8 亿美元收购。在发布了第三代 iSite 产品后，2002 年崔彤哲却毅然决定回国创业！

中关村创业传奇[3]

毕业于北京大学的胡晖博士，是崔彤哲在马凯特大学求学期间结识的朋友。1998 年，胡晖博士作为资深科学家、主要发明人帮助美国通用电气公司（GE）研发了全球第一台多排 CT——四排 CT。多排 CT 的诞生，是当代医学影像领域一个革命性的进步。它使得人体成像的精度和速度都极大提高，使得众多基于三维医学影像数据的精准诊疗方法变得可行。发明多排 CT 后，胡晖博士预见到未来的一个趋势：医院应用三维医学影像的方式将会产生革命性改变。2001 年，胡晖决定从 GE 辞职，与北大校友、同在 GE 工作多年的孙毅博士一道，在威斯康星州成立全球第一家网络化三维医学影像处理系统研发公司——海纳维盛（Hinnovation），并获得了 50 万美元的天使风险投资。

创业之初，胡晖想起了辍学去硅谷工作的崔彤哲。"记得是一个周末，胡晖给我打来了电话，跟我说了他的创业想法，希望我能作为 CTO 加盟，共同创业。"崔彤哲回忆道。胡晖提出的产品理念很新颖，当时国际上还没有类似产品，未来应用前景能怎样，也还有些难以判断。"但如果能研制成功，会在医学影像领域，开辟出一个全新的产品门类，仅这一点就会在医学影像的发展历史上留下一笔。这的确让我很心动！"崔彤哲基于他在硅谷的工作经验，感觉这个产品可以尝试进行开发，虽然没有其他产品可参照，但还是觉得有相当的把握。

但是，崔彤哲当时在 Stentor 正处于开发第三代 iSite 产品的关键时期，立刻辞职离开实在难以割舍。考虑再三，他决定还是要把 Stentor 第三代产品开发完成后，再全职加入海纳维盛的创业。就这样，两人达成一致：崔彤哲先以顾问的形式开展工作，不拿工资，只要股份，利用晚上和周末的时间，先远程带领威斯康星州的几名研发人员把产品设计工作开展起来。就这样，崔彤哲在硅谷通过电话、邮件、雅虎通等通信手段和远在威斯康星州的团队保持联系，并于 2001 年年底成功开发出了第一个产品原型。"记得第一次调通的时候，看到产品通过普通家用互联网，即可以实时进行三维医学影像的处理，真的很激动！"时至今日，崔彤哲回忆起当时的场景，脸上还是充满喜悦。

胡晖和崔彤哲，一位是优秀的科学家，一位是出色的工程师，两个人的配合可谓珠联璧合，相得益彰！然而，2001 年 9 月 11 日发生在美国本土的最严重恐怖袭击事件，给海纳维盛的创业蒙上了一层阴影。原本备受资本追捧的海纳维盛，瞬间无人问津。事实上，2000—2001 年硅谷互联网泡沫开始破灭，加上 2001 年的"9·11"恐怖袭击事件，美国风险投资行业几尽崩溃，无数的风险投资机构倒闭，无数的创业公司关门。

无奈之下，海纳维盛只好解散威斯康星州的研发团队，创始团队不拿工资依然坚守。2002 年 4 月份，胡晖和孙毅联系了老东家 GE 的一名高管，向其介绍了产品理念，并展示了产品原型，被高度认可！该名高管判断，这项技术创新有可能改变医学影像行业未来格局，希望以战略合作形式尽快把海纳维盛的技术融合到 GE 的几个产品线中，并同意支付 30 万美元作为技术评估费用。如何花这笔钱成为决定海纳维盛未来走向的重要拐点。

"如果在美国，这 30 万美元可能很快又会花光。但如果回到国内，人工费用会大幅下降，拿出 15 万美元都将会发挥大得多的功效。Stentor 第三代产品的研发也基本完成，我觉得是离开 Stentor 的时候了……"崔彤哲表示，"我必须全身心地投入进来，不然产品研发推进速度太慢了！"

2002 年上半年，Stentor 第三代产品顺利发布后，崔彤哲向 Stentor 提出了辞职申请，Stentor 管理层对他诚恳挽留，不仅许以加薪、加股票期权，在了解崔彤哲计划回中国工作时，甚至表示可以允许他一个人在中国远程工作。"当时的确是有些纠结。工作后，Stentor 正在帮助我进行美国绿卡的申请,而且已经进入到最后审批的环节,如果一切顺利半年内会拿到绿卡。在此期间,如果我离开公司,公司是有义务向移民局发出通知,并撤销我的绿卡申请的。"在崔彤哲的申请下,Stentor CEO 奥林先生基于他对 Stentor 发展的贡献,决定公司不会主动向移民局通报他离职的情况,但是如果移民局最后审核期间,向公司询问任何关于他的情况,公司将会如实汇报。

2002 年 6 月 30 日,崔彤哲飞回国内。次日一早,他来到位于北京市海淀区上地七街的中关村国际孵化器上班(之前的几天胡晖博士和决定加入的崔彤哲的清华师弟刘学民在此租了一间 85 平方米的办公室,并配置了家具和电脑)。同一天,他在美国硅谷期间通过网络招聘、电话面试的几名工程师也来办公室报到,开始了在国内的创业之旅。在国内研发,面向美国市场销售,这成为海纳维盛当时的一个经营策略。

值得一提的是,促成崔彤哲回国的重要因素,与中关村硅谷联络处的设立也有很大关系。2000 年,中关村科技园区大规模发展,将信息触角延伸到了硅谷,正式设立中关村硅谷联络处。中关村硅谷联络处的设立,使许多像胡晖、崔彤哲这样的创业者有机会了解到国内创新创业孵化体系的发展,将目光转回国内,转向中关村。

2002 年,海纳维盛在上地七街的办公室

"胡晖现象",创业者的遗憾[4]

海纳维盛是崔彤哲回国的第一次创业,并且是核心创始人之一,心中充满了对这份事业的挚爱,以及对公司美好未来的企盼。他几乎把全部的时间和精力都投入到工作中,甚至回国后一年半的时间,没有进入过北京的五环,连离上地不远、自己学习生活了7年的母校清华大学都没有去看看,基本上就是在上地附近的公司和公寓两点一线的生活,平均每天工作12小时以上。

2003年上半年,经过艰辛的努力,崔彤哲带领团队研发完成了全球首套可以正式进入临床应用的网络化三维医学影像系统——iConnection,并获得美国FDA市场准入证。该系统的推出,革命性地改变了医学影像三维应用的行业格局,把以前只能在造价高昂的专业三维处理工作站软件系统上(约10万美元一套)进行的分析处理工作,带到了每个医生的桌面电脑,医生甚至在家用笔记本通过普通互联网,即可连接到医院完成工作。该系统的大面积推广应用,在显著提升全球医疗体系临床三维医学影像应用水平的同时,大幅降低了使用成本。

2003年6月,海纳维盛的第一代产品成功在美国加州大学圣地亚哥(UCSD)医学院正式上线。该学院放射系主任布拉德利医生,是全球著名医学影像专家,十分关注医学影像领域的创新前沿技术。在一次展会上现场观摩了海纳维盛的产品演示后,布拉德利医生被深深打动,决定做第一个吃螃蟹的客户!产品一经推出,就进入美国顶级大学的医学院,海纳维盛的发展看起来顺风顺水,但实际情况却不容乐观!"系统在UCSD上线后,大量的数据发到我们服务器,出现了一些之前没有预见到的场景。刚上线的前两周,我几乎每天在UCSD现场工作到凌晨四五点,分析日志查找原因,然后把任务分解发回国内研发团队,迅速解决出现的各种问题。经过近一个月的持续改进,系统基本可以稳定运行,达到了预期的效果。"崔彤哲回忆道。

比产品研发更加艰难的是市场推广和持续的融资支撑。由于创始团队都是研发出身,公司在美国聘请了一名资深销售副总,但是业绩并不理想。产品理念太新,又是刚研发投放市场,很多医院虽然感兴趣,还是希望观望一段时间再做决定。"9·11"之后,美国风险投资行业一直处于低谷,创业公司几乎不可能融到钱。销售不给力,融资不到位,进入2003年下半年,支撑公司运营的资金眼看着又要花光,海纳维盛将再次面临团队解散的窘境。"事实上,公司的主要创始团队已经几个月不拿工资了。我们在最艰难的时候还获得了中关村管委会8万元人民币的支持!当时负责回国人员创业支持工作的是中关村管委会夏颖奇副主任。"时至今日,崔彤哲还清楚地记着当时的窘境。

2003年12月,崔彤哲和胡晖在北美放射学会年会与美国麻省总医院专家交流合影

正当团队一筹莫展之际,2003年11月,胡晖突然接到一个来自美国纳斯达克上市公司Vital Images(威泰尔)的电话。对方表示希望了解公司新产品的情况,并邀请海纳维盛团队去威泰尔总部进行产品演示交流。威泰尔是全球知名的三维医学影像软件企业,客户遍布全球主流医院体系。

演示交流后,威泰尔公司对新产品表示出了强烈的收购意愿,并在会见后一周内明确提出1800万美元的要约并购意向。这也许是上天的眷顾,也许是机会偏爱有准备的头脑。事后崔彤哲了解到,威泰尔内部曾经立项做过类似产品方向的研发,并投入了近400万美元的研发经费,结果以失败告终。"另外,在2003年9月,我们申请的两项关键专利获批,基本确定了在这个产品方向的技术封锁地位。威泰尔找我们之前,对这项创新技术的意义和内涵以及获批专利的意义是十分了解的。"崔彤哲回忆道。

在现金流即将断裂之际,留给海纳维盛团队的时间和选择是极其有限的。经过内部几次讨论,团队很快一致同意接受威泰尔公司的并购要约!"我们遗憾没能把海纳维盛打造成一个在国际市场占有一席之地的民族品牌。当时受制于美国经济的影响,'9·11事件'后美国的融资环境急剧恶化,实在是融不到钱,无力进一步开展研发和市场推广工作了,卖掉海纳维盛也许是我们唯一的选择。总比看着公司现金流断裂、倒闭好得多……"崔彤哲不无遗憾地说道。"但换个角度看,这也算是给自己一个交代,一个阶段性的成果。而且在威泰尔新的平台上,把这项技术发扬光大,推广到全球,也是团队梦想的延续。另外,在30岁的时候能赚到人生第一桶金,成为千万富翁,也是我之前不敢想象的事情!"崔彤哲回忆起当时的情景,脸上露着孩童般纯真的笑容。

2006年,崔彤哲与威泰尔创始人(右一)及CTO(左一)合影

经过3个多月的谈判和签约,2004年2月18日,威泰尔正式公布了以1800万美元并购海纳维盛的消息。这个消息一经发布,就在美国医学影像圈引起了震动。发起并购的威泰尔公司,在消息公布后的连续12个季度,实现了其历史上持续时间最长的业绩连续增长,市值从1.8亿美元,一路增长到5.8亿美元,无疑成为最大的赢家!

在国内,当海纳维盛被并购的消息传出后,立刻成为中关村商圈的爆炸性新闻。不论是投资者还是创业者首先能够想到的便是当年风靡全国的"胡晖现象"(2004年6月,《中关村》杂志出版了以胡晖为封面人物的"胡晖现象"的专刊,专家、学者、投资机构及政府官员从不同角度对"胡晖"们的创业、融资和这次并购进行了讨论)。一时间,各大报纸、网站竞相报道,也因为该事件,崔彤哲结结实实地过了把"明星瘾"。"胡晖现象"

是中关村的说法，它包含两层意思：一是海归人才创立的海纳维盛公司被高价收购，完成了创业梦想；二是海归人员回国创业面临融资难的困局，国家该如何破局。

这一事件成为中关村风云一时的成功案例，许多人啧啧称赞，更有很多创业者投以羡慕的目光，然而这其中包含更多的却是中国海归创业者的艰辛与无奈。"明明是位居世界尖端的高科技产品，在国内没人要，国外企业却以千万美元追着买。这是典型的中关村孵出'鸡'，'蛋'却流往国外的例子。"中关村管委会副主任夏颖奇在一次研讨会上这样感叹。

从创业者变身为职业经理人，崔彤哲感觉一下子轻松了许多，闲暇之余去清华经管学院进修了 EMBA。在很多人看来，海纳维盛以高价卖出，体现出了其产品的高科技含量，同时也实现了胡晖、崔彤哲等人的人生价值，这是许多人所认可的成功，也是许多创业者可望而不可即的事情。然而，崔彤哲并不满足于此。

沉寂 4 年后，崔彤哲听从内心召唤，又作出了一个新的决定。

再次启航，筑梦民族品牌

不灭的创业种子，浓浓的民族情怀

在崔彤哲担任职业经理人期间，胡晖、孙毅都先后离开了威泰尔。孙毅在上海成立了一家咨询公司，胡晖在威泰尔担任一年多的首席影像科学家后，也选择了离开。在威泰尔停留时间最长的崔彤哲，也在四年半后选择了离开。

担任美国上市公司的高层职业经理人，拿着高额年薪与股票期权，是很多人的梦想与追求，不过崔彤哲却不满足于此，"不安分"的性格注定他不会走寻常路。两次辍学石破天惊，两次创业风云变幻，他的经历、职位和已经获得的财富，足以保障他一生安稳无忧，况且，微软、GE 等国际巨头也曾向他抛来橄榄枝。然而，创业的种子再次在他心中发芽，他毫不犹豫辞掉了高职高薪，开启了第三次创业。无论等待他的是波澜壮阔，还是跌宕起伏，他都义无反顾。隐埋内心深处的民族与家国情怀，为了当初的梦想，崔彤哲决定再次启航。

2008年9月，崔彤哲与胡晖、孙毅再度携手，在清华科技园共同创立了海纳医信（北京）软件科技有限责任公司（简称"海纳医信"）。公司以"让全球每一个人享受到优质的医疗服务"为使命，以打造"世界级中国医学影像、远程医疗领军企业"为愿景，用技术创新解决未来医疗领域面临的痛点、难点问题。

对于新创立的海纳医信，崔彤哲有着新的期待："我觉得自己一直想做的事情还没有完成，我们手中掌握先进技术，多年工作在国际行业领域最前沿，内心有一份使命和担当。最初，我想看到一家企业从无到有，发展壮大。而现在，我希望利用多年积累的行业经验与技术，在医疗影像信息化领域，打破欧美企业在高端医学影像系统的垄断地位，打造出一个屹立于世界的中国民族品牌。"

2009年12月，清华科技园成立15周年，崔彤哲向华建敏副委员长、顾秉林校长汇报

两驾马车 [5]

这次创业，重点关注两大领域：医学影像与远程医疗。

基于多年国际化的技术开发和实践，崔彤哲对全球的医学影像技术发展有着深刻的理解和思考，面对彼时中国 PACS 市场的现状，他看到了更远的市场景象："目前，PACS 在中国的发展现状和市场表现，在美国也曾经经历过。现在的市场很'热'，但也不可避免地呈现出了杂乱无序的状况。在医改的大潮下，各省市、地区，以及医疗机构都在纷纷上马大小不一的 PACS 项目，价格也从几十万元到几百万甚至上千万元。用户应用这些软件后，感受肯定会有很大的区别，进而影响到他们的第二次选择，这就是一个行业的洗牌过程。"

也就是在这种市场现状下，崔彤哲看到了公司优势与行业发展趋势的融合点，以及难得的市场机遇。如何理解这个市场机遇，他认为可以结合医学影像发展与应用的三个大趋势来看：

1. 医学影像应用的物理范围越来越广。从最开始的 X 光胶片读片，到单机工作站的数字化，到科室联网，目前多数的医院已经实现全院级 PACS 系统，但院间联网还处于起步阶段，同时面向互联网的医学影像应用模式正在蓬勃发展。如何把中国数以十万计的医院实现联网，进而实现医疗数据和专家资源的整合和分享，将会催生巨大的商机。

2. 医学影像应用的专科方向越来越丰富。传统的医学影像应用主要集中在放射科，但是随着技术的进步，目前越来越多的影像设备应用于临床，如超声、内镜、眼科、牙科、病理、心电、核医学、介入室等各类影像设备层出不穷，面向多学科诊疗（MDT）的应用越来越普遍。PACS 一般是针对传统放射科影像设备的，但是专科影像设备的发展日新月异，目前很多医院的专科影像系统还处于单机工作状态，也会逐步进入到科室联网、全院和院间联网的状态，市场潜力非常巨大。

3. 建设以患者为中心的影像应用将成为趋势，医学影像的服务主体将由医院逐步延伸到个人，患者将拥有自己的影像及电子病历数据，并可分享无损影像给专家寻求第二诊疗意见。随着人工智能和大数据技术的蓬勃发展，可以预见，未来患者可以跟云端的 AI 专家直接分享自己的诊断级影像资料，获得咨询服务。传统医用胶片会退出历史舞台，所有患者将会用手机、平板电脑或家用电脑等设备方便地获取自己的检查结果和医学影像病例数据，仅此一项服务的升级换代，每年的行业市场容量就达 300 亿元量级。

在看准这样一个多层次的市场机遇后，崔彤哲就开始了一个全新理念产品的研发——一体化医学影像人工智能及大数据平台系统。这不再是一个传统意义上的 PACS 系统，也不是一个三维医学影像系统，或者是移动影像系统等。这是一个医学影像平台系统，用来满足所有对医学影像有诉求的人的需求，包括医学影像诊断专家、临床医生、医院管理者、政府医疗体系的管理者,直至最终的患者,都能利用这个平台高效管理和应用自己关心的医学影像资料!

对于远程医疗领域,崔彤哲认为是一片新的商业蓝海:"2008年,卫生部和微软在承德合作启动了一个涵盖31家医院的市县乡三级远程诊断会诊试点项目,我有幸作为专家顾问受邀参与了这个项目。在试点过程中我发现,基层医院硬件设备发展非常快,盖好了很壮观的医院大楼,配备了先进的医疗仪器设备,如数字X光机、超声、心电图机等。但医疗人员还停留在低水平。很多基层医生对所拍的片子看不太懂,误诊大量发生。我们试点统计数据显示,乡镇医院针对普通X光机片给出的诊断意见,跟县医院医生的完全符合率只有38%,说明基层医院几乎不具备诊断能力,而短期内国家又不可能培养出这么多合格的医生,只有依靠远程医疗才能够解决这个问题。"

参与卫生部远程医疗试点的经历,让崔彤哲意识到,远程医疗将成为今后我国区域医疗发展的重要方向之一,市场前景广阔。所以公司成立初始,就毫不犹豫地开始了远程医疗系统相关技术的研发和积累。

初试锋芒,资本青睐 [6]

2009年年底,在海纳医信即将推出第一代远程医疗系统之际,崔彤哲接到一个陌生人的电话,对方希望来公司看看产品。"结果是看完产品演示之后,当场就决定选用我们的远程系统,这让我很意外!"崔彤哲回忆道。原来客人们是正在组建"全军医学专科中心影像远程服务网"的主任及专家一行,他们是为产品选型而专门上门拜访。事后崔彤哲了解到他们之前已经考察评估了多家厂商的产品,唯有海纳医信的产品令他们眼前一亮,当场作出了决定。2010年,在玉树赈灾中,全军远程服务网紧急启用,通过3G网络连通当地救援部队的医疗服务人员,一个多小时内,北京部队医院的专家们就为灾区上百名伤员提供了远程诊断及治疗意见,受到了中央政治局常委和中央军委的表彰!

2010年6月,海纳医信推出了第一代全院级PACS、RIS系统,并正式上线北京大学首钢医院。之前,首钢医院于2006年花重金购买了一套进口的全院级PACS系统。系统使用到2009年年底的时候,由于影像数据存储量的持续增长和医院业务的攀升,性能开始急剧下降,系统经常宕机,严重影响医院诊疗业务的开展,院方不得不考虑换一个高效、稳定的PACS系统。"当时为了获得医院的认可,我们甚至许诺说,上线所需要的所有硬件设备我们可以垫款购买,如果上线达不到医院的要求,我们硬件都送给首钢医院!"正是这样一种壮士断腕的气概和信心,打动了首钢医院,使之最终选择了海纳医信。[7]

2011年7月,在卫生部组织和统筹协调下,北京大学人民医院与青海省卫生厅在青海省西宁市、海南州及贵德县启动了北大人民医院支援青海"医疗卫生服务共同体"项目。海纳医信又一次被选中承担会诊平台的建设任务。该项目的亮点在于北大人民医院于2007年,在国内首个提出建设医疗服务共同体的理念,并由IBM牵头,GE、思科等国际巨头公司联合为其建设了远程医疗系统。北大人民医院当时的CIO刘帆一次偶然的机会看到了海纳医信远程医疗系统的展示,之后他通过多轮次的考察和医学专家的评测,决定把原有的系统升级换代为海纳医信的远程医疗平台。[8]

产品定位的远见和技术研发的领先让企业屡获良机,初试锋芒就做了几个在业内有一定影响和口碑的项目,也自然引起了资本的关注。位于清华科技园的启迪创投近水楼台,一直关注着崔彤哲的这次创业。2010年启迪创投再次表示了投资意向。

经过几次的接触,2011年崔彤哲决定接受红杉资本的A轮投资,成为当时红杉资本在全球范围内唯一投资的医学影像公司。消息公布出来,海纳医信再次获得各方关注,并且荣获"2012年中关村十大创投案例"之一。崔彤哲对于红杉资本的投资非常重视,在谈到它的重大意义时,他说:"总部位于美国硅谷的红杉资本是世界顶级的风险投资机构,他们在高新科技领域投资的历史非常辉煌,可以讲红杉资本成长的过程,就是美国硅谷发展壮大的一个缩影。红杉资本的进入,无疑会带给海纳医信一个品牌上的提升,尤其是未来我们进入国际市场的时候,这一点尤为重要!"

转战营销,如履薄冰

研发出身的崔彤哲,从未专门做过营销工作,但是生性豪爽、爱交朋友的他天然具有销售高手的气场,早期几个案例都是他亲自做成的。红杉入资之后,提升市场营销能力变成重要工作。崔彤哲踌躇满志,很快物色到一个行业销售经验丰富的总监人选——刘总。按照刘总经验,每名销售人员每年为公司带来 200 万元人民币的软件销售额是没有问题的。2011 年下半年，在刘总的带领下，公司迅速在全国各地招聘组建了一支 30 多人的销售团队，并实现了全国绝大多数省份的覆盖。一时间全国各地的商机纷纷涌现，每周的销售会议热闹非凡。然而经历了一年多的时间后，销售业绩几乎为零，每周热议的商机也一一变成了过去式。2013 年春节过后，崔彤哲意识到事情的严重性，刘总也因为压力过大生病住院，没有了之前的自信和斗志，决定引咎辞职，给崔彤哲留下了 30 多人的销售团队。崔彤哲别无选择只能立刻接手，在仔细了解了每个人的工作状况后，发现了诸多问题。甚至有一部分人是拿着海纳医信的工资，出差报销做着自己的医疗器械代理生意，每周的商机讨论会基本就是讲讲故事！崔彤哲当机立断，辞退绝大多数销售人员，只留下北京和少数几个外围人员，并亲自带领队伍重新开展营销工作。"这段时间非常艰难，让我深刻体会到了在中国做医疗体系生意的艰辛。"连续与几个体量比较大的项目失之交臂，崔彤哲多次夜不能寐。他逐渐意识到，他所熟悉的中国，也许还有另一套系统在支配着这个社会体系的运转。

天道酬勤，虽然营销的路上困难重重，在崔彤哲的带领下，海纳医信还是陆续得到了一批医院的认可，在北京逐步打开了一片天地。亲自参与并带领销售团队的经历，使崔彤哲对如何能把海纳医信的业务做出体量，实现规模化经营，推进到全国各省份，也有了进一步的思路。

2014 年年底，一个偶然的机会，崔彤哲与中国传奇企业家、中国民营高科技产业集团亿阳集团创始人邓伟在一次座谈会上相遇。当邓伟了解到海纳医信的情况后，非常关注，并很快决定战略入资海纳医信，依托亿阳集团遍布全国的分子公司，帮助海纳医信打造涵盖全国的营销和技术服务体系，并定下了 2017 年年底上市的计划。

亿阳集团的加入，使得海纳医信覆盖全国市场的能力极大增强，2015—2017 年，全国各省份业绩连续每年 500% 的增长，中标承建了一批引领中国医疗行业的大型项目，如：国内第一个省级医学影像中心平台——四川省医学影像中心一期工程，涵盖 30 个县区；国内最大规模的远程医疗系统——广东省远程医疗平台，该平台一次为二十家省级三甲医院开通远程会诊中心，覆盖 6 个地市的 58 个县（市、区）。同时，海纳医信起家的北京市场也取得良好的进展，成为北京地区市场占有率遥遥领先的企业。

陆续跟数十家顶级大型三甲医院和各级政府合作，包括：中国人民解放军总医院（301医院）、解放军总医院第三医学中心、中国人民解放军火箭军总医院、北京大学人民医院、北京大学国际医院、清华长庚医院、中国医学科学院阜外医院、中国中医科学院广安门医院、首都医科大学宣武医院、首都医科大学附属天坛医院、首都医科大学附属北京友谊医院、首都医科大学附属北京朝阳医院、首都医科大学附属北京胸科医院、首都医科大学附属北京中医医院等，并同时承担了北京市远程医疗中心以及六个区的区域医学影像中心和远程医疗中心的建设任务。

走出国门，展翅翱翔

在实现梦想的道路上，崔彤哲步伐坚实而沉稳，他一直没有忘记创办企业的初衷。崔彤哲信心坚定："中国市场是我们的根本，为中国的各级医院和医疗机构提供全球领先技术的医学影像系统是海纳医信的理想和为之奋斗的目标！但海纳医信的技术定位国际前沿，海纳医信也必将属于世界！"

2013年7月，海纳医信获得美国药监局FDA市场准入证，成为国内首个获得FDA准入的PACS系统。同年，海纳医信正式启动国际化征程，经过几年的发展与努力，已经陆续进入美国、东南亚、南亚、中东和北非等国家和地区，实现了一批示范标杆项目的落地。

"我们当时的想法很简单，如果要进入国际市场，必须首先进入美国。这样海纳医信的国际品牌形象自然也就树起来了！"崔彤哲回忆道。2014年，美国的第一家医学影像中心客户——位于美国明尼苏达州的Voyageur Radiology（VR）正式上线。VR由美国著名远程医学影像专家强森医生创立，其专家组由8名美国资深放射专家组成，承担了美国11家中小医院放射科的诊断业务。通过海纳医学影像云平台，VR的8名放射专家，在家中通过互联网即可以随时调阅这11家医院放射科的医学影像资料，随时出具放射诊断报告。"2013年年底，在北美放射学会年会现场，我通过笔记本电脑连回北京的服务器，给强森医生演示了我们最新的产品。强森医生看完演示后，觉得很震撼，当即决定要试用我们的系统。"

在家中工作的强森医生

2014年5月，在强森医生的引荐下，海纳医信与美国医学影像云计算服务提供商7-Medical（赛文医疗）正式签约合作。赛文医疗当时在美国托管运营了类似VR的37家医学影像诊断中心，为分布在美国各州的四百多家医院提供日常放射诊断服务。"赛文医疗能下定决心用海纳的产品对其运营托管的400多家医院进行升级换代，非常不容易。为了确保升级成功，我们当时整个核心研发团队'986'工作制，持续了近半年的时间！"2015年6月，赛文医疗正式切换了医学影像平台系统，一次性为37家诊断中心进行了整体升级换代，海纳医信再次创造了历史！

在东南亚，海纳医信于2013年与马来西亚上市电信企业Redtone（利通）建立了战略合作伙伴关系，业务覆盖东南亚五国。2013年5月，崔彤哲第一次出访马来西亚，三天的时间去了三个国家，进行了六场报告宣讲，开拓出一批项目机会。2014年10月，海纳医信第一个东南亚项目正式签约，与马来西亚合作伙伴利通公司、马来西亚卫生部，联合建立国家级远程医学影像中心项目。该项目值得一提的是，利通之前已经与美国通用电气公司（GE）签约，并且预付款100万美元。在了解了海纳医信的产品和解决方案后，利通决定放弃100万美元的预付款，转签给海纳医信！该项目计划在2020年前，连接上百家医院，构建东南亚地区规模最大的第三方远程医疗中心。这个项目也被马来西亚评为国家数字医疗重大项目之一。

"2014年前后，我突然意识到国家在提'一带一路'的概念，而且马来西亚也处于'21世纪海上丝绸之路'的咽喉要道！当时就想我们稀里糊涂跟国家战略合拍了。""一带一路"倡议的提出，让崔彤哲更加明确了重点开拓"一带一路"沿线国家的决心！

在东南亚取得初步成绩后，2016年开始，海纳医信陆续出访南亚、中亚、中东、北非等地区的数个国家（斯里兰卡、印度、巴基斯坦、巴林、阿曼、阿联酋、沙特阿拉伯、哈萨克斯坦、突尼斯等），会见了多国的卫生部长及专家团队，与多国达成合作意向并落地项目的同时，建立了一批战略合作伙伴关系。仅2016年一年时间，崔彤哲出访中东地区就有三次之多，并于2017年成功签约迪拜卫生部门，承担其医学影像中心的试点运行。迪拜卫生部门利用该试点项目参加了2017年年底举行的迪拜创新大赛（由迪拜王储哈曼丹殿下发起），并获得大赛一等奖。

2016年10月，崔彤哲在沙特阿拉伯首都利雅得会见沙特卫生部副部长和电信部部长

2017年11月，海纳医信在迪拜创新大赛期间向王储哈曼丹殿下介绍项目情况

2019年10月2日，海纳医信与利通公司联手再创佳绩，在斯里兰卡首都科伦坡与该国卫生部正式签署其国家医学中心项目一期工程，为其首批20家大型医院提供PACS系统的标准配置，总签约额达3500万美元，创造了中国医疗软件出口最大的订单纪录。日后，海纳医信的PACS系统将会覆盖斯里兰卡国家医疗体系的全部医院。"斯里兰卡项目是海纳医信发展历史上的一个标志性项目。一个国家所有医院将全部选用一个公司的

PACS软件系统,我之前也还没有听说过!中国的'一带一路'倡议,给予了我们敢于想象的勇气。海纳医信会争做医学影像领域的华为,不忘初心,努力前行!"

2019年10月,崔彤哲与孙毅在斯里兰卡国家影像中心项目签约现场

巧合的是,一天前(10月1日)崔彤哲作为优秀海归人才代表,受邀参加中华人民共和国成立70周年庆祝大会,生平第一次登上了天安门观礼国庆阅兵。为了能赶上10月2日的签约仪式,崔彤哲在阅兵结束后,立刻奔赴首都国际机场,连夜经新加坡转机到斯里兰卡。"到当地酒店后,离签约只有半个多小时的时间了,真的是八千里路云和月啊!"崔彤哲经历了人生中最为值得回忆的两天!

2019年10月1日,崔彤哲在天安门中华人民共和国成立70周年庆祝大会现场

工作如牛，生活如孩

对进步与领先的不懈追求塑造了崔彤哲的领导力。在公司首席医学影像科学家周永新博士眼里，崔彤哲是一个有资深技术背景的"非纯粹技术男"。技术领域之外，他对产品、市场有更广阔的想法和应对挑战的追求。从性格上说，他为人热情、随和、有感染力、不刻板，善于与人沟通。周永新说，崔彤哲在 Vital 担任全球研发总监时，虽然中美存在时差以及文化差异，但是他成为其间最好的沟通桥梁，默默地把来自美国的开发压力承接下来，以动力而非压力的方式分配给下属。在周永新心目中，崔彤哲是个很正直、眼光长远的人，他的合伙人以及团队都秉承了同样的价值观，包括跟他合作的客户也都是真正懂技术、愿意做事情的医疗专家，这样大家才会为了一个共同的目标努力。

如牛一样工作

成功绝非偶然，不挥洒汗水，不呕心沥血，哪能见到美丽的风景。

在硅谷工作的很长一段时间，崔彤哲每天工作超过 12 个小时，有一段时间几乎每天都是晚上 11 点才吃饭。

在海纳维盛中关村那小小的研发室里，他总是最后下班，在一行行代码面前，将眼睛熬得通红。

清华科技园学研大厦，当人们准备午休时，他匆匆走到地下餐厅，于服务员开始清理最后剩菜之际，囫囵吞枣地吃两个馒头。楼下小卖部随便买个面包，就着汽水，也是他的午餐常态。

刚刚与客户喝过一场，来不及缓缓酒劲，赶忙奔赴下一站地，在去机场途中吐得晕头转向。

三四个月的时间，座驾行驶 10 余万公里，很多重要文件，只能在车上完成。承德试点期间，奔赴用户现场，冰天雪地，自驾而行。

三天时间，飞行欧美三个国家，洽谈三个项目。

凌晨 4 点起，次日凌晨 1 点回，21 小时之内，北京至越南来回，且在越南两个不同区域完成交流。

中华人民共和国成立 70 周年庆典，作为海外留学人才代表受邀去天安门观礼国庆阅兵，当晚起飞，15 小时经新加坡转机赴斯里兰卡，出席第二天下午的签约仪式。

不胜枚举……

像孩童般生活

人们喜欢用可爱来形容小孩,小孩给人的感觉常常是活泼的、热情的、充满好奇又兴趣广泛、待人真诚。随着年龄增长,这些品质往往逐渐消失。而已入不惑之年的崔彤哲,在生活当中,依然保持着孩童般的品质。正所谓,多年归来,仍是少年!

在熟悉他的朋友眼里,崔彤哲是一个热爱生活、注重能力更甚于学历的人。在清华读书时,他是班长,不光学习刻苦,还喜欢运动,足球踢得好,排球打得好,还是清华乒乓球校队成员,国家二级运动员。

他所在团队多次获清华乒乓球联赛团体冠军,1997年获清华足球联赛冠军。

在硅谷工作时喜爱打网球,现在是国内业余网球高手。

天使投资了国内知名网球媒体人汪俊,助其创建了国内最有影响力的网球媒体赛事平台Tennis123,把美国先进的网球理念引入中国。

组建Tennis123网球队,代表北京市参加全国大城市杯,作为主力队员打满所有比赛,获得前8名。

连续11年代表清华EMBA网球队参赛全国商学院EMBA网球精英赛,获得3次冠军、5次亚军。

崔彤哲至今仍很怀念在清华大学乒乓球校队挥洒汗水,在美国马凯特大学足球场上激情奔跑的青葱岁月。

2008年,崔彤哲代表清华经管EMBA参加戈壁挑战赛和队友陈军冲过第三天赛程的终点

他也喜爱跑步，工作之余，总要跑上那么几公里。压力大的时候，也经常和员工一起跑步，同时交流最新的行业技术发展情况。

2017年11月，他在香港出差时，忙里偷闲，晚上去海边慢跑了6公里。他在香港国际金融中心喝早茶时，见到大家就餐井井有条，像小孩第一次进麦当劳般兴奋得发了个朋友圈。

很喜欢汽车，是业余汽车越野赛车手，敢于挑战沙漠极限越野汽车赛。

性格豪爽，没事时会组织大伙锻炼、喝啤酒，也偶尔会组织大家唱歌，最爱唱的就是刘欢的《在路上》。

平易近人，不端架子，和员工聚餐时，对敬酒者，不论职位高低，来者不拒，不压酒，不欺酒，并常常主动敬酒，照顾员工感受。

态度真诚，语言直率。闲暇时，喜欢穿着T恤短裤。喜欢背双肩包，就像清华大学里一个行色匆匆的理工男。

对家庭也保持一颗赤子之心，工作之余喜欢陪伴夫人和小孩。和夫人话家常、打网球、兜风。对儿女充满柔情，他将女儿照片做电脑屏幕，在大女儿参加北京冰协六岁组比赛时，全程陪伴助威，拍照纪念。和朋友聊及家人时，他脸上就会绽放出最灿烂幸福的笑容。

在休闲享受与责任之间，崔彤哲更看重的是后者。人生很长，释放能量，引领团队把企业做成一个在国际市场占有一席之地的民族品牌，成为世界级的中国医学影像及远程医疗领军企业，这才是崔彤哲真正想要演绎的精彩人生。

反哺学校，回馈社会

企业家要怀有一颗感恩之心，助人之心。

2016年4月20日，海纳医信—亿阳集团医学影像基金捐赠仪式在清华大学丙所举行。本次捐赠用于支持清华大学与华盛顿大学合作共建的联合影像中心项目，支持未来医学影像实验室（Future Medical Imaging Technology Lab，FMIT）的建设与发展，用于GIX关于医学影像相关的科研、学生创新创业平台建设。

作为一名"清华人"，崔彤哲很高兴能再次回到母校并对清华医学影像事业的发展作出贡献。他希望通过此次捐赠，推动清华创新创业人才的培养，促进医学影像前沿技术的转化，对母校和社会的发展贡献一份力量。

2016年4月,崔彤哲在捐赠仪式上与清华大学校友基金会及医学院领导合影

除此之外,在杭州医学院,海纳医信捐赠医学影像学院学生奖学金及教学用PACS,提高老师教学效率,便于学生接触到更多的影像病例,提升技能,为国家和社会培养更多更优秀的医学影像人才。

不忘初心,砥砺前行

专家型的领导、科学家级的创始人,以及合作高端的发展理念和品牌意识。崔彤哲和其他两位核心创始人在国外的工作经历,以及他们积累下的宝贵经验和资源,很少企业可以复制。崔彤哲也正是抓住了自身这一独特的优势,使海纳医信在很短的时间内就成为在国内外市场上屡获肯定的企业。

一切看起来顺风顺水,海纳医信已经走上快车道并且势不可挡,按预想启动上市计划没有任何悬念。然而2017年5月,亿阳上百亿规模的债务危机爆发。10月初,海纳医信接到了第一个司法冻结令!亿阳的债权人冻结了亿阳集团持有的海纳医信的股份。之后两三个月又陆续来了18轮司法冻结。海纳医信就这样突然成为一个工商股权被冻结的非正常经营企业,双方联手打造的全国销售和技术服务网络也受到极大的影响,一批拟招投标项目无法正常推进,甚至中标项目被强制取消,人员分崩离散,不用说上市,企业的基本经营一时间都难以为继。2019年4月,亿阳集团进入了破产重组的过程,海纳医信安心等待亿阳集团破产重组完成,再谋发展。

2017年下半年是崔彤哲人生中最为暗淡无助的一段时间。每天半夜醒来睡不着觉,早上起床后也不知道该做什么。亲身经历了危机的全过程,也使他突然认识到，创办企业，比做大做强做快更重要的是做正做久。创始人如何自我定位，自我修炼，达到高位并保持基业长青，为社会持续创造价值，才是做企业的真谛！

崔彤哲在清华大学医学院院庆 15 周年时发言

正如在清华大学医学院院庆 15 周年时，崔彤哲作为校友代表分享了自己的创业经历后，他表示："做自己喜欢的事业，不忘初心，不能气馁，不轻言放弃。"

正是，不忘初心，方得始终。愿你出走半生，归来仍是少年！

备注：

[1] PACS（Picture Archival and Communication System），是医学影像归档及传输软件系统的简称。该系统负责医院各类医学影像设备产生的数据的存储、传输、调阅、分析、处理、临床决策以及医院影像设备的管理等方方面面的工作，是当代医院（尤其是大型医院）标准配置的一套专业化的软件系统。全球第一套 PACS 系统 1980 年于比利时诞生，先是在欧美得到普及，之后推广到亚洲等发展中国家及地区。随着医学影像诊断设备的不断发展，临床医生对医学影像信息使用方式的不断变化，PACS 系统也在不停发展变化，历年来在该领域涌现出很多创新技术和创业企业。

[2][3] 部分来自北京海外学人中心（《俊采星驰》）《崔彤哲：创业爱好者的民族品牌梦》，作者：邓淑华

[4][7][8] 部分来自《清华人》清华科技园创建 20 周年纪念专刊《再

创业,演绎别样人生》,作者:张宏

[5] 部分来自投融网《崔彤哲:用高技术领引未来》,作者:李翙

[6] 部分来自《专家型创业团队造就企业领先技术》,《中国信息界.e医疗》2012年第3期,作者:庞涛

两次辍学,三次创业。波澜起伏的人生经历背后,变的是行业发展环境,是人生不同的机遇;不变的是追求技术的初心,是筑造民族品牌的梦想。他是"不安分"的学生,亦是坚定的创业者。他就是海纳医信的创始人,崔彤哲。

抓住机遇,放弃学位,做自己生命的主人。1997年,在一个文凭几乎代表一切的年代,有一位清华硕士生放弃了电机系生物医学工程专业的学位,毅然赴美攻读博士学位。然而,在1999年,他又再次放弃美国马凯特大学的博士学位,加入了硅谷初创公司Stentor,成为公司第一批研发工程师,从事医学影像归档和通信系统研发工作。两次看似鲁莽的决定,却是深思熟虑后对自己人生的负责。崔彤哲用不同于常人的勇气选择了自己所热爱的方向,正式开启了他的职业生涯。

清晰判断局势,为理想毅然辞职。心有多大,舞台就有多大。看似鲁莽的决定背后,是夜以继日的努力付出。崔彤哲作为Stentor的初始核心开发人员,每天工作超过12个小时,从0行源代码开始,参与了公司三代产品的研发。然而,他并没有止步于此。29岁时,他又毅然作出了改变人生轨迹的决定:离开硅谷,回国开始第二次创业。这个决定背后既有大环境的影响,亦有他对局势清晰的判断。最终,他辞职组建5人研究团队回国创业。在国内研发,面向美国市场销售,成为公司后来的主要经营策略。

义无反顾,筑梦民族品牌。然而,创业总是伴随着困难的:产品研发困境、资金缺乏……团队咬牙克服了一个又一个难关,终于研究出了第一代产品"远程三维实时医学影像诊断及后处理系统",这个系统可以以三维立体彩色图像的形式传播病人器官的诊断情况。然而,由于产品过于超前,市场不明朗,投资机构拒绝合作,公司再次陷入财务危机。在公司濒临破产之际,经过多番考虑,海纳维盛创业团队接受了全球知名三维医学

图像处理公司 Vital Images 的并购邀约，以现象级的高价被收购。在当时，人们普遍认为在经过融资困难的遭遇后，被高价收购已经很好地完成了创业梦想。但是，崔彤哲不这么想，他依旧遗憾没有把海纳维盛做成具有国际影响力的民族品牌，从而打破欧美企业在高端医学影像系统的垄断地位。在之后的四年里，他从创始人变为职业经理人，产品实现了价值，自身也获得高薪。然而，他并不满足于此，做民族品牌的梦想，依旧支撑他继续前进。四年后，他离开了 Vital Images，再次开启了创业之路。

重新开始，征途是星辰大海。为了最初的梦想，为了心中的民族情怀，崔彤哲携手之前的团队伙伴，再次踏上了创业的征程，海纳医信自此创立。海纳医信关注两大领域：医学影像及远程医疗。凭借扎实的技术、先进的理念、对医疗影像行业深刻的理解，海纳医信创建了低成本、高性能、高稳定性的医学影像存储与通信系统、远程医疗平台。而产品开发的远见和技术的领先也为公司吸引了广大用户，从北京安贞医院、首钢医院、北京大学人民医院等合作伙伴，到北京市市级远程医疗中心、四川省医学影像中心等平台建设，PCAS 影像管理系统在全国各地迅速推广，成为医疗信息化领域的黑马。在整个发展过程中，海纳医信一直专注技术，与哥伦比亚大学等多家研究机构签订合作协议，确保技术的先进性。

仰望星空，脚踏实地。在实现梦想的道路上，崔彤哲不忘初心，一步一个脚印。他始终没有忘记要筑梦民族品牌。以中国市场为根本，2013年，海纳医信开始迈向国际化征程。公司以"一带一路"沿线国家作为重点拓展对象，2014 年，海纳医信与马来西亚 Redtone 公司及卫生部联合建立国家级远程医疗中心项目。同年，与美国医学影像云计算服务提供商赛文医疗正式签约合作。这之后，海纳医信在沙特阿拉伯、巴基斯坦、突尼斯、斯里兰卡、哈萨克斯坦、菲律宾、阿曼、巴林、阿联酋等国家，均取得了良好进展。对技术与领先的追求帮助崔彤哲实现了梦想，海纳医信成为了具有国际影响力的民族品牌。

对待工作，崔彤哲一丝不苟，呕心沥血。但是在生活中，他依然保持着孩童般的品质，真诚、直率、热情，满怀赤子之心。他的职业生涯经历过很多起伏，人生也经历过许许多多转折，但是在整个过程中，他都坚定而果断，从未忘记自己的目标。也正是因为这份初心与梦想，这份坚定与坚毅，他才能出走半生，依旧展现少年风采！

3

超算长跑者——陈健

被誉为"世界长跑火车头"的艾米尔·扎托贝克（Emil Zatopek）说过这样一句话，"如果你想赢得什么，去参加100米比赛，如果你想经历些什么，去跑马拉松吧"。

百米赛跑或许会让人赢得更多的鲜花和掌声，而马拉松长跑则更考验人的定力和韧劲，在创业者陈健看来，人生就像一场马拉松比赛，要达成目标，更需要坚持和专注。

陈健认准的跑道是超算行业，这是科技领域的高精尖技术，从事这一行业的人尤其对创业者来说，要具备优秀长跑者的胸怀、智慧、定力和勇气。

在科技领域，超算不仅是新技术的引领者，也是早期应用的引领者。与原子能、航天等领域的高精尖技术一样，超算作为国之重器，是衡量一个国家竞争力的重要指标之一。

超算最初被应用于能源勘探、天气预报、高能核物理等科研领域，随着人工智能、大数据融合发展，超算逐渐在材料化学、生命科学、基因分析、游戏视频制作、电力、教育、工程、政府决策、互联网服务等众多领域获得应用。

自1993年进入清华大学开始,陈健就与超算结下不解之缘。一入大学,陈健就成为超算技术的学习者,博士期间的科研工作又让他成为超算技术的使用者。也因此他深知科研人员使用超算技术的痛点,如何让国家科研人员更加便捷地使用计算资源,专注于研究;如何让超级计算机在更多中国企业得到更快速地应用,从而更好地促进业务创新成为他思考的焦点。

专注超算的28年中,陈健慢慢找到答案。从超算使用者转变为超级计算机的建设者,再到创立北京并行科技股份有限公司,成为超算云服务的提供者,陈健在超算的赛道上一路长跑。

在过去的二十年中,虽然中国超算行业发生了巨大的变化,中国在全球500强的榜单中获得了斐然成绩,但这并不能代表我国超算的应用水平。国外建造的超级计算机多数都被直接实际应用,而我国超级计算机在应用层面和国外相比仍有不小差距,中国超算发展与应用优势不匹配的原因在于软件和服务生态。

陈健的目标就是通过软件和云服务来推动超算的商用化进程。对他来说,实现这一目标如同大雾天在山里开车,他说:"创业者犹如第一辆车,前面没有车可以跟随,一切靠自己探索,需要保持平稳前行,成为别人跟随的头车。"

九年清华生涯　　萌发人生理想

对于长跑选手来说,比参加马拉松比赛更重要的是平时长距离跑的训练计划;陈健认为对于创业者而言,更重要的也是在前期的练习和热身中挖掘内心的力量。

清华力学学子偏爱计算

1993年,作为山西省朔州市的高考状元,陈健考取清华大学工程力学系,但他对于计算机的偏爱达到了狂热的程度。在本专业之外,他将计算机作为第二专业选修,并担任水木清华BBS电脑硬件版版主,创办电脑市场版。陈健在担任清华大学工程力学系科协主席期间,获得清华大学挑战杯一等奖,并代表清华大学参加了1997年的中国大学生电脑大赛。

作为国内顶尖学府,清华大学当时建立的计算机中心也只是用普通PC机搭建起的计算环境。在这里,老师们自己编程解决一些教学试验需求,学生们上网查阅资料。

1999年至2000年间,国内计算机普及发展处于起步阶段,国人对计算机的认识尚在PC机。在应用层面,超算概念只出现在极少数顶尖专家的认知中。

中国研制超级计算机的历史要从二十世纪六十年代开始。八十年代末,受日本第五代机计划的影响,国家开始研究支持人工智能应用的计算机系统,1990年转向支持计算密集型应用的并行计算机;1998年,我国进入了高性能计算机与网格计算环境并重的状态,以便形成可以使用的计算能力。

陈健对计算的狂热也从那个时候开始,浓厚的兴趣和发自内心狂热的喜欢,促使陈健快速学习计算机知识,为他日后从事超算事业奠定了坚实的技术基础。

(陈健,三排左三)

初识超算威力,播下理想种子

1997年,陈健作为清华本硕博联合培养的第一批实验生,提前一年完成本科学业,作为直博生继续在清华攻读流体力学博士课程。2000年,陈健赴荷兰代尔夫特理工大学(TUDelft)做访问学者。

代尔夫特理工大学（TUDelft）拥有世界一流的流体力学实验室，流体力学中湍流模拟对计算的要求非常高，这个实验室可以同时使用荷兰国家实验室的超级计算机资源。在学习期间，陈健第一次使用 Cray、SGI 等超级计算机来做 DNS 大规模湍流模拟。

陈健发现，在国内使用 PC 机需要几年才能完成的计算任务，使用超级计算机仅需要一天或者更短时间，这极大地提升了科研速度和效率。原本对计算就很着迷的陈健，对超级计算机更是产生浓厚的兴趣。

科研工作者有三种研究手段：理论研究、实验研究和计算研究。随着科技的发展，计算的比例会越来越大，科研工作者都需要通过模拟和计算面向未来探索。超级计算机这个壮实的大块头，着实让陈健感受到了科研计算中不一样的极速体验。实验之余，在 MIT（麻省理工学院）的 BBS 上，陈健和一群来自世界各地的计算机高手们，相互探讨超算性能优化、编程中的各种问题。

可以说，这次出国攻读博士的机会，让陈健深深体会到将超级计算机和科研相结合所带来的飞跃和效率，让他内心悄然种下了使用超算、助力超算在中国发展的种子。

那些日夜颠倒的日子里，萌发新愿望

2001 年回国后，陈健开始整理他的科研资料，发现有些数据没有计算和处理完毕，学校又没有相应的机器，国内没有相应的硬件资源，这时陈健意识到在国内"计算"这件事情没有想象的那么轻松简单。他只能通过国际互联网，连接到荷兰国家超算中心来使用计算资源。

但问题来了，当时的国际网络非常差，坐在计算机面前，敲了字符等待缓慢的回显是一件非常痛苦的事情。从国内连接荷兰国家超算中心，延迟最好的时候是 300 毫秒，差的时候延迟 2 秒，陈健发现只有在夜里的时候网络会稍微快些，于是在之后的一年时间里，每天晚上八点到早上六点，陈健在实验室使用荷兰国家超算中心的资源，算完后将数据传回到国内进行处理，但传回的过程中又经常会出现传输错误的情况，断点续传也不可靠，无奈陈健只好将大数据分割成 10M 的小文件，一个大数据最多的时候需要分成 1000 多个小文件。

作为一名普通用户，陈健感受到了计算技术的落后给科研带来的痛苦，

他的生物钟被打乱不说，最重要的是想找的计算资源找不到，找到计算资源后，网络连接又很慢，连起来的时候还会出现数据传不回来的情况。

从那时起，陈健坚定了自己的理想：发挥自己跨界的优势，让国内的科研工作者也能够高效、快速地"做计算"，让科研工作者把精力放在解决问题上，而不是到处找机器、找计算资源。

怀抱这个理想，陈健作了一个惊人的决定。

力学跨道超算　在超算赛道中跟跑

体验过超级计算机无与伦比的性能后，陈健开始反思国内超算发展落后的现状，希望通过自身的努力奉献一己之力。

2002年，陈健从清华大学博士毕业，暂时放下自己的力学专业，坚定地投身于超算事业，希望能找到创新模式来提升国内科研人员的工作效率，惠及更多企业用户。

起跑第一棒，一锤定音联想

2002年，国家认识到超算在未来国际博弈中的战略地位，大力支持超算事业。

当时联想作为国内计算机技术领先的标杆企业，一方面开展品牌整机走进社会各界的推广落地；另一方面邀请了当时中国科学院计算技术研究所研究员祝明发老师成立联想高性能服务器事业部并出任总经理，将一批年轻优秀的计算机人才网罗到旗下。

此时的陈健，博士毕业拿着几个录用信正举棋不定，听到这个消息，向联想投了一份简历。没想到，由于在学习阶段积累了大量使用超算的经验，和出于对超算的热爱，陈健被联想一眼相中，立即签约，担任高性能服务器事业部方案处高级方案工程师，陈健的超算事业正式开启。

在随后三年的联想工作中，陈健全力付出，凭借扎实的计算机技术功底，参与了联想深腾万亿次、四万亿次超级计算机的研制，解决了诸多项目的攻坚技术难题，不仅成为名副其实的事业部超算技术专家，也是攻克突发技术难题的救火特派专使。

联想承接的大庆项目中，一次机器存储布置实施过程中发生了故障，用户关键数据无法访问，现场人员无法解决。陈健带着四人技术团队火速赶往大庆，这一去便驻扎了一个月。陈健及其团队胆大心细，通过直接修改盘阵二进制裸数据实现了数据恢复，保障了客户项目成功完成。随后陈健作为刚刚破格提升的联想资深工程师，再次破格提升为副主任工程师，获得联想总裁杨元庆亲自颁发的高级技术职称证书。

遗憾的是，2005年联想战略转型将高性能服务器事业部撤销，并入服务器事业部。经过认真思考后，陈健依然坚定超算方向，出于对顶尖技术的狂热追求，陈健选择加入了Intel（英特尔）公司。

从量变到质变：跟跑中拓宽全球业务视野

2005年到2010年，陈健实现了超算生涯的新突破。

在英特尔工作期间，陈健历任资深性能优化工程师、高性能计算架构师，负责中国大型HPC（高性能计算）及前沿HPC项目系统架构设计、HPC系统优化及高性能计算技术推广。

这五年陈健接触到更广泛的超算应用项目，从技术攻坚者转变为HPC项目系统架构设计者，对效率的极致追求直接转变为对系统、应用、代码、芯片微架构指令的顶级优化。

陈健印象最深的是英特尔石油勘探应用软件优化项目，与中国石油集团东方地球物理勘探有限责任公司（简称"东方地球物理公司"，BGP）相关。东方地球物理公司是中国最大的专门从事地球物理勘探的专业化工程技术服务公司，而地球物理勘探是石油工业链条中的第一个环节，承担着探寻地宫奥秘、寻找油气资源的职责，肩负为国"找油找气"的神圣使命。在日常勘探中，技术人员收集放炮后产生的各类地震波，然后将地震波数据上传至超级计算机进行计算。技术人员通过专业的模型和算法，分析勘探地壳中是否有油、位于哪一地层，根据油的状态和质量来决定是否开采。数据计算的准确度和速度，直接决定找油的速度和质量，也直接决定公司的经营效率。

在这个项目中，陈健跨流体力学和计算机两个专业的优势进一步发挥出来，他成为项目技术带头人服务于东方地球物理公司，帮助国产GeoEast软件大幅度提升性能，为GeoEast V1.0的顺利发布和推广应用提供支持。

陈健凭借突出的业绩2010年荣获英特尔中国奖（Intel China Award）（英特尔中国最高奖）。

从联想到英特尔，在一次次帮助客户解决一线问题的过程中，陈健积累了丰富的经验，从技术层面感受到了用户使用超算中的痛点：一是在系统级别层面，系统应用是个黑匣子，用户看不到系统运行中诸如CPU指令执行、内存带宽、浮点运算性能Gflops值等情况，等于机器的真实运行情况不在管理员的监测范围内，更无法预测即将出现的问题，导致一旦出现问题时，用户无法快速识别并了解故障程度；二是在性能级别层面，一些海洋模拟、天气预报、基因监测等大型应用移植到超级计算机的过程，增加了科研人员的工作量。

国内很多应用行业的专家在做科研时，常会被逼着学习计算机的知识，但隔行如隔山，这样导致科研时间变长，影响科研效率。基于自己清华时代的"用户背景"和对用户痛点的了解，陈健继续寻找让用户用好超算的最佳途径。

他想到了一个落地的模式。

十年磨一剑　超算赛道中领跑

在马拉松比赛中，前期领跑，一马当先，一骑绝尘固然潇洒，但是科学规划全程、合理分配体力才是关键，什么时候该快，什么时候该慢是最重要的。

找到用户使用超算痛点的原因后，陈健思考如何在"超算应用"这个点上做得更好。这时，他发现国内找不到一家公司专门做超算性能优化，只有一些硬件厂商里的小部门团队为硬件的应用在做支撑。

2005年英特尔公司宣布首款双路服务器的双核、超线程英特尔至强处理器，激发了陈健的灵感，至强处理器可以提高多线程服务器的应用性能并缩短响应时间。陈健认为这是并行时代来临的标志，跟随这个潮流最好的方式就是以公司模式满足用户的并行化、优化需求，而这个模式也恰恰可以实现他的愿望。

梦想照进现实的契机从2010年开始，一波三折。

加入、离开到参股北龙超云,摸索细分赛道

2010年,中国科学院计算机网络信息中心等9家单位共同投资北京北龙超级云计算有限责任公司(以下简称"北龙超云"),邀请陈健以合伙人身份出任CTO(首席技术官)。陈健放弃英特尔高薪待遇,选择来到中国科学院计算机网络信息中心,承建"中国国家网格"这张超算资源共享的大网。

"中国国家网络"结点及计算中心分布情况

结点及计算中心	分 布 情 况
主结点	中科院超级计算中心、上海超级计算中心
国家超算中心	国家超级计算无锡中心、国家超级计算天津中心、国家超级计算济南中心、国家超级计算深圳中心、国家超级计算长沙中心、国家超级计算广州中心
普通中心	清华大学、西安交通大学、中国科学技术大学、北京应用物理与计算数学研究所、山东大学、香港大学、中国科学院深圳先进技术研究院、华中科技大学、甘肃省计算中心、上海交通大学、吉林省计算中心

资料来源:中国国家网格

"中国国家网格"由国家863计划重大专项支持,是聚合高性能计算和事务处理能力的新一代信息基础设施的试验床,通过资源共享、协同工作和服务机制,有效支持科学研究、资源环境、先进制造和信息服务等应用。

实际运营需要快速灵活决策,而对速度和效率的追求则根植于创业者的灵魂气质。国有资产保值增值限制了一个创业公司的早期投入,北龙超云无法接受早期亏损运营,在尝试了三年之后,陈健辞去北龙超云的CTO职位,只保留了股东身份,继续寻找合适的途径,实现超算助推中国科研高速发展的理想。

2013年,陈健正式出任并行科技总经理,带领只有几十个人的队伍开启了新的征程,希望通过并行服务继续筑梦,用"互联网+运维""互联网+计算"的理念,提升服务效率,从传统的软件服务开始,不断向云服务迈进。

2017年,中国科学院计算机网络信息中心决定北龙超云和并行科技全面深入合作。从此,北龙超云成为中国科学院计算机网络信息中心超算方向仅有的独家战略合作单位,继续运营北京超级云计算中心;并行科技成

为中国国家网格服务公司,依托全国超算中心通过中国国家网格服务平台推出"超算云服务平台",在不断探索中找到创新点。2020年11月北京超级云计算中心A分区以3.74PFlops,6000颗AMD最新罗马处理器的超算系统荣获中国超算Top100排行榜第三名。紧随曾经的世界第一"太湖之波"和"天河二号"之后,成为支撑中国科研发展的主力军。

(图片来源:北京超级云计算中心,http://www.blsc.cn/view.asp?classid=1)

开启领跑模式,让并行超算云成为中国科研用户首选的计算资源平台

通过并行超算云服务平台,用户可以在统一的超算云桌面完成所有工作,实现在一个桌面下采用同样的使用方法和习惯,用户可以便捷地使用上百种应用和几十家超算中心的资源,确保科研用户聚焦在自身业务上而不用关注IT本身。

至此,陈健和他的团队又开始了新的征程。并行科技服务的行业得到拓展,包括科研、教育、政府机构、企事业单位、汽车制造、海洋环境、生物基因、新能源、航空航天与船舶等。

2013年,中国自主研制的嫦娥三号探测器由长征火箭成功发射升空,并准确送入地月转移轨道,正式开启了中国首次地外天体软着陆之旅。嫦娥三号探测器在月球表面虹湾以东区域成功着陆,标志我国已成为世界上第三个实现地外天体软着陆的国家。并行科技协助射电天文技术实验室从计算机系统角度对测轨程序进行并行化与优化,通过提升VEC比例、降低 CPI 等手段深度挖掘计算机的潜力，使之达到嫦娥三号 VLBI 信号处理的性能要求。

2018年，并行科技助力青岛海洋科学与技术国家试点实验室研发的"海洋业务运营大屏展示系统"，与实验室重大前沿科学问题、系统布局和自主研发的海洋高端装备、推进海洋军民融合等项目一并接受了国家领导人的检阅。

一直以来，并行科技为众多科研项目作出了自己的贡献。让中国科研人才更高效专注科研，是并行科技的愿景。过去十年，并行科技一步步创新，构建超算云平台实现这一目标。未来，并行科技将通过并行超算云开启新起点，为超算在各领域广泛应用提供一条高速发展的路径。

在超越自我中实现社会价值

对于长跑选手来说，一次次超越自我才有意义。对于一直在路上领跑的陈健来说，这场马拉松没有终点，在不断变革的数字时代，如何给社会带来更多价值，陈健思考并努力着。

近年来，基于高性能计算的人工智能应用呈拓展趋势，大数据、金融计算、社会计算等都成为高性能计算的新领域。相对于美国等超算强国而言，中国超算研发人才具备相当实力，但在超算应用人才方面存在短板。

这是一个产业生态问题，从行业来说，需要培养大批超算应用人才，而这项工作绝非一朝一夕就能够完成，需要超算产、学、研、用各方面努力去破解。

高性能计算应用的开发、实施、推广和普及需要大量高素质人才，从2013年开始，并行科技开始承担超算人才培养的重任。

以赛促教，以赛促学，着眼应用培养人才

在超算领域，目前缺乏自主研发的大型高性能计算应用软件，缺少具有跨学科知识和视野广阔的高水平人才，应用领域的软件开发和人才培养投入显得迫在眉睫。换句话说，超算需要建立一个全新的，不同以往的生态环境，才能促进超算应用长远发展。

要破解超算领域的人才发展难题，归根结底还是需要用系统性的思维来看待这一问题，并做出积极应对。并行科技希望以竞赛的形式，提升并行性能优化创新，促进并行应用学术交流与发展，培养更多优秀的高性能计算并行应用领域人才，进而将蕴藏在学术界的优秀并行优化技术与应用能力融入企业实际应用中。

2012年，并行科技设立并行大讲坛，在HPC领域第一个提供免费技术讲座服务。

2013年，并行科技联合英特尔创办并行应用挑战赛，以赛促教，以赛促学，旨在为中国高性能计算和新兴人工智能领域培养并选拔优秀人才。大赛设置并行优化、HPC应用、人工智能三大赛道，累计吸引全国300余所高校，6000余名师生参与。

2016年，并行科技开始承办中国高性能计算领域一年一度最大的行

业盛会——HPC全国高性能计算学术年会,以突出行业应用,推动高性能计算产业链落地生根,聚焦技术创新,同步国内外创新成果为目标,打造集产、学、研、用于一体的行业生态的交流平台。2019年8月20日至24日,并行科技承办的第十五届全国高性能计算学术年会在内蒙古呼和浩特市召开。

2017年,为更好地利用国产CPU在高性能计算领域的先发优势,进一步推广国产CPU平台,完善其软件生态环境,推动安全、自主、可控、国产平台产业化,并行科技联合国家超级计算无锡中心举办了国产CPU并行应用挑战赛(简称CPC),旨在激励学术界和产业界人士提升开发国产CPU应用的积极性、创新性,以理论与实践相结合,硬件与软件相结合的方式,发掘典型应用,培养创新人才,提升我国高性能计算的整体水平。

并行科技还于2017年设立并行学院,专注高性能计算应用领域,打破传统培训机构教育模式,从行业应用角度出发,为参加培训的学员提供技术+案例+实操等全方位实用技能进阶教育,为高性能计算企事业单位输送优质人才,成就企业优才和个人晋升的职业价值梦想。目前,并行学院在全国各高校及北京总部举办了30余场专场培训和技术交流会,吸引了近千名高性能计算应用领域人才。

设立"并行基金",承担社会责任,促进产业发展

并行坚持奉行"为教育奉献回报"的企业理念,旨在传播公益教育,倡导发现和资助高校优秀人才,践行企业社会责任,为中国高性能计算行

业培养跨学科复合型人才，为搭建行业公益生态系统奉献力量。

如今，并行基金用于奖励在并行应用挑战赛中有突出成绩和贡献的学生，资助西部及偏远地区高校优秀人才参加全国高性能计算学术年会，支持中国高校优秀参赛队出国参加世界级高性能计算领域赛事等。

创立"超级云计算"教育基金，培养学科人才，助力科技成果产出

2019年10月，并行科技联合中国科学院计算机网络信息中心、中国科学院大学教育基金会共同创办"超级云计算"教育基金，由北京超级云计算中心提供支持。"超级云计算"教育基金旨在大力培养各学科领军人才，推进超级云计算创新服务模式在各领域的应用，助力我国重大科技成果的产出和科技创新能力的提升。

情系母校，茂密树干对根的深情回首

在并行科技一路成长中，母校不断给予滋养，2014年，并行科技获得清华创投天使投资，2015年获得清华银杏投资，校友的支持和激励鞭策着陈健在超算道路上加速前进。25年来，"自强不息，厚德载物"的校训也深深融入陈健的言行中，作为清华航天航空学院校友会常务理事、清华企业家协会会员，陈健热心于校友事业，回馈母校。

结 束 语

如今，"做计算，找并行"，不仅是一个口号；"并行超算云，用超算更省心"也已经成为超算行业内用户的共识。

在创业的路上，每天有多少人铩羽而归，毕竟创业真的讲究天时、地利、人和，三者缺一不可。在超算行业这条赛道上，陈健认为并行科技初步具备了这三大要素。

"天时"是创业的时机和市场大环境。当前云计算进入应用阶段，并行科技的超算云服务顺应了用户的使用模式。但市场大环境不好的时候，也并不意味着创业难以成功，因为任何行业都是周期性发展，纵观过去十年，并行科技一直坚持围绕用户的应用场景变化不断改进，为未来发展奠定了坚实的基础。

"地利"是创业所需的各种资源。毕业后十几年，陈健在超算行业聚集了上下游合作伙伴、最终客户、专家资源，他用严谨认真的态度做好每一件事，获得了行业的普遍认可。

"人和"就是团队协作。并行科技坚守"诚信、沟通、创新、品质"的价值观，并传承到产品研发、技术服务中，对社会产生了新的价值。

并行科技正通过更科学的方法在不断实践中实现自己的愿景，解决客户面临的超算应用挑战。但对于陈健而言，离实现真正的好用依然还有很远的距离，未来市场容量非常大，超算云平台只是开启了万里长征第一步。未来，并行科技将持续发展，通过"并行超算云"赋能各行业，努力实现十倍乃至百倍的业务增长。

作为一名清华人，陈健希望不断传承"自强不息，厚德载物""行胜于言"的清华精神，非串行、非独行，而是并行；在行动中实现自我价值，实现企业的社会价值。勇于奋斗，敢于创新，追求卓越，在"超级计算"这场长跑中与更多同行者一起实现我们的中国梦！

百米赛跑者关注当下，而马拉松长跑者的终点是遥远的未来。超算行业领跑者陈健属于后者：他深耕超算行业，勤奋攻坚20余年；放弃高薪职位，

带领团队革新超算应用领域生态；目光长远，助力超算应用行业持续发展；不忘初心回馈社会，承担企业家的社会责任。他是清华精神的践行者，未来必将带领并行科技领跑超算马拉松。

人生马拉松中，始终坚定在超算的跑道耕耘。陈健1993年迈入清华校园时，计算机普及发展处于起步阶段。工程力学专业的陈健并未被外部条件限制，对计算机的偏爱推动他选修计算机专业，担任水木清华BBS电脑硬件版版主，代表清华大学参加了1997年的全国大学生电脑大赛。浓厚的兴趣推动他积极学习计算机知识，并用于实践。

读博士时陈健赴荷兰代尔夫特理工大学做访问学者，陈健第一次使用超算完成实验模拟。回到北京后，超算的高性能与国内计算资源低效的对比刺痛了陈健，助力超算在中国发展的种子在他心里开始萌芽。博士毕业后，陈健坚定地投身于超算事业，希望能找到创新模式来提升国内科研人员效率，在联想开启了他的超算事业。在工作中，他全力付出，努力攻克技术难题，在一年半内破格提升为副主任工程师。联想战略转型后，陈健仍旧坚定超算方向，加入了英特尔公司的超算团队，参与了更广泛的超算应用项目，成为HPC项目系统架构的设计者。

在超算行业积淀了数十年的陈健，从技术层面感受到了用户使用超算中的痛点。陈健决定从超算性能优化着手，改善超算应用中需求。深厚的技术储备，多年研发经验，全球化的业务视野，十年磨一剑的陈健成功带领十几人的团队将并行科技打磨成中国超算服务企业的领跑者。坚守梦想、默默积淀的陈健，是并行科技一鸣惊人真正的"关键"。

2010年刚刚成立的北龙超云向他抛出橄榄枝时，他毅然放弃英特尔高薪待遇，来到中国科学院计算机网络信息中心，承建"中国国家网格"这张超算资源共享的大网。在北龙超云工作三年后，陈健发现国企的节奏并不能满足他对速度和效率的追求，他再次辞去了北龙超云的国企职位，出任并行科技总经理，以期实现发展超算应用服务的梦想。陈健从始至终的坚守，铸就了今天并行科技在科研计算应用领域的行业地位。

关注超算领域人才培养，积极改善中国超算行业生态。相较美国等超算领域强国而言，中国超算研发人才具备相当实力，但在超算应用人才方面存在短板。陈健敏锐地意识到了超算应用发展面临的问题，积极贡献力量助力人才培养。2012年，并行科技设立并行大讲坛，在HPC领域首次提供免费的技术讲座服务。2013年，并行科技联合英特尔创办PAC全国并行应用挑战赛，以赛促教，以赛促学，为中国高性能计算和新兴人工智能领域培养和选拔优秀人才。2016年，并行科技承办中国高性能计算领域一年一度最大的行业盛会——HPC全国高性能计算学术年会，突出超算行业应用的重要性。2017年并行科技联合国家超级计算无锡中心，举办国产CPU并行应用挑战赛，旨在发掘典型应用，培养创新人才。同时，并行科技设立并行学院，专注于高性能计算应用领域，打破传统培训机构教育模式，从行业应用角度出发，为参加培训的学员提供"技术＋案例＋实操"等全方位实用技能进阶教育，为高性能计算企事业单位输送优质人才，成就企业优才和个人晋升的职业价值梦想。

从行业来说，需要培养大批超算应用人才，而这项工作绝非一朝一夕能够完成，陈健和并行科技深知此理。他们为超算应用人才培养，持续不断地贡献一分力量。

厚德载物，从清华中来，到社会中去。并行科技成长途中不断获得来自母校和校友的支持和激励，陈健时刻不忘初心，回馈母校。陈健主动担任清华航天航空学院校友会常务理事，加入清华企业家协会，积极为校友事业尽一份力；设立"并行基金"，用以奖励在并行应用挑战赛各项目中有突出成绩和贡献的学生、资助西部及偏远地区的高校优秀人才参加全国高性能计算学术年会等。他希望，在"超级计算"这场长跑中与更多同行者一起实现中国梦！

4

创新创业 承担超越——黄代放

———

他从清华走来,在江西省和清华大学之间穿针引线。在江西,他把"清华"两字做得更有影响;在清华,他也把"江西"两字做得更有影响。

他坚韧不拔,富于创新精神,以"技术+资本"发展模式,运用信息技术改造传统产业,创造了江西经济发展的一个新亮点。

他勇于探索,抢抓机遇,引领泰豪在智能电力、军工装备、智慧城市、创意科技、创业投资等业务领域成长为行业标杆,公司产品广泛应用于人民大会堂、国家博物馆、国家会议中心、上海世博中心等国家重点工程建设中。

他将"责任"奉为生命的底色,推行"承担责任实现"的企业文化,为泰豪的发展注入了生生不息的内在动力;他积极参政议政,建言献策,推动社会进步,推进行业有序发展。

他就是第十一届全国政协常委,享受国务院特殊津贴专家,泰豪集团董事会主席,清华1981级汽车系校友黄代放先生。

缘起鲤鱼洲,农村孩子的清华梦

20世纪60年代末,很多清华师生在位于江西省南昌市东郊、鄱阳湖畔的鲤鱼洲建设了试验农场，这也是黄代放和清华最初的渊源。黄代放回忆说："我家就在离鲤鱼洲不远的地方，父亲向我介绍这些清华师生时说，这是一群有智慧、肯吃苦、令人敬佩的人。"

也正是在那时，清华师生用知识给童年时代的黄代放留下深刻的印象："我们江南农村都用耕牛种田，可是清华师生们开发了收割机，机械化作业。对一个农村孩子来说，'机器能种地'这件事是很令人向往的。而且，老家做豆腐的土法传承了千年，清华的师生们改进了工艺，做出来的豆腐口感更好。"从那时起，他就暗下决心要进入清华学府学习，1981年黄代放如愿以偿考入清华。

求学清华园，象牙塔中悟真谛

从贫瘠的江西农村考入清华，是黄代放一生中最值得骄傲的一段经历，清华为他提供了看世界的新视角。初入清华，黄代放踌躇满志，自信未来一定会成为国家栋梁，但仅仅一年过去，读大二时，一种迷茫开始笼罩全身。按黄代放的自我解读，这是因为自己的人生观、世界观、价值观此时还没有最终定位。20世纪80年代是一个充满理想的年代，也是一个让人迷茫的年代。生机盎然的社会变革扑面而来，身处其中的人们从头到脚都散发着对理想的渴望，对于"三观"尚未定型的年轻人来说，当理想和现实的冲突摆在自己面前时，有些迷茫自然难免。

此时，图书馆中浩如烟海的书籍成了黄代放的人生导师，与书籍的接触,让未出象牙塔的他也有了丰富的人生感悟。清华园浓厚的学习氛围,让黄代放不断汲取人生的养分,他最喜欢学校主楼后厅的讲座,他可以聆听来自世界的声音。母校丰富的课程,让他兼收并蓄,在完成专业课的同时也从选修课中汲取了丰富的知识和养分。

黄代放利用课余时间培养了三个爱好。第一个爱好是阅读,几乎遍览了清华图书馆国内外名著,还"翻完"了马恩全集;第二个爱好是踢球,在球场上用汗水换来了团队建设的实践知识;第三个爱好是打桥牌,在与对手的斗智斗勇中培养了理性思考的能力。这三个爱好使黄代放受益终身:阅读促进了"三观"的最终定型,足球教会了他如何发挥团队作用,桥牌则让他学到了概率决策。特别是打桥牌,对黄代放的人生选择乃至后来的创业生涯影响甚大。直至今日,黄代放对桥牌依然兴趣盎然,繁忙的工作之余,还会杀入网络,与来自世界各地的同好们隔空对战几局。

大二结束的时候,他在日记本上写下了后来亦成为他人生信条的话:"个人的成功在于承担责任的实现,人生的价值在于不断地承担责任。"结合自身的兴趣和社会需要,他给自己设定了职业目标:到企业去,做一个懂技术的管理者。从此,他原本充满未知的人生道路有了明确的指向。

响应号召,为家乡建设贡献力量

1983年,正在读大二的黄代放有了更多对未来的思考。在那个年代,大学毕业后工作都是由国家分配,摆在他面前的无外乎三条路:从事公务员工作,俗称"当官";考研深造,做专家学者;进入企业从事技术或管理工作。而在爱玩桥牌的黄代放看来,选择并不是一件随意和容易的事情。

"完全靠运气抓一手牌,随便出一张,这不是我的决策思维方式。应该是根据自己手上的牌,再通过叫牌过程中获取的有限信息,选择成功概率最高的那张牌出手。"根据自己的"桥牌思维",他作出了选择。

"父母很希望我走仕途的,但是像我们农村出来的孩子,没有太多的资源和背景,成功概率低;而继续深造,我的外语不是很好,做一个知名学者的概率也不高。也就是说,两者都要碰运气,所以我选择毕业后去企业,从做技术入手,做懂技术的管理者。"

1986年,黄代放从清华大学汽车工程系毕业。此时的中国,改革开放风云激荡，各行各业百废待兴，几乎到处都缺人才。大学毕业生在当时就是"天之骄子"，无一例外地受到各个用人单位的宠爱和欢迎。像黄代放这样毕业于名校的大学生，更是"万千宠爱集一身"，毕业后的职业选择范围相当广阔。

黄代放考虑过进入中国市场的外资厂商，但当江西家乡领导来到清华座谈，鼓励毕业生为家乡建设贡献力量时，黄代放的内心被触动了，他决定回家乡工作。

追随本心，不甘平庸下海创业

黄代放回到江西老家希望能够大展拳脚。大五（当时大学本科学制五年）的时候，他争取到了一家大型国有企业的实习机会，并在此完成了毕业设计。但在实习过程中，他感受到了当时国企陈旧而呆板的机制，认为自己没有机会在其中充分发挥才能，并在旧有体制下感到了对未来的焦虑。"我很害怕自己就这样过一辈子，那就意味着一种可以看到顶的人生。而我不大喜欢计划经济体制下卖方市场的作风，什么都要听领导的，员工没有自我和自主意识。在我看来，这种经营体制的企业一定会陷入困难！"

1986年7月，刚刚毕业的黄代放回到家乡江西，自主选择进入南昌市科技服务公司任技术员。当时，很多人都为黄代放鸣不平，认为他屈才了。但黄代放本人并没有觉得失落，而是计划用三年时间踏踏实实学好公司经营。

"我有权成为一个不寻常的人……我宁愿向生活挑战，而不愿过有保障的虚度年华的生活。"正因心中揣着这样坚定的信念，黄代放一心想着打破铁饭碗的桎梏。趁着国家改革鼓励自主创业的优惠政策，他工作两年后下海创业。当时创办企业的最大困难就是解决合法性问题，在地方校友会的支持下，黄代放挂靠科委创立了江西清华科技开发部，后来依公司法改制为"泰豪公司"。

初办公司，一切都是陌生的。当时公司主要做技术服务，包括软件开发、计算机销售，以及面对行业客户的解决方案等。黄代放凭着身上的认真劲，慢慢地做成了气候，在开发与推广了几个科技项目后，黄代放掘到了人生的第一桶金。

对于那时以农业为主导的江西而言，工业本就属于配角，何况还是个体老板的私营公司。黄代放抱着"不走寻常路"的信念，一是坚持和理性人做买卖，二是坚持和有技术的公司竞争。在这个过程中，黄代放也遭遇过挫折与迷茫，企业也正是在这种痛苦的坚持中逐渐壮大。

敢于梦想，打造江西最强IT公司

受到联想公司和四通公司的影响，他决定进入计算机技术应用领域，此时黄代放开始有了自己"下海"后的第一个梦想：在欠发达的江西创办像样的IT公司，做成江西IT行业最具影响力的企业之一。

有了这一梦想，黄代放带领团队致力信息技术应用，创造性地走出一条"技术＋服务"的泰豪之路。核心是做有技术的服务，过程是先做好客

户的"钟点工",再努力做成客户的"保姆",进而做成客户的"管家"。经过调研,黄代放选择了电力软件,以县级水电站群调度信息化为切入点,不辞辛劳亲自奔赴万载、万安、安福、宜丰、德兴等库区,实地了解当地的水文地形地貌,农业灌溉的实际需求,从而不断丰富和完善自己的调度软件设计。黄代放带领团队推出了基于PC1500计算机开发的县级水电站群水库优化调度软件包,这套软件不仅在江西迅速打开了市场,也很快在全国范围内得到了应用并一举成为江西省电力信息化服务领军企业。随着1993年公司成功承办的江西省首届计算机应用技术展览会,黄代放的第一个梦想已接近实现,并形成了"技术+服务"的经营模式,到1995年,公司已经成为江西最有影响力的IT企业。

如今的泰豪软件连续十几年被国家发展改革委、工信部、商务部、税务总局联合审核认定为国家规划布局内重点软件企业,并成为全国电力信息化软件产品主要提供商之一。

紧跟市场,兼并重组国有企业

企业的生死存亡离不开时代的滋养、市场的机遇。而初生的泰豪正是赶上了改革开放的好时代,黄代放凭借敏锐的市场感知力,把握市场机遇,兼并困难国企。

黄代放回忆说:"我1988年的目标就是,向联想、四通学习,做江西最好的IT公司,这个对我来讲已经实现了,那我的目标需要调整,我们的团队还要继续前行,所以从1993年开始,我就在考虑下一个目标。"

要走向中国乃至世界的前列,上市就理所当然地成为他创业之路的下一个站点。在那个年代,仅靠做技术服务是远远达不到上市公司的资本和资产要求的,这就意味着公司必须要有自己的实业产品乃至自主品牌。深入思考后,黄代放认为和IT技术接口的产品,最有潜力的是军工产业,所以1996年3月,"泰豪"正式作为公司自主产品品牌。恰逢其时,江西三波电机总厂因为经营困难正在寻找重组的机会。黄代放抓住这一挑战和机遇,上演"小快鱼吃大慢鱼"的经典案例。

1998年,一场关于国有企业的"生死讨论"在全国展开。就在这一年,泰豪科技兼并了当时资不抵债的国有企业——江西三波电机总厂。"审批很快,当时政府很支持,但整合花费了两年时间,困难重重,原因在于民营高科技企业和传统的国有企业两种文化的碰撞。不到三百人的泰豪兼并了两千人的企业,兼并重组后企业稳定发展,并一年上一个台阶,成为当时一个比较突出的典范,一个很好的案例。"黄代放这样描述当时的情形。

当时的三波电机总厂有2000人在册,1400人在岗。对黄代放来说,这数字令他非常煎熬。"当时三波电机总厂只有三千万的年销售收入,实际只要四五百人就够了。对我们来说,必须要解决好这个问题,不能说我要500人,其余1500人全部推向社会,那社会也无法承受。"

黄代放努力推进企业改革,先确立一个目标,再围绕目标研究需要什么样的组织体系来实现,建立什么样的激励机制帮助实现。这种思维方法始终未变,只是在不同领域里采用了不同的做法。既然人员是固定的,那就在岗位上做调整,将不同的员工分类使用。黄代放依据各人特点,作了重新分配,有特长的人尽其用,不符合要求的由公司组织培训,二次上岗。培训之后还不合格,就安排到保洁、保卫等辅助岗位上。在辅助岗位也不能适应的,可以提出辞职并且给予劳动关系解除补偿。一团乱麻被黄代放整理得井井有条。局面一经打开,后续就顺利多了。此后泰豪陆续收购十多家国有企业,再也没有重复第一次那样的困境。然而黄代放说:"改变产品比较容易,改变人永远是最难的。到今天我也不敢说自己已经掌握了其中的方法,我还在不断地摸索中。"

黄代放用这种方式使三波电机总厂实现了平稳过渡。那段日子,黄代放以惊人的毅力承受住了巨大的压力,企业一步步走出了泥沼,脱胎换骨。

同时，他在南昌高新区辟新址建成了现代化的泰豪（南昌）高新工业园，彻底摆脱了原三波厂传统落后的生产工艺。

成功上市，企业发展驶入快车道

对于不甘做一个平庸人的黄代放来说，自然不希望公司停留在初始阶段，尤其是1993年以后，中国股市的火爆让许多企业找到了跨越式发展的融资途径，而黄代放为实现上市的梦想在不断布局。基于这一梦想，他将公司"技术+服务"模式调整为"技术+资本"的模式，所谓的"技术+资本"，就是以资本的力量推动科技园建设，制造出有竞争力的产品，并以自主的技术作为保障。

与此同时，为了进一步推动"泰豪"品牌的高科技定位，1996年泰豪开始启动建设科技园区，从1997年到1999年黄代放带队完成了征地、对外考察、建设等一系列工作，于2000年建成启用泰豪（南昌）高新科技园。

这期间最紧张的当属上市之前的融资过程。泰豪科技最初有五个股东，泰豪集团是主要股东，其他四个股东分别是电力公司、国有投资公司、国有企业、中外合资公司。黄代放说："首先我要考虑将来跟电力系统结合的产业，比如配电、电力设备，所以我就找了电力公司来投资；考虑到政策支持，找了高新开发区的投资公司；考虑到生产布局，找了江西无线电厂来投资；最后还有管理机制的改善，找到了合资企业。"

如何上市仍是公司发展面临的最大问题,凭借着早年加入的清华大学企业集团成员身份(也是当时唯一非清华校办企业),黄代放果断让出部分股权,引入上市公司清华同方为大股东。最终,泰豪科技股份有限公司于2002年7月3日在上海证券交易所上市,这也是江西省第一家挂牌上市的民营企业。

矢志不渝,坚持信息技术应用

创办企业也许有时代和机缘的因素,但黄代放的职业规划却是早已确定的:要做一个懂技术的管理者。舞台或许有所不同,但主角是同一个。

作为企业管理者,首要任务是带领企业找到适合自己的发展领域。黄代放自嘲地将民营企业的生存环境比作沙漠,缺少水源,环境恶劣。诞生于革命老区的泰豪就像沙漠中的一棵胡杨树,不断努力改变自身机体适应环境,但始终扎根在信息化应用的土壤上。"就像跑马拉松,有的人虽然跑得快,但因为能力强,受到的诱惑也多,往往会偏离既定方向。有的人速度尚可,但耐力不足,中途停下来,也不能到达终点。在艰苦环境下创业,这两点很重要:既不能偏离方向,又要有耐力。"黄代放总结道,"在这一点上,我很赞同柳传志先生的话:'我们很软弱,但我们不摇摆。'"

早在大学时期,黄代放就预见到信息技术将对人类社会产生巨大的影响。当时的信息技术还很不发达,他做毕业设计使用的是传统打印机,用穿孔纸带作为记录载体。但在他看来，即使是这样简陋的存储设备，也代表了未来的发展方向。因此，黄代放从创办泰豪起，就将信息技术的应用作为坚定不移的发展方向。

黄代放不无自豪地说："到目前为止，泰豪取得的所有优势都来自信息技术和应用的结合。"

早期的信息技术应用是和行业结合，在科技发展的影响下，各个行业都需要信息技术，泰豪的出现恰逢其时。到了二十世纪九十年代末，信息技术进入专业化时代，要和行业的应用与管理相结合。经过思考，黄代放选择了电力领域，由之前广泛地为各个行业提供服务，转为深入地为某一行业服务。十几年耕耘下来，泰豪成为国家电网的主要电力软件供应商。1996年，黄代放注意到信息技术在产品上的应用。智能化是信息技术在产品的应用，做军工产品最能体现企业实力，同时也能为国家做贡献，于是黄代放确定了新的发展目标。今日，泰豪已是国内民营军工领军企业。

近年来泰豪着力发展的动漫领域也是信息技术应用下的一个分支。"动漫是信息技术和文化的结合，它是信息技术的一个重要应用领域，而且前途非常光明。"黄代放的判断是基于对市场和政策的深入研究。目前国家对文化产业的发展高度重视，发展空间巨大。泰豪因为起步较早，获得了相对优势。在第一批30多个国家重点动漫企业中，泰豪投资的就有两家。可以预期，未来泰豪还将大有作为。

对于未来的发展，黄代放希望泰豪大部分的收入来源于国际市场，为中国的经济发展作更大的贡献。这也是他"做世界的泰豪"的一个梦想。这个梦想并不遥远，目前泰豪生产的发电机及机组以出口为主。但他更希

望看到的是，泰豪能够在所处的行业中起到引领作用，不仅自己有竞争力，也能带领行业有序发展。

如今，泰豪智能电子产业以能源互联网技术的研究与应用为基础，围绕能源互联网、电力信息化、智能应急电源产品的研制与服务，已成为国家电网、南方电网电力调度信息化业务主流供应商，并积极围绕国家"一带一路"倡议，拓展国际电力工程总包业务；泰豪军工装备产业以军工信息技术的研究与应用为基础，从事通信指挥系统、光电探测、导航和雷达等产品的研制与服务，产品装备于各军兵种及公安武警系统，并积极践行"军民融合"，打造成为国内领先的创新型国防供应商；泰豪创意科技产业基于移动终端客户的需求，重点从事动画、漫画、游戏、音乐为主的数字内容产品创作和推广，以及VR（虚拟现实）、AI（人工智能）技术开发与应用；泰豪智慧城市产业依托与科研院所开展深入研发合作，打造成为智慧城市顶层设计、解决方案、系统集成和运营维护为一体的投资运营商，并采用PPP等投融资模式开展智慧城市投资服务。

培养人才，为"二次创业"积蓄能量

泰豪科技成功上市后，黄代放又一次站在了十字路口，此时的他正计划着自己的第三个梦想：使泰豪成为"中国的泰豪，世界的泰豪"，即成为中国500强企业，在一到两个行业成为领军企业，并且50%以上的收入来源于国际市场。为了实现这一梦想，黄代放又提出走"技术＋品牌"发展之路。

他说："这是一个长期的过程，也是一个艰辛的过程，要实现这一梦想，关键是要解决人才问题，尤其是国际化人才。"为此，围绕人才培养，从2002年开始，泰豪就开设了"青干班"，每年挑选有管理潜质和领导才能的年轻人约50名参加青干班的学习和培训，由黄代放亲自任班主任。青干班主修MBA课程，共有6～12门课，从全国顶级的商学院聘请老师，结合企业管理实际进行授课。一大批泰豪年轻人受益于"青干班"而迅速成长起来，并逐步进入重要的管理岗位。从2011年开始，泰豪又开设了"绿色人才"培训班。每年从高校来到泰豪的应届毕业生，因为没有在其他单位工作过，没受过职场熏染，所以被称为"绿色人才"。"绿色人才"培训班也由黄代放亲自管理。从实际效果来看，一般三年后就会有表现优秀的人才脱颖而出，获得较好的发展机会。此外，泰豪还先后推选109名中高层管理人员到清华大学和复旦大学学习。在江西这块人才匮乏的红土地上，黄代放就是以这种独特的方式打造与提升自己的人才队伍。

1988—2018年，泰豪走过30年。如何在今天产业转型、竞争激烈的残酷环境下基业长青地活下去，是每个企业家都要面临的问题。泰豪的选择是让年轻人为公司发展二次创业，以董事长黄代放为核心的一次创业团队逐渐离开一线管理岗位，同时培养了一大批优秀的"80后"同事，走向各个领域的管理岗位。

上市公司泰豪科技总裁杨剑先生就是泰豪自己培养的一个典型，2003年杨剑硕士毕业后进入泰豪并在职取得博士学位。公司首先将他安排在世界500强ABB控股的合资公司工作了两年，进而主管公司进出口业务，三年后又主管泰豪科技旗下相关产品公司，直至担任泰豪科技总裁助理、副总裁、总裁职务。泰豪就是用这种模式培养了大批的骨干人才，也使泰豪取得了今天的成绩。

产教融合　培养企业急需人才

基于泰豪"二次创业"的发展战略，以黄代放为代表的一代创业者，怀揣着30年前从0到1开拓新市场的智慧和勇气，为企业培养人才服务——创办非营利性大学培养企业急需的应用型人才。

为了支持江西信息技术产业和文化创意产业发展，同时也为了支撑泰豪的快速发展，黄代放决定成立泰豪的"子弟兵基地"——"泰豪及公司产业生态圈需要什么人才，我们就开什么专业，学生实训、实习、就业都没问题。"这是黄代放办学的最初思路。

2002年教育部门批准成立国家示范性软件学院，泰豪集团与南昌大学展开合作，成立南昌大学泰豪软件学院，但是由于一些制度原因和人事变动，产教融合人才培养模式的成效并不显著。于是公司转而和法国百年名校奥弗涅大学合作，培养文化创意人才，并决定成立自己的学校，从软件人才培养调整为动漫游戏人才培养。在江西省委省政府的支持下，2008年江西泰豪动漫职业学院成立，设新媒体艺术分院、国际动画分院、游戏软件分院、艺术传媒分院、智能工程分院、电子商务分院等教学单位，同时配套落实的还有江西泰豪动漫有限公司、中法合资达高泰豪（南昌）动漫有限公司以及南昌泰豪动漫产业园。配备的教师大部分为"双师型老师"，即授课的专业老师同时具备企业工作经验和相应的专业资格。

2013年，围绕大数据、大文化、大健康及先进制造的人才培养导向，泰豪与贵州大学联合举办贵州大学明德学院，目前已成为贵州省最好的独立学院。

承担责任:为江西发展鼓与呼

在30多年的扎拼中,他发现,江西的经济崛起需要人才、需要资金,但最重要的还在于观念的转变与更新。自2001年起,他带领泰豪与江西日报社联合主办"泰豪论坛"。论坛不仅引起了江西省委省政府以及学术、企业等各界人士的关注和参与,而且把触角延伸到北京、上海、香港等地,成为促进思想解放、加快观念创新、谋求江西崛起的"头脑风暴"和"思维盛宴"。

泰豪论坛凝聚着黄代放的心血,他常常抽出时间参与论坛的主题选定,或亲自担任演讲嘉宾,力求每期论坛都能以全新的知识结构、碰撞的思想

火花和务实精到的评论给人以深刻启示。"井冈山精神与江西经济创新""金融资本与江西经济""加快江西城市化进程"……一个个新鲜的议题紧扣时代脉搏，受到社会各界的广泛赞誉，泰豪论坛因此获得省委宣传部颁发的"解放思想学习教育活动"优秀作品特别奖。

不仅如此，为吸引人才，构建振兴江西经济所需的人才高地，他又创办了一年一度的"泰豪人才论坛"，吸引了一大批专业技术和经营管理人才到江西。为支持国家教育事业，他先后捐赠数千万元在江西兴建希望小学，在省内外大学设立大学生励学奖学基金和学生扶贫助学基金。作为江西的孩子，黄代放觉得这一切都是理所应当的事情。"为家乡做事，我感到很快乐。"他说。

除了竭力为家乡做实事，黄代放也不轻易放过任何一个宣传江西、为江西经济发展出谋划策的机会。他曾在清华大学演讲时对江西籍的高校学子们谈及他对江西发展的三点体会：第一，虽有发展差距，但更充满机会；第二，虽然人才不足，但更重视人才；第三，虽有观念差距，但更开明开放。他同时给同学们三句共勉的话："一，正向积极的价值观念和思维方式是人生第一财富；二，使职业成为社会的需要，自我的兴趣；三，个人的成功在于承担责任的实现，人生的价值在于不断地承担责任。"

鉴于黄代放为清华和江西所作的贡献，时任清华大学校长王大中院士在泰豪考察时，专门为黄代放题词"行胜于言"，这正是黄代放人生的写照。

"个人的成功在于承担责任的实现，人生的价值在于不断地承担责任。"这是黄代放的人生信条，有着这样价值观的人，注定会不断创造更多的精彩，演绎更多的传奇。

后记

纵观黄代放创新创业的发展历程，可以得出以下三条启示：

一、践行知识创造财富。黄代放30年的创新创业经历，是在我国改革开放中成长起来的青年知识分子，在没有雄厚资本支持下，完全依靠知识与智慧，发现、把握并成功转化机遇的一个典型案例，也是对"知识创造财富"的一次生动演绎。

二、始终走信息化融合发展之路不偏离。30年的发展，黄代放引领泰豪从信息技术在行业服务上应用，再到军工产品上应用，再到城市建设以及文化产业应用，始终坚持方向、整合资源，推进公司发展。

三、始终以创新思维主导企业不同发展阶段的转型。从"技术＋服务"到"技术＋产品"，再到"技术＋资本"和"技术＋品牌"，都主导了泰豪发展的组织设计升级和企业管理转型的推进。以商业模式创新和技术创新、机制创新相结合，是黄代放引领泰豪发展最长久的原动力。

点评

泰豪集团的发展步伐紧紧伴随着时代发展潮流的更迭，在黄代放的带领下，泰豪集团的成功因素主要体现在重视创新、把握机遇、培养人才与承担责任四大理念上。

创新观为公司指明奋斗方向。黄代放极具创新精神，在不同的历史时期始终以创新思维主导企业在不同发展阶段的转型。

在发展初期，黄代放以信息技术作为公司的核心竞争力，并通过"钟点工—保姆—管家"的进阶模式，逐步形成了"技术＋服务"的发展路径。为了达到上市公司的资本和资产要求，黄代放将实业产品的生产作为第二阶段的重点任务，经过深入细致的研究和思考之后，他带领企业进军军工产业，确立了"技术＋产品"的泰豪模式。进入20世纪90年代，在众多资本纷纷涌入股票市场的背景下，黄代放引入资本力量推动科技园建设，以进一步保障技术进步与产品生产，重新将"技术＋资本"作为推动公司上市的重要力量。成功上市后，黄代放开始用国际化的思维与视野对公司进行重新定位，为了进一步在市场上站稳脚跟，他开始实施品牌战略，带领公司稳健地走上了"技术＋品牌"的发展之路。

黄代放是一位目标型管理者，从"技术＋服务"到"技术＋产品"，再到"技术＋资本"和"技术＋品牌"的公司发展模式，黄代放始终以创新精神带领公司在不同发展阶段打造核心竞争力，将技术、服务、产品、资本和品牌优势紧密地结合在一起，为公司发展注入源源不断的活力。

机遇观为公司拓宽发展空间。公司自创立以来,几次重大的转型发展都与时代发展的潮流密不可分,而黄代放则准确地抓住了发展机遇。

1988年,黄代放抓住国家改革开放的机会,在一系列鼓励自主创业的优惠政策之下,他决定下海创业,并且将信息技术应用与行业相结合,契合了各行业需要信息技术的市场需求。到了90年代末,信息技术进入专业化时代,技术应用与行业管理相结合成为新的市场趋势,他便开始进入电力领域,从广泛地为各行业提供服务转型为深入地为某一行业服务。如今,经过三十年的精耕细作,公司已经成为国家电网的主要电力软件供应商。1998年,在国有企业改革的浪潮之下,黄代放果断地兼并了当时资不抵债的国有企业——江西三波电机总厂,并实施了一系列整改措施,在扩大公司规模的基础上进一步增强了公司的生产实力。

近年来,黄代放基于对市场和政策的深入研究,认为动漫领域将会成为信息技术的重要应用领域,发展潜力巨大。于是,他带领公司在文化产业进行投资布局,抢占先发优势,在第一批30多家国家重点动漫企业中,泰豪投资的就有两家。

黄代放敢于探索,并能够准确把握机遇,引领公司在智能电力产业、军工装备产业、创意科技产业、智慧城市产业等前沿领域和重点行业中布局谋篇,持续作为行业先行者与市场领头羊而不断做大做强。

人才观为公司提供源源不断的发展原动力。人才是企业发展的第一动力。黄代放不仅善于用人,而且乐于培养人。

将江西三波电机总厂兼并之后,黄代放依据每位员工的特点进行了岗位的重新分配,做到人尽其用,并且将无法达到岗位要求的员工组织起来进行集中培训与二次上岗,最大化地激发每一位员工的潜力,实现其工作价值。

黄代放依靠人才培养的策略为公司发展提供源源不断的生产力,他开设"青干班",挑选有管理潜质和领导才能的年轻人进行培训,并由他亲自担任班主任;开设"绿色人才"培训班,为应届毕业生进行职场培训并提供发展机会;推选百余名公司中高层管理人员到名校学习,不断提升人才队伍的综合能力与素质;带领一次创业团队逐渐离开一线管理岗位,大力培养大批优秀的年轻员工,鼓励年轻人为公司发展二次创业。

以培养人才为己任,黄代放将产教融合的思路贯穿于公司发展战略之中。他不仅成立了泰豪"子弟兵基地",为公司在信息技术产业和文化创意产业进一步开疆拓土打好基础,同时还与国内外高校合作创办非营利性大学,培养综合性、应用型人才,将国际视野、前沿知识与实务经验带给年轻人,为企业发展培养一大批能力卓越、素质优秀的后备力量。

责任观铸就公司的精神内核。黄代放将"个人的成功在于承担责任的实现,人生的价值在于不断地承担责任"定义为自己的人生信条,把自身兴趣和社会需要结合在一起。

在毕业之初,他回到江西老家为建设故乡奉献自己的力量;创业后,他决定将泰豪集团打造成为江西最强IT公司,推动家乡经济发展;公司上市后,他重视品牌形象的塑造,使泰豪集团成为国际市场上的一张靓丽的中国名片。

他始终将公司发展与家乡建设和社会进步紧密联系在一起,将沉甸甸的社会责任记在心里、扛在肩上,并付诸实践。黄代放带领公司与江西日报社联合主办"泰豪论坛",聚集了一大批政界、学界与业界人士,为江西崛起发展建言献策。他还创办"泰豪人才论坛",为江西引进了大量的前沿技术和优秀人才。他先后捐助数千万元用于修建希望小学,并设立大学生励学奖学基金和学生扶贫助学基金,支持教育事业的普惠发展。

三十余载风雨征程,泰豪集团的成长史既是时代发展的缩影,也是黄代放的人格写照。他将公司战略与时代变迁紧密融合,将经济发展与实力增长融会贯通,将人才培养与公司创新统筹兼顾,将利润增长与社会责任统一起来,让人生理想生根发芽、开花结果。

5

用创新铺一条向善的路——李竹

"考上清华大学最大的感受是什么?"

"山外有山。"[1]

1984年,李竹作为柳州市状元考入清华大学。宿舍同窗都是来自全国各地的状元。全国状元、各省状元,还有北京名校状元齐聚。也是在这一年,影响他命运的轮轴开始转动。

在毕业三十年的校庆上,当年轻的学弟学妹们问道,如何用一句话来总结自己的职业生涯?

英诺天使基金创始合伙人 李竹

学长李竹发自内心地表达了对母校的感激:"我身上'清华'这个标签很深,这些年,我在精神和物质方面的收获,都跟清华有关系。如果用一句话来描述我自己,那就是:这是一个来自清华的连续创业者,他的最后一次创业,是投资创新创业的年轻人。"[2]

受恩清华,回馈母校,是很多清华人的人生缩影。不忘校训,"自强不息,厚德载物",历经沉浮,见证中国经济最波澜壮阔的几十年,当初的翩翩学子,已然成为中国第三代天使投资人代表之一。[3]

当下中国，创投热潮一浪高过一浪，李竹 All In 天使投资，把投资当成再次创业。七年间，以他的人品和能力，"竹帅"迅速成长为创投行业中著名的早期投资人，所创立的英诺天使基金立志成为天使基金里的"清华"。

英诺天使基金知名投资案例有：柠檬微趣、推想科技、臻迪科技、智行者、文远知行、未来黑科技、微动天下、NetStars、天兵科技、积目等，管理基金超过 40 亿元人民币，还搭建起了辐射全国的英诺创业空间及相应的生态圈。

山水之间，时光默默无言，清华人特有的家国情怀、脚踏实地的精神、学习能力、契约精神，成了人生每一个重大关口有意无意之间决定选择的根基。无论是创业还是天使投资，李竹都把"善良、简单、快乐"作为与人、与社会交互的态度。

少年有惑，人生无悔

回溯到 1989 年，大学毕业的李竹托福考了 600 多分，拿到国外大学的奖学金，却因为护照没办下来，出国留学的梦想暂时搁浅。随后李竹一边重新申请，一边工作，先后在 CIMS 实验室、清华下属的公司工作，做过技术研发，也做过销售。当时市场上硬件升级很快，从 PC/XT 到 286、386，软件也从 DOS 逐渐转向 Windows 3.0，个人电脑供不应求，产品利润空间很大，李竹认识到计算机是一个新兴的大产业，计算机在满世界卖，但用户买回去做什么？答案是，缺软件。李竹与几个合伙人抓住机遇，开始第一次创业。

"下海这事情符合我本身的生活理念，要做能自己掌握命运的人。几个同学讨论说有一个特别好的创业方向，就是用数据库来管理图像，管理视频，我们应该做这个方面的事。当时我决定不出国，下海了。"李竹回忆道。

华清嘉园紧临清华大学，离北京大学不过千米，是国内众多创业者梦想起航的地方，这里先后走出了校内网、饭否、美团、酷讯、美丽说等互联网企业。

第一次创业，李竹和刘怀宇、刘仁宇、韩武龙、衣丰超等几位清华同窗租了位于华清嘉园对面的清华园宾馆，5个合伙人凑够10万元，一次性交了 36000 元的房租，心疼得全身肌肉发紧。

1993 年，懵懵懂懂的创业之路开启。

当时市场上用数据库管理多媒体数据，比如教育软件管理题库、图片，公安软件管理照片、声音、视频。大大小小的数据库系统 Oracle、FoxBase、FoxPro 等都无法支持。

找准市场切入点后，几个同学迅速注册成立了名为"新未来"的公司。开始没有本钱做硬件买卖，只做软件开发，主要是两款产品：一款是"园丁教育软件"，为中小学管理教务、题库和试卷，一开始就注册了商标；另一款是 FBASE 多媒体数据库管理软件，可以与各个数据库平台结合，提供 SDK 软件开发工具包，管理图片、声音，既能支持园丁软件的开发，也能广泛应用于各个行业。

人心齐，泰山移。仗着年轻，除了吃饭睡觉，大家一心都扑在工作上，常常因为调试程序，找一个漏洞，一干就是通宵。伙伴们吃住和工作都在一起，办公室就是家，打地铺，没工资，吃饭都在五道口最小的饭馆里，醋熘土豆丝是最常点的菜。

就这么没日没夜拼了半年，终于卖出了第一套软件，收入 18000 元。这在当时可不是小数目，记得交付第一套软件那天凌晨，技术高手韩武龙还在调试软件的防盗版加密。第一单的顺利出手让大家信心大增，一边完善产品，一边把剩下的钱砸在《计算机世界》和《中国教育报》上打广告，汇款单一张接一张地飞来，公司迅速步入轨道。

创业后，李竹和老师、学校一直都有联系，公司的开发部就设在校内，找在校生做勤工俭学，其中不少师弟后来都创立了自己的公司。"新未来"经过几年的发展也进入了稳定增长阶段，成为国内小有名气的软件公司，但是长远来看，创业公司如何做大做强，成了创始团队不断思考的重点。

1996 年，清华同方筹备上市，需要扩充国内的 IT 业务，"新未来"的软件与系统集成业务、全国销售渠道正是同方所需要的。罗建北老师作为清华同方的常务副总裁，找到了李竹，提出并购。与此同时，国内另外一家 IT 行业的大公司，也向"新未来"伸出橄榄枝。

"宁为鸡头，不为凤尾"的争论在公司内部展开，当时的"新未来"财务数据良好，每年有不错的收入，并且还在快速发展，在这个时间节点是否有必要把公司卖掉？收购方选谁？成了一道道艰难的抉择。

经过一段时间的协商，罗建北老师真诚地和"新未来"团队沟通："同方是即将上市的大平台，也是母校的产业。同方的软件与系统集成业务，将来就交给你们团队来负责。"罗建北老师不仅是在校的恩师，更是几个学子人生的引路人。当时清华同方给的现金部分并不多，条件也不是最优厚的，是共同的清华情结让大家达成了一致，1996年"新未来"正式合并到同方的大平台。清华同方于1997年成功上市。

创业三年，第一家公司被收购，年轻的团队成功获得了第一桶金。而同学们共担风雨、分享成功，形成做企业的契约精神和分享精神，是更大的收获。

1997年到2000年间，李竹担任同方软件与系统集成公司的总经理，刘怀宇、韩武龙、衣丰超各负责一个行业的业务。刘仁宇担任同方计算机公司的总经理，负责计算机的生产和销售。进入上市公司的平台，第一次管理一百多人，他们要统管公司人、财、物的各个方面，更要通盘考虑市场及公司的发展。几个年轻人一步一个台阶，在各自的岗位上都成长了很多。那些年积累的打硬仗的经验和培养的视野，成了日后的奠基石。

在同方软件公司的合影，李竹（右3）衣丰超（右2）刘怀宇（右1）

人生的路有时候就像乔布斯的经典言论，"某些生命片断会在未来的某一天串联起来，你必须要相信某些东西：你的勇气、目的、生命、因缘"。

的确如此。通过同方在资本市场上的不俗表现，"新未来"几个创业者获得了回报，也为个人后续的发展和天使投资提供了资金。更重要的是通过同方上市熟悉了国内资本市场，几个创业者打开 IT 行业天使投资的视野，这成了日后关键的伏笔。当时国内还很少有人知道"天使投资"这个词，出于把投资作为分享行业成长的手段，李竹和龚虹嘉等朋友一起投资了提供 IC 卡行业解决方案的德生科技，德生科技于 2017 年登陆深交所中小板，这也是李竹的第一个天使项目。

抱憾而归的顿悟时刻

如果说错过了第一波互联网的高潮，借由同方平台了解和熟悉互联网，看准互联网的机遇，几个不安分的创业者又开始酝酿第二次创业。

2004 年李竹和刘怀宇成立新的公司做网络视频传输，即"悠视网"的前身。

"悠视网"是红杉资本 2005 年进入中国后投资的第一批项目之一，备受多家资本看好，当时腾讯最大的投资方米拉德国际控股集团公司对悠视网也表达出强烈的兴趣，发出了投资意向书，最后敲定由红杉资本领投，海纳亚洲创投基金跟投，共投入 1000 万美元。

2008 年"悠视网"出资两千多万元拿下奥运会的网络直播权，正雄心勃勃地大举扩张网络电视平台和发展用户。[4]

但是，金融危机让经济环境信心雪崩。李竹收到了来自投资人的邮件："所有创始人保存好过冬的资金，从现在开始现金流比母亲还重要。"为了生存，团队当时最简单的思考是开源节流，把盈利作为公司的第一目标，和现在的不少创业公司一样，裁减人员，想办法赚钱。

为了增加收入，"悠视网"在视频中到处插播广告，还做电视节目的投票互动，也曾一度盈亏平衡，但最后，还是被版权和带宽成本的两座大山压垮。

过早地追求盈利，破坏了用户体验，造成用户流失，无法形成正向的飞轮效应。而竞争对手依靠更好的用户体验、更多的用户、更多的融资、更好的版权内容，实现了反超和领先。

没有精确把握视频行业是资本密集型项目的内涵，对版权的重视度不够，这两点战略上认识不到位，导致"悠视网"2009 年以后掉出第一梯队。

第二次创业，李竹曾经离创建一流企业只有一步之遥，最终抱憾而归。

"估值比当时其他视频网站都高,当时一点收入还没有。回过头来看,估值高其实也是一把双刃剑,导致我们后续融资压力增大。"李竹回忆说。

英诺所投项目清华系柠檬微趣创始人齐伟对有过类似经历的投资人做了一个点评,甚是精到:"人没有成功过,就不会有自信。但所有大成之人,一定是受挫折之后沉下来才能实现。"

多年以后在一次记者采访中,李竹说:"对失败的认知,是所有人心里的一道门槛。代价更小的失败,更快的失败,发现错了再试走别的路,这时候创业的成本最低。要允许犯错误,对创业者是这样,对团队是这样,对自己也是这样。"创新创业,需要创始人自身有强大的学习进化能力,才能在竞争中胜出。这段创业经历,也使李竹在后续的投资生涯中,对创业者更加理解,多了一份同理心。

第三代天使投资人成长记

清华校友总会互联网与新媒体专委会(TMT 专委会)是清华大学推动校友创业的一个核心窗口。清华大学校友创业比例并不算高,斯坦福大学应届毕业生是 18%,清华大学不到它的 1/5。专委会的骨干人士都有一个信念:让清华在中关村有着斯坦福大学在硅谷的地位。

成立英诺天使基金之前,作为 TMT 专委会首任会长,李竹带领专委会联结起创业者,系统地为创业者提供服务,专委会成员迅速发展到 2000 多名会员。李竹从 2012 年担任首届会长,至 2016 年年初卸任,每个月都举办活动,召开论坛。

当时李竹和伙伴们专程去硅谷考察取经,后来发现为创业者服务需要有孵化加速器,2012 年成立了厚德创新谷创新空间,为创业者提供联合办公场地、创业服务。

不过厚德创新谷创新空间在运营过程中发现,没有与投资挂钩的创业服务都没有意义,借助清华校友总会 TMT 专委会生长起来的雏形,李竹、林森、祝晓成几个清华校友开始筹备天使基金。

2013 年 4 月,英诺天使基金正式成立,七年时间,一步步成长壮大,现已成为创投圈中最具影响力的早期生态圈之一。立足于清华大学校友创新、创业、创意"三创"的精耕细作及孜孜付出,其在创投界的影响力,已走出清华,走出中关村,扩展的边界跨过北京、上海、广州、深圳、香港、硅谷。

随着美团在港股敲钟上市,清华系创业者吸引了更多人的注意。

当年王兴做饭否,清华校友李竹、李黎军一起参与支持。后来饭否失败,王兴转做美团,大家仍不离不弃,继续跟进参与。

创始人王兴,创业十年,九死一生换来脱胎换骨,美团起步于微末,最终成为国内互联网浪潮之巅的弄潮儿。

在李竹的眼中,王兴是一个学习能力极强的人,八年间成长速度惊人。"我们看到2008年的王兴和现在的王兴绝对不是一个人,他原来只是一个优秀的产品经理,现在成了中国最大的生活平台的领军者。王兴很善于提问题和思考,什么事情都打破砂锅问到底。"

另一创业项目,游族网络创始人林奇,最艰难的时候三个合伙人走了两个,只有林奇一个人坚持做下来,最终成功上市。

"我们发现创业最成功的这批人,勇敢比智慧还重要。你可能对很多事情判断特别准确,然后找一个最没有风险的路走,可能在行业里做到第二、第三,但真正敢于打破边界的人,才能做行业老大。"

天使投资要逆商业周期而动,这是勇敢者的游戏。与创业公司安身立命一样,每家投资公司也只能寻找一种恰当的生存逻辑。英诺天使基金六周年年会上,掌舵者李竹明确了,英诺经过三次升级的清晰定位。[5]

英诺天使基金6周年年会

第一，以长线思维，专注早期，建立生态。不会为了把基金规模做大，非要去做后期的投资。英诺在早期有一个长线思维，已经建立了一个创业生态，包括创业服务、创新空间，以及创业社群。英诺创新空间发展很快，目前已落地北京、重庆、广州、成都等地，签约面积超过30万平方米。英诺创新空间既是英诺获取项目的来源，也是投后服务的基地。

第二，专业化。英诺投资团队分为两个，一个是大科技，一个是大消费。围绕这两条主线来进行投资，建立专业的认知和判断坐标系，确保决策快准稳，投出行业的头部项目。

第三，做赋能型天使。投资圈的一个共识是，对于早期项目，有没有投后服务、有没有对接资源和资金，项目的成功率会相差30%，英诺的赋能是要参与价值创造。找到创新创业者，是价值发现，但是在创新者发展过程中也出力、帮忙，一同参与价值创造，这就是赋能。

在英诺帮大家庭，在多个细分领域，都有一些头部企业，彼此认知的交融，可以产生更多有趣的交叉创新，帮助企业进行降维打击或者不对称竞争。

IP是科技创新公司的"护城河"，国内企业"出海"在专利方面所交的学费很高昂，英诺帮内部通过互相交流和学习，树立了明确的知识产权意识，例如做水下机器人的臻迪科技、汽车领域的未来黑科技、联合办公空间梦想加等均提前做周密的专利布局，保证在面临竞争的时候，更领先一步。

思源科安是做虹膜识别和面部识别的AI公司，创始人通过参加英诺年会，听到微动天下创始人的小程序分享，意识到用微信小程序就可以实现管理功能，于是决定上线微信版管理系统，提高了在建筑、煤矿等行业的产品推广速度，并增加了营收。

2018年的资本寒冬，英诺帮创业者们逆周期而上，几十家企业累计完成了50亿元人民币的融资，2019年、2020年英诺帮给市场带来新风貌，获得持续增长。

英诺天使基金7年，募资近40亿元，投资400多家公司，进入下一轮的数量达到早期投资行业平均水平的数倍……7家公司挂牌新三板，多家公司启动IPO，数字还在不断地增长。在人工智能领域，英诺天使基金已投出项目近百个，投资的臻迪科技、推想科技、智行者、NetStars等成为独角兽以及准独角兽企业，在各自的细分领域均成为头部项目。

天使创投诸神之战，带领行业竞合共生

在中关村天使联盟主办的一次年度评选颁奖现场，李竹身着笔挺西装，平静地微笑着立于舞台中央，舞台上一束灯光追打在他头顶，散发着耀眼的光芒，李竹接过中关村天使投资领军人物奖杯，真诚地说道："巴菲特曾告诫，没有任何一个超级富豪是靠做空自己的祖国取得成功的！我相信，中国的天使投资人也永远在做多中国。天使强则创新强，创新强则中国强！我们一定要把真正能改变世界的人连接起来，并且第一个给他们支票。"这也是英诺天使基金的使命宣言。

改革开放40年，"创新"与"创业"两个词始终贯穿其中，总设计师邓小平说，搞改革开放，就是要"杀出一条血路"。亿万人民"八仙过海——各显神通"，推动中国经济在一浪接一浪的前赴后继中不断跃升，聚光灯背后的投资人，用自身的格局、智慧、努力与创业者共同书写了无比壮美的历史画卷。

"很多公司英诺投进去的时候价值几千万，怎么成长到几个亿、几十个亿？"对一个投资人而言，被认为在创业公司某个局部某个时点"不可或缺"，就是最大的成就。

清华校友柠檬微趣CEO齐伟2011年开始创业，到2014年才得到李竹的投资。起初齐伟的项目是做迪斯尼的外包游戏，每年有几百万元流水，项目的想象力不够大。2014年手游市场蓬勃发展，与其做生命周期短的重度游戏不如做休闲类的游戏，李竹和齐伟在这个想法上不谋而合。几年时间的互动交往，李竹对齐伟的人品和能力已有充分认可，便迅速决定投资。

半年之后，一款全新消除类游戏上线，迅速火爆，它就是现在的《宾果消消消》。齐伟乘势而起，柠檬微趣迅速发展成为中国领先的手机休闲游戏和社交应用开发商，开发出多款风靡全球的精品手机游戏。2016年10月，柠檬微趣挂牌了新三板，一年后又申请IPO。

在齐伟的印象中，李竹是一个非常善于高效利用时间，且能给公司发展带来奇效的投资人。在柠檬微趣发展的几个关键节点上，李竹都给出了中肯的建议和帮助。

2019年1月，天使联合会顺利完成了会员投票的换届选举，在晚会上，第三任会长李竹把会旗交到了继任会长的手中。同时，李竹被推举为荣誉

会长。天使联合会荣誉主席徐小平评价说："李竹等天使们对行业的贡献有目共睹，过去两年，协会有了更强的组织感、归宿感，更有活力和向心力。这是天使们合作、交流的根基。"[6]

李竹是天使联合会的第三任会长（任期自2017年1月至2019年1月）。甫一上任，他就立定想法：合投、共赢、开放。从优化顶层设计，到选举制度进化、建立数据平台，集众智、用合力，让协会上一个台阶，并且以开放的姿态，邀请更多高人加入，推动中国天使投资行业发展。

天使联合会换届，"心"的延续

"我们非常积极地参与行业建设活动，英诺不少项目都是与行业内天使合投的，当英诺成功的时候，一定也有其他的天使成功了。"

合投对于硅谷天使投资人来说是一件再正常不过的事，他们的种种经验也证明：合投能加强对被投领域的认知，并减少天使投资的高风险。损失一点份额，带来的却是更多的项目和更广阔的世界。

在做个人天使期间，李竹去过几次硅谷考察取经，对合投概念的认识更加深入与透彻。回国后，李竹便不遗余力地倡导天使合投。天使投资，本身就是人脉的变现，不管是项目来源，还是投后服务。

现如今，美国十亿市值公司数量是中国的6倍，万亿市值公司数量是中国的7倍，按照如今中国经济6%以上的增长速度，及不断缩小与美国的差距看，未来15年到20年，中国将新增约10家市值过万亿的公司，将成长出100家市值过千亿的公司，这就是全体中国创业者和投资人的机会和希望。

李竹在行业和朋友当中，乐于助人，也是早期投资圈的一个连接器。"做天使投资，不能只做能赚钱的事，有的事情只要对行业生态有好处，就应该去做，整个行业环境好了，更多优秀的年轻人愿意出来创业，天使投资才更容易成功。"

玲珑初开，百子待落，创投行业诸神之战，竞合共生方能看见新世界。

莘莘学子，回馈母校

英诺基金创始合伙人林森评价说："李竹在社会活动方面，表现出天才型的领导能力和个人魅力。"英诺基金北京合伙人王晟评价说："投资的核心是人脉、人品，这一行当特别适合竹总。"

迈出校门走上创业之路，李竹是逐渐成长为带头大哥的。第一次创业，5个合伙人的股份相差不多。"每到一个团队或组织里，逐渐地被大家所认可，这可能跟自己比较愿意帮助别人有关系。当你多做了些事情的时候，对自己是一个锻炼，也就锻炼出更多的能力。"

"创业之初，大家也会发生一些争论，比如赚了钱后要分钱还是继续发展。并购之际，是宁为鸡头不为凤尾，还是合到清华同方的大平台上。很多事情后来证明我的建议都是对的，慢慢地，我成为领头人了。"

对于母校，李竹虽然毕业，却从未离开，一直保持着联系，希望为清华的创业生态做一些力所能及的事情。

2011年百年校庆，清华校友总会成立了TMT专委会帮助校友创业，李竹被推选为首任会长；为了帮助校友的原始创新和科技转化，几十位校友共同发起成立了规模过亿的水木清华校友种子基金，并用基金管理费支持开设创业启蒙学分课。

2016年，李竹和校友会发起了一年一度的清华校友三创大赛，征集全球年轻校友的创业项目，每年的总决赛已经成为校庆期间的重要活动。由英诺天使基金发起的"17天使成长营"，每年在清华北大等高校选拔一批硕士博士赴投资机构实习，让他们了解天使投资，发现身边的创新。

2018年，清华大学计算机系冠名教授基金捐赠仪式上，英诺天使基金创始合伙人李竹及英诺天使基金分别与清华大学教育基金会签订了捐赠协议，以赤子之心回馈母校。

2019年，适逢李竹、刘怀宇等从母校毕业30年，他们和其他校友一起，设立了计算机系"84创新未来奖学金"，对在校研究生创新工作进行鼓励。在此之前，他们也曾给清华GIX全球创新学院捐助了第一笔奖学金。

技术创新替代模式创新的时代，优秀创业者将越来越多地从高校和科研院所走出来。颇具学府基因的英诺天使深扎高校和科研机构，挖出了清华汽车系的智行者（无人驾驶），清华电子系的优镓科技（第三代半导体芯片设计），清华计算机系校友组成的阿丘科技（工业机器人视觉），交互未来（智能交互）；还有来自北大、北理工、北航、哈工大、西工大、西交大、中科院等的优秀项目。

在李竹看来，做产品的人经常讲一个词，叫作"工程伦理"，投资人也要有"投资伦理"，要支持那些对社会有责任心的、愿意给创业伙伴和股东们分享利益的、愿意给员工分享利益的创业者。

"'投资伦理'将是英诺提出并践行的，要投资那些造福社会、改变未来的人和事，只有这样才能长久，才是做成 big thing（大事业）。"李竹坚定地说道。

功夫在诗外，保持童心

《礼记·聘义》中有云："言念君子，温其如玉，故君子贵之也。"创投圈的创业者、投资同行提起李竹，用得最多的关键词就是"儒雅""中国最儒雅的投资人"。

"打麻将，跳舞，下围棋，下象棋，样样都能来。大学毕业时有同学调侃我是'五毒'俱全。"读书期间清华大学搞交谊舞大赛，李竹也和同学报名参加，在全校大赛中获奖。

李竹从小就喜欢看书，父亲是小学校长，周末的时候，他就到父亲所在学校的图书馆看书。小时候背了不少古文古诗，学了乐器、书法、绘画、下棋。"小学时，父亲找了各种老师教我们下棋，围棋、中

动感竹帅

国象棋、国际象棋都学。吹过笛子，也学过一段时间圆号，后来到清华大学，因为有点音乐基础，还到清华大学军乐队混了两天。"

"做天使投资，功夫在诗外。比如下围棋，取势和取实地要相机而动，'看大弃小'。天使投资也会有失败，我们可能会花更多的精力在头部的项目上，很多东西底层逻辑是相通的。"

清华计算机系 30 周年庆典，风采奕奕的班级表演

清华同学以勤奋自律著称，"活到老，学到老"，上大学时，李竹发现掌握正确的学习方法比学知识要重要，毕业时进入了信息时代，现在又进入了智能时代，知识和创新也呈现指数型的增长。具备正确的学习方法，加之勤奋自律的作风，不论知识如何更迭，也不会落后于时代。

毕业 30 年，当年的知识已然陈旧，保有一颗童心的李竹依旧有很强的学习动力，回校攻读"工程博士"，希望在 AI 人机交互上找到交叉创新点，同时也继续探讨科技研究、实验室到创新应用的关系。

修完一门工程博士课，同学们拍照纪念

李竹曾经送给学弟学妹一句话："终生向儿童学习，做自己喜欢的事。同时，保持一颗童心、对新鲜事物的好奇心，它能让我们简单善良、发现创新、心态年轻。"

从李竹学长近三十年三次创业的实践来看，他在创业中不只是有独到的眼光和勇敢的精神，更重要的是在于做人的方式：成人达己、豁达开放、乐于分享。做任何事情，其过程不会一帆风顺，会遇到各种挫折，但只要坚忍不拔，最终会冲破一切艰难险阻，到达梦想的彼岸。

用创新，铺一条向善的路，不管是过去、现在还是未来。李竹和伙伴们，正走在这条大路上。

备注：

[1] 来自《英诺掌舵者：李竹的速度与节奏｜2019投资人影像》2019年 亿欧网专题 作者 前哨

[2] 来自《长风破浪会有时——专访我系1984级系友、英诺天使基金创始合伙 李竹》2019年 清华大学计算机系校友会 作者 翁雨琪

[3] 来自《英诺天使李竹：新型投资大佬养成记》2017年 人民网创投 作者 邱恒明 苏琦

[4] 来自《李竹新春致信英诺帮：无论隧道多长，尽头总有光亮》2019年 英诺天使基金

[5] 来自《英诺李竹：天使投资是勇敢者的游戏》2019年 36氪

[6] 来自《浮云千帆过，青天依旧美｜李竹，和青天会伙伴们》2019年 中国天使联合会

柠檬微趣、推想科技、臻迪科技、智行者、文远知行、未来黑科技、阿丘科技……作为天使基金投资圈内的佼佼者，英诺天使基金目前管理超过40亿元人民币基金，还搭建起了辐射全国的英诺创业空间及相应的生态圈。而在基金背后，有这样一位创始人。**他是坚定向前的创业者，亦被人称为"最儒雅的投资人"**。这就是李竹，英诺天使基金创始合伙人。

立志创业，掌控自己的命运。1989年，由于一次意外的转折，李竹出国留学的梦想暂时搁置。然而，经过在业界的实习与锻炼，他很快意识到在计算机这一蒸蒸日上的新兴产业中，软件开发成为刚性需求。一鼓作气，李竹想成为可以自己掌握命运的人，他迅速联系要好的同学，开始第一次创业。当时，创业公司"新未来"只专攻两个产品："园丁教育软件"和"FBASE多媒体数据管理软件"，几个创始人初生牛犊不怕虎，奉献在工作岗位上，常常为了软件的漏洞通宵达旦。就这样没日没夜地工作了半年，他们终于卖出了价值一万八千元的第一套软件，获得了在当时一笔不小的收入。初战告捷增加了他们的信心，他们一边继续完善产品，一边把剩下的钱用来市场营销，汇款单源源不断地到来。1996年，清华同方筹备上市，需要扩充国内的IT业务，罗建北老师作为清华同方的常务副总裁，找到了李竹，提出并购。在经过激烈的讨论与思想斗争后，李竹与团队选择信任母校，将"新未来"合并到同方的大平台，赚到了自己职业生涯的第一桶金，也找到了更宽阔的舞台。

沉淀积累，从创业失败中学习，为未来蓄能。借助同方的平台了解、熟悉互联网后，2004年李竹开始了第二次创业。成立新的公司做网络视频传输，即"悠视网"的前身，迅速吸引了资本市场的兴趣。2008年，"悠视网"用两千多万元拿下奥运会的网络直播权，大举扩张网络电视平台并发展用户。然而，席卷全球的金融危机让企业发展的未来蒙上阴霾。为了增加收入，"悠视网"在视频中插播广告，尝试做电视节目的投票互动，最后，还是被版权和带宽成本的两座大山压垮。过早地追求盈利，破坏了用户体验，造成用户流失，也使竞争对手抓住机会实现了反超和领先，导致公司掉出了第一梯队，第二次创业失败。然而，李竹并没有气馁，而是深刻反思自己在创业中、公司在发展中存在的问题。他认为没有精确把握视频行业的资本密集型特征以及对版权的重视度不够是两个战略性错误，而过高的估值虽然在前期吸引了资本，但之后也成为巨大的融资压力。李竹允许自己犯错，他希望从代价小、成本低的错误中反思、进步，用试错的方式为未来的成功积累经验。

坚定勇敢，依托清华，成为天使投资人。在成立英诺天使基金之前，作为清华TMT专委会首任会长，李竹带领专委会连接起清华系的创业者，系统地为创业者提供服务。然而在开展服务的过程中，他们再次意识到投资对创业的重要性。借助清华校友总会 TMT 专委会生长起来的雏形，李竹与校友们再次展开了一场与之前不同的创业，建立了天使投资基金。2013 年 4 月，英诺天使基金正式成立，六年时间，基金一步步成长壮大，目前已经成为创投圈中最具影响力的早期生态圈之一。基于自己在行业中的经验，李竹总结了天使基金的投资准则：第一，专注早期，建立生态，不要为了盲目扩大基金规模而非要去做后期的投资；第二，要走专业化，专注大科技、大消费领域；第三，做赋能型天使，帮助被投企业进行价值创造。英诺天使基金 7 年，募资近 40 亿元，投资 400 多家公司。2018 年的资本寒冬，英诺帮创业者们逆周期而上，帮助几十家企业累计完成了 50 亿元人民币的融资，2019 年、2020 年也获得持续增长。在这条道路上，李竹坚定而勇敢，他坚信天使基金的意义，也坚定地帮助被投企业创造价值。

简单善良，用童心般的好奇去发现创新。对待事业，李竹一丝不苟，带领行业竞合共生。但在事业之外，他又是最儒雅的投资人。他认为，做天使投资，功夫在诗外，投资与生活态度是息息相关的。如同下围棋，取势和取实地要相机而动，强调看大弃小的策略，而天使投资也会有失败，需要花更多的精力在头部项目上。投资与生活中很多东西的底层逻辑是相通的。**毕业 30 年，李竹又作出了一个惊人的决定：回校攻读"工程博士"**。三十年的创业、实践经验中，李竹意识到创新的重要性，他知道对新鲜事物的好奇心很重要，**也希望自己可以保持童心、发现创新、简单善良**。

三十年，这个诚挚而纯粹的创新者仍然奔波在实现梦想的道路上，路漫漫其修远兮，他仍然上下而求索。**三十年间，清华精神在他身上留下了深刻的烙印，帮助他寻找到自己的方向**。我们也有理由相信，在李竹的带领下，英诺天使基金的明天会更加灿烂辉煌。

6

上善若水，柔而制胜——逯利军

刚和柔的辩证关系，中国传统文化里早有探讨。儒家倡导"刚健自强"，道家则认为"柔之胜刚"，但有大境界的人，通常将这两方面完美结合。提出柔性网络理念，并创建赛特斯公司的逯利军，就具有刚柔并济的特征。

逯利军深受清华校风、校训的影响。清华校训"自强不息，厚德载物"在他身上深刻体现，与儒家倡导的"刚健自强"思维有异曲同工之处。

不管是为学、为商，逯利军一直在践行清华的校风"行胜于言"。从他放弃到手的保送名额，通过全国统考进入梦想中的清华大学，到后来放弃海外优渥的待遇，回国创新创业，在他身上始终保有一股不言败的清华精神，一份科技兴国的报国情怀。

十载春秋，硕果芳华。13年之前，逯利军怀揣报国梦想，回到祖国创新创业，提出柔性网络与柔性计算理念，并将这一技术应用于三网融合、移动通信、云计算、智慧城市、内容监管等多个领域，主导了多个行业标准的制定，重点产品市场占有率超过80%。经过13年的发展，赛特斯已经成长为柔性网络与计算领域的领先者，用柔性网络技术构建的下一代网络发展体系，成为中国通信网络技术发展历史上新的里程碑，打破了传统通信设备巨头对行业的垄断，形成了全新的"软件定义一切"的产业生态体系与竞争格局。

目前，赛特斯柔性网络产品实现了云、管、端全覆盖，形成了三大互为关联的板块：基于 SDN/NFV 的柔性边缘网络及计算、基于用户体验的柔性融合运维支撑平台、柔性云与大数据服务。公司已发展成为拥有员工近千人，以南京公司为研发总部，国内销售服务网络覆盖 31 个省（区、市），国际业务遍及 10 余个国家和地区，年收入持续保持 50%～100% 增长的集团化运营知名公司。

上篇：上善若水，柔创未来

这是个激越、磅礴的时代，恩格斯在《自然辩证法》中写道："地球上的最美的花朵——思维着的精神。"20 世纪以来，现代商业在世间开出一片绚烂的花海，而信息技术则是这片花海中最夺目的那一朵。由人类思维、商业之美浇灌、滋养的信息技术花朵，前所未有地绚烂璀璨。

自 1946 年第一台计算机诞生，人类便踏入数据和信息的海洋，并在其中不断发现探索。世纪之交，腾讯、百度、阿里巴巴纷纷创立，中国人的生活方式发生了巨大的改变，信息技术已经开始显著地改变人类生活。

通过自主研发及不断地创新与实践，逯利军使柔性网络成为新一代网络最核心的技术，为电信运营商提供更为开放、灵活的"纯软"解决方案，加快网络部署和调整速度，降低业务部署复杂度。

基于对传统电信网络"烟囱化"的深刻理解，公司在行业内率先提出网络虚拟化＋云化的软件架构，赛特斯的柔性网络技术如同智能遥控器，让网络能够自运行、智能或无人驾驶。时至今日，SDN/NFV已成为业界热点领域，而赛特斯经过十余年发展，已经拥有了国内最强的技术团队和核心技术积累。面向未来，逯利军给柔性网络的定位是：做未来网络的大脑，通过柔性网络技术构建下一代网络发展体系，帮助运营商构建智能网络，帮助政企用户推动创新和业务转型，加之IT变革、数据时代、云计算发展的驱动，从而影响未来30年的网络方向。

柔性网络缘起：三网融合

柔性网络技术缘起于"三网融合"。

2001年3月15日我国"十五"计划纲要，第一次明确提出"三网融合"："促进电信、电视、互联网三网融合。"2006年3月14日通过的"十一五"规划纲要，再度提出积极推进"三网融合"，建设和完善宽带通信网，加快发展宽带用户接入网，稳步推进新一代移动通信网络建设，构建下一代互联网，加快商业化应用。

2008年1月1日，国务院办公厅转发发展改革委、科技部、财政部、信息产业部、税务总局、广电总局六部委《关于鼓励数字电视产业发展若干政策》，提出以有线电视数字化为切入点，加快推广和普及数字电视广播，加强宽带通信网、数字电视网和下一代互联网等信息基础设施建设，推进"三网融合"。

2010年7月1日，国务院公布了首批三网融合试点城市名单，涉及北京、上海、南京等12个城市和地区。

至此,"三网融合"不仅以国家政策的形式确定了下来,更有了具体的执行思路、执行路径:电信网络、有线电视网络和计算机网络相互渗透、互相兼容,逐步整合成为统一的信息通信网络。

此时,逯利军创办赛特斯正好三年,以通信技术为主要着力点的赛特斯敏锐发现了国家"三网融合"政策的政策红利,同时,也发现了技术与市场的空白,于是紧密跟进,成为国内最早在"三网融合"领域耕耘的公司。

IPTV 使赛特斯柔性网络崭露头角

IPTV(交互式网络电视)是一种利用宽带有线电视网,集互联网、多媒体、通信等多种技术于一体,向家庭用户提供包括数字电视在内的多种交互式服务的崭新技术。用户在家可以用两种方式享受 IPTV 服务:计算机和网络机顶盒+普通电视机。

2010 年 3 月 17 日,工业和信息化部、国家发展改革委、科技部、财政部、国土资源部、住房和城乡建设部、国家税务总局联合印发了《关于推进光纤宽带网络建设的意见》。到 2011 年,我国光纤宽带端口超过 8000 万,城市用户接入能力平均达到 8 兆比特每秒以上,农村用户接入能力平均达到 2 兆比特每秒以上,商业楼宇用户基本实现 100 兆比特每秒以上的接入能力。

这大大推进了电信运营商宽带提速进程,将原先的运营商企业行为升级为国家整体信息化水平的国家行为。对 IPTV 业务,互联网电视业务有着极其重大的意义。通过宽带进行高清晰度视频的传输在 3 年内成为高清视频的主流。8000 万的光纤宽带接入端口将有机会超过宽带用户数的 50%。

在 IPTV 的普及推广过程中，赛特斯发现，视频是最核心的业务，它涉及的用户最广，市场空间巨大。因此，"三网融合"和 IPTV 市场推进的关键就在于如何使视频用户有更好的上网体验。

过去，电信运营商采用粗放型投资拉动型模式，即不断增加基础网络设施建设，增加网络带宽。随市场需求不断增大，对基础网络设施也提出了更高要求，包括超大带宽资源、高可靠性及灵活资源调度，传统粗放型的方式已经无以为继。

此时，柔性网络技术应运而生——通过智能软件的方式进行深度的感知和重构，盘活和复用全网资源，减少网络投资，实现精细化的业务运营，也减少对专用硬件设备，尤其是对国外设备供应商的依赖，这些刚性需求奠定了赛特斯柔性智能网络的发展基础。

逯利军敏锐地察觉到这些变化，并迅速将其柔性网络技术与电信运营商的 IPTV 新媒体业务进行结合，于 2009 年年初在国内率先推出了端到端的视频业务质量保障系统。有了这套系统，运营商的 IPTV 业务不再是不可知的业务，他们可以精确地掌握每个频道的视频质量如何、传输网络能否承担相应的负载、终端用户的视频质量是否令人满意。

这套系统是将大数据思想应用于互联网服务的雏形，系统复杂度之高、专业性之强、技术之先进，已非普通软件公司所能完成，这使赛特斯在市场爆发之前就实现了领跑。也正是基于此，赛特斯日后发展出了一套完整的基于大数据的网络感知与优化的基础技术构架，让逯利军的柔性网络梦想走进现实。

早在 2007 年，"三网融合"政策还没有具体的实施纲要，IPTV 市场还处于起步探索阶段，赛特斯就率先将柔性网络技术应用于三网融合领域，实现了对网络视频业务的深度感知，并根据用户体验进行动态的码率调整。

经过多年发展，赛特斯视频监控与保障产品在市场上独占鳌头，占有率高达 80%，成为运营商最重要的战略业务合作伙伴，帮助运营商对 TV 视频、宽带、移动视频等业务实现了有效的监控和管理。2017 年，公司加大了产品研发和项目实施的投入力度，完成了基于 AI 的大运维平台的规划和产品布局，通过与客户保持长期良好的合作关系，实现产品的迭代创新，为公司带来较为丰厚的利润。

技术迭代：柔性网络技术几秒钟定位故障点

市场的突飞猛进，让很多公司不断追逐热点，通过包装概念攫取利益。而赛特斯在柔性网络研发和产品创新上始终孜孜以求，稳扎稳打，探索的脚步从未中断过。

随着不断进化迭代，柔性网络技术已经非常"敏感"和"智能"。赛特斯建立的国内第一套运营商实时感知系统，可以感知2500万IPTV用户的收视体验，并且进行收视行为的分析。在客户的终端电视屏幕上能够精确显示关于收视情况的统计数据。除了这个数据，还有前1小时系统用户总数、最近1小时用户在线情况等，都显示得一清二楚。这就是系统的"魅力"所在，利用柔性网络技术，编织出了一张智能的感知网。

在感知的基础上，柔性网络更具有重构意义。想象一下，当大量车辆挤在同向车道，等待信号灯切换时争抢着通过路口，而交叉路上却车辆稀疏，解决拥堵的方式是新修或加宽道路，建设立交桥，还是通过规划专用道以保障特殊车辆的运行速度，或者建设轻轨和地铁，以及对道路空间利用率进行探索等。这些道路建设的方式，正如网络系统中的网络管道。

从行业发展来看，重构网络成为当务之急，逯利军注意到当前的网络基础设施更多地是提供通信能力，而软件将服务于"互联网+""中国制造2025"等国家重大战略、行动计划，在带动产业创新发展、促进两化深度融合、保障国家网络信息安全中发挥核心作用。新一代网络基础设施则要同时提供通信能力、计算能力和存储能力，而且更强调的是三种能力的协同配合、智慧运营。

2015年，三大电信运营商相继发布了面向下一代网络的网络重构战略：中国移动的NovoNet2020下一代网络发展理念、中国电信的CTNet2025战略转型和中国联通的CUBE-Net2.0"新一代网络"研发计划。构建新一代的网络基础设施已从"将来时"变为"现在进行时"。

机会总是留给有准备的人。赛特斯作为最早关注,并且持续投入软件定义网络(SDN)、网络功能虚拟化(NFV)的企业,2014年与清华大学联合创建全球领先的新一代网络技术创新中心——"清华大学-赛特斯柔性网络联合研究中心",汇聚了全球最顶尖的科学家,坚定地探寻网络重构与演进的方向。

如今,赛特斯已具备自研SDN控制器产品,拥有业界最领先的x86转发面加速技术,更是业界率先实现Docker容器和虚拟机兼容部署,率先在异构平台(x86云和ARM云)上实现虚拟化网元部署的公司。公司保持着与三大运营商之间的紧密合作。不管是网络质量和应用质量的深度体验感知,还是ICT融合思路下的新一代网络编排系统,甚至是接入网/城域网的整体演进方案,赛特斯均已深度参与。在多年的合作中赛特斯积累了大量的现网运营经验,理解运营商网络的痛点,在制定方案时不仅善于融合借鉴多家运营商的成功案例,还能将国外先进技术与柔性网络技术创造性地结合,为网络的发展和演进提供最先进、最契合、最全面的支撑。

把脉未来网络:虚拟化、云化、边缘化、智能化

随着物联网应用的不断成熟,网络不断扩大,更多设备加入网络,海量的数据如何处理,需要从根源解决问题。网络不断地复杂化,网络延时、网络堵塞将给物联网带来不可估量的损失。现有的物联网直接接入云的模式不再适用,边缘计算高效、及时并安全地处理海量数据,将成为万物互联时代关注的重点。

赛特斯的柔性网络及计算技术，经过十余年的蜕变，已经成为下一代新型网络与计算架构体系中最核心的技术之一，是基于传统互联网的云计算的升级形态，是5G技术规划中的基础支撑平台，也是物联网、人工智能大规模应用的基础支撑平台。

未来，数百亿终端产生的海量数据都需要上传互联网云端进行智能处理，柔性边缘网络与计算如同互联网"云脑"的神经末梢，在靠近物或数据源头的网络边缘侧，通过虚拟化网络、边缘云计算、大数据、人工智能和融合业务编排，就近提供边缘智能的连接与计算服务，满足行业数字化在敏捷连接、实时业务、数据优化、应用智能、安全与隐私保护等方面的关键需求。该项技术充分满足5G、物联网、工业互联网时代对泛在网络、泛在计算、泛在智能的业务需求，部分技术和产品达到甚至超过国际先进水平，并在欧美市场与国外同类公司直接展开竞争，也被业界认可为边缘网络及计算领域独角兽企业。

赛特斯，是一句拉丁语的音译，意思是"保障"。未来，有更多不可预见的技术将不断涌现，行业发展将更加智能化，客户也会衍生出更加复杂的需求。但赛特斯的初心在"保障"，并且从未改变。

中篇：君子自强，勠力前行

赛特斯仅仅是怀揣创新梦想的千万企业中的一个，还有着明显的创始人印记——不忘初心、砥砺前行，在核心技术领域耕耘，坚定不移搏击市场大潮，拥抱商业之美。这是明显的儒家精神——"刚健自强"。

逯利军的身上，有着学者的特质：智慧、进取、学贯中西、学成后坚定地回国发展。与此同时，也有商业精英的特质：坚信商业之美，坚定不移勠力前行，根据市场情况相时而动，持续优化战略。

作为创业家，逯利军身体里流淌着"不安分"的血液：高中时获得全国奥林匹克化学竞赛河北省第一名，他放弃保送名额，通过全国统考进入梦想中的清华大学；大学毕业后，继续到北京大学攻读数学硕士，留校任教一年后，获多所美国大学全额奖学金赴美留学。

1995年，逯利军在美国取得电子工程的硕士学位，随后进入休斯公司，从事数据通信、网络安全核心技术的研发工作。随后，他开始了在美国的创业生涯，成功创建过AlphaSight和NetImmune这两家公司并担任总裁兼首席执行官。

对很多成功者而言，难的不是从0开始，而是放弃从0开始已经做到100的事业，将一切归零，重新开始。2008年，逯利军毅然选择回国创业。他凭着一颗赤子之心与满腹学识，从华盛顿搬回南京，因为他看准了下一代互联网的发展，并坚信事业新的高峰一定是出现在自己的祖国。

令逯利军记忆犹新的是，当他从国外飞抵禄口机场的时候，前来迎接的南京相关部门的同志，就把已办好的营业执照送到了逯利军的手上，一天没耽搁，公司就进入正常运转。2009年，公司流动资金一度非常紧张，紧要关头，江苏省"双创计划"及时给予创业资金扶持，并很快得到500万元"省科技成果转化风险补偿专项资金贷款"的鼎力支持。两次资金支持犹如"及时雨"，为公司缓解了资金困局。

7年后，逯利军被评为"江苏省双创之星"；2015年公司成功登陆新三板，公司市值在11630家挂牌企业中始终位列前100名，成为新三板交易最为活跃的股票之一。公司先后荣获"新三板通信龙头潜质奖"及"新三板百强企业"等称号。

逯利军始终怀揣科技报国的初心，瞄准经济社会发展的大需求，带领公司脚踏实地做研发、谈创新、发展产业。自2008年成立以来，赛特斯凭借创新能力与产品研发实力，获得多项荣誉。2010年，赛特斯获得中国电子信息产业发展研究院颁发的"产品创新奖"。2013—2016年公司连续四年获得南京市科技进步奖，2013年被认定为江苏省三网融合创新基地，

2014年被认定为江苏省软件企业技术中心。公司承担了国家火炬计划、江苏省创新团队、江苏省科技支撑计划、南京市高端人才团队等重大科技人才项目,并五次承担江苏省千万级科技成果转化专项资金项目,累计获得各级政府科技扶持资金超过2亿元人民币,是江苏省信息产业引领创新的龙头性企业。2017年获得新华网颁发的国家级奖项——"中国双创好项目",逯利军也荣膺"中国双创年度人物"大奖。

技术:磨炼见成效,用户体验永远在第一位

不管是针对IPTV打造的柔性网络技术,还是SDN技术、NFV网络设备功能虚拟化技术,这些都要既符合政策规划,也要符合市场发展的需求。即便如此,将柔性网络技术推向市场的过程中,也并非是一帆风顺。

2008年3月,逯利军刚刚回国创业的时候,基于对国内外市场前景的深入分析,公司看准三网融合这个大方向,开始研发IPTV的服务质量监测与保障系统,这在当时是非常新的概念,有非常多的技术难点亟待突破,但直到2009年中时,赛特斯在IPTV用户体验的核心技术上还未能攻克,企业生存压力日渐增大。

此时,团队的几个同事开始动摇,甚至投资人也来劝逯利军放弃,换个方向。但逯利军认为,认准了这个方向,就要坚持到底。

经过梳理,逯利军发现:最大的挑战来自平台供应商,他们为运营商提供了整套的IPTV播控与传输系统,而自身的业务保障系统又相对封闭;其次,IPTV业务的终端来自多个机顶盒供应商,设备形态千差万别。赛特斯经过仔细研判,指出不同厂家的播控与传输系统自带的监测功能很难融合,必须要由第三方的厂家进行全面、客观的监测,设备厂家不能既当运动员又当裁判员。并且,网络质量监测与用户体验保障是非常专业且具有较高技术门槛的领域,运营商需要形成端到端的完整质量监测技术体系与保障体系。

为了攻克难题,逯利军飞赴美国,与马里兰大学的用户体验研究团队建立合作,将他们最先进的视频用户体验评测技术引入国内,这使赛特斯的系统获得了前所未有的准确性和可靠性。经过将近一年的日夜奋战,销售、产品和技术团队的联合攻关,赛特斯克服了异构系统的数据采集与融合问题,产品终于获得运营商的认可和赞许,客户的运维人员第一次能在

全业务链上了解到业务运行状况。赛特斯的产品迅速占领了江苏、安徽、浙江、上海等优质市场。

接下来,赛特斯接连攻城拔寨,将全国 80% 的 IPTV 服务保障业务收入囊中,并将相关指标写入运营商的业务规范,成功地让所有机顶盒厂家开放了统一的接口。到目前为止,全国共计有超过 8000 万个 IPTV 用户的收视质量由赛特斯提供保障。赛特斯的招聘人员也惊讶地发现,原先一起参加竞标的友商员工投来了简历。因为友商已经解散这块业务。

这只是赛特斯将柔性网络技术与国内应用相结合的一个典型案例。此后,赛特斯将先进的技术和成功的商业模式在其他领域快速复制。就像细胞的分裂,赛特斯不断地在电信运营商、广电运营商、政企业务等领域建立新的产品线,发展得顺风顺水。公司接连在上海、北京、广州等地成立研发中心及商务中心,员工队伍也逐步扩大到近千人。

人员的快速扩充也给公司管理带来了挑战。逯利军生性随和,平易近人,办公室大门永远向员工敞开。这样做的本意是降低沟通成本,提高办事效率。然而,公司的一些中层管理者却因此养成了事事依赖的习惯,并美其名曰"多向领导请示"。在一次例行的项目进度会上,当听到一个本该进入执行阶段的事情还在等着"向领导请示"时,直性子的逯利军,言辞有些激烈,让人下不了台。到了晚上,所有与会的中层主管,都收到逯利军发的邮件,他为自己不冷静进行真诚的道歉。真诚总能收获真诚,通过这件事,公司各级主管明白了自身不仅要能"上传下达",更要能"承上启下"。只有每颗螺丝都拧紧了,赛特斯这架庞大的机器才能高效运转!

市场：遍地开花，打通国内与国外

一项技术或者产品，只有获得广泛的受众市场，有了稳定的营收，才会长久发展，在良性循环的工业系统内不断迭代优化。因此，市场既是试金石，也是生力军。

技术难关攻克了，市场的难关又接踵而来。逯利军和创业伙伴都是从事技术工作的，做市场不是他们的强项，但是，创业不仅仅是创新，更重要的是通过创新获得市场的认可，创造社会财富。于是，他又一个省一个省地去跑市场，这和他在美国的创业环境非常不同，但逯利军认为回来创业就是要适应国内的市场环境，逐步适应从"法、理、情"到"情、理、法"的转变。

产品质量过硬，加上逯利军和团队真心实意地服务用户，用诚意去打动用户，赛特斯的市场也越来越大。如今，公司与中国移动、中国联通、中国电信、国家电网、国家广播电视总局、中央广播电视总台、中国石化、中国石油、美国AT&T、沃尔玛、美国CenturyLink、西班牙电信等海内外客户形成长期稳定的合作关系，携手产业各界共同推动经济社会各领域从数字化、网络化向智能化的加速跃升。

赛特斯将柔性网络技术应用于智慧城市、智能交通、智能电力等的平台建设中，通过大数据采集、分析及交换处理，以云平台和多屏互动的业务模式，为城市管理提供最科学的决策支持，为居民生活提供最便捷的信息服务。赛特斯的智慧城市平台作为国内首例商用平台，已覆盖全国10000多个社区，聚合了200多种民生应用，为超过5000万居民带去极致便捷的服务体验。

人才：赛特斯成长的原动力

赛特斯的核心竞争力在于拥有一流的优秀研发团队，核心研发人员80%为硕士及以上学历，公司有15人次先后入选国家、省市级各类高端人才计划。

作为国家高新技术企业、双软企业，公司坚持以技术创新为核心引擎，截至2017年年底，公司累计申请专利300余项，获得国内国际发明专利授权57项，累计获得软件著作权100多项。2017年，公司获得CMMI 5

全球软件领域最高级别认证，充分展现了公司软件研发与管理的实力。

在柔性网络领域，赛特斯在感知型柔性网络（CEA）、重构型柔性网络（SDN/NFV）以及柔性云服务领域的领先地位，得益于其背后站着一支强大的研发团队。赛特斯建有企业博士后工作站、南京市工程技术中心等，同时还与清华大学、北京大学、南京大学、北京邮电大学、南京邮电大学等高等院校建立起良好的人才交流与合作机制。

如今，赛特斯很多员工已在公司工作5年以上时间，他们不但自己成长为技术骨干，更在身体力行地传承公司的创新创业精神。

下篇：不忘初心，民族力量

作为20世纪90年代中期赴美的留学生，逯利军经历过改革开放给社会带来的巨大变迁，也在互联网技术的发源地目睹并参与了技术创新对人类生产和生活带来的根本性变革。他深信，技术创新是推动企业乃至社会进步的终极动力之一。

逯利军思考的也已不仅仅是个人和公司的发展，更重要的是，在国家大力号召"大众创业、万众创新"的时代背景下，如何才能将更多的技术创新因子有效地聚合，构建和谐共生的技术创新"生态园林"，让创业创新的种子源源不断地生根发芽。

企业家亲自上阵,助力"双创"发展

南京,是逯利军事业的起点,而他也不忘回馈这座城市的厚爱。

逯利军利用自身资源优势推动南京市成立新型的创业创新促进组织——南京实验室创新创业促进中心,同时委托企业团队进行运营。有了市政府的支持,再加上逯利军的带动,一批具有实力的本土企业及投资机构纷纷加入到了南京实验室。南京实验室整合这些成熟企业的技术力量,为创业团队提供了媲美大型公司的平台开发能力,使"小团队也能干大事"。

南京实验室也承担着一部分创业孵化的功能,这对一些初创企业来说,无异于"及时雨"。入驻南京实验室的创业团队可以无缝对接成熟企业和投资机构提供的市场、技术及资金等核心资源,能将自身的技术和产品规划快速落地,形成符合市场需求的产品与服务。这种模式扩展了现有孵化器的资金对接功能,进一步将成熟企业的资源有机整合到孵化平台上,是名副其实的技术、市场与资金的资源池。

南京实验室的模式也带来了政府创业创新扶持机制的创新。南京市基于市场配置资源这一理念,对以往的创业扶持机制进行了大刀阔斧的改革:用于扶持创业者的资金,不再是进行单方面的给予,而是基于市场对创业团队的价值判断,采取跟进投资的方式进行扶持。这样一来,政府的扶持资金就起到了四两拨千斤的作用,撬动了大量社会资本,共同为创业创新服务,进而促进本地经济的转型与升级。

产、学、研结合,形成科技创新的整体合力

逯利军深知,技术是企业持续发展的命脉和基石,技术型创业团队在

进行公司化运营时，只有不断跟踪甚至引领行业最新技术发展方向，并能将先进的研究成果产品化，方可形成独特的技术与市场优势。

赛特斯的优势也源于公司与全球多个著名高等学府及顶尖科研机构保持长期的紧密合作，进行前沿技术探索和技术基础的积累。赛特斯持续在柔性网络及计算、人工智能、智能制造等领域进行研发投入，积极开展自主创新并努力将其转化为成果。

公司先后与清华大学合作成立"清华大学—赛特斯柔性网络联合研究中心"，与南京市政府、清华大学三方共同筹建了南京柔性网络产业园，与南京市政府、清华大学联合成立南京智能制造研究院，与南京大学成立南京市IPTV及网络多媒体工程技术中心等。目前，公司也在积极筹划与上海市政府、清华大学、卡内基梅隆大学共同组建浦江人工智能研究院等。

其中，赛特斯将柔性技术运用在工业互联网领域，携手南京市政府、清华大学共同成立的南京智能制造研究院，针对离散型工业制造，赛特斯柔性制造解决方案将现实世界中的机器、设备、团队和网络通过先进的传感器、控制器和软件应用程序连接起来，提升生产制造企业生产效率。

赛特斯身体力行，力促政产学研合作供给侧改革，积极促进科技创新与实体经济协同发展。

逯利军要求公司上下全面树立技术为本，以客户为中心的大局观，从战略制定到销售落地，从产品定位到市场策略，要关注、分析客户长远需求的技术和解决方案，把握技术创新与商业变革的趋势，更要关注客户在智能化转型过程中遇到的现实挑战，通过帮助客户解决问题，实现商业上的成功。

逯利军的"中国梦"

从一粒种子扎根南京，到今天年纳税上亿元的高科技公司，十年归国创业经历，逯利军无疑在自己的祖国达到了他人生又一新的高峰。柔性网络技术在祖国的土地上一步步变为现实的产品：它实现了对现有网络设备形态的改造，使新形态的设备能更智能地相互协作。这不仅仅是一种先进技术的实现，更体现的是一种修身克己、和谐共生的中华传统文化，凝聚了一个中国人对当今世界先进技术的哲学思考。而此时此刻，作为成功创业家的逯利军又增加了两个重要的身份——创业导师与公益大使，他一方面仍然为构建一个生生不息的创业创新生态圈而东奔西走；另一方面他积极投身公益，持续爱心资助贫困患者及孤儿，用心抒写一位华人的"中国梦"！

逯利军曾感慨："在美国的 15 年间，我目睹了美国政府和社会对技术创新的重视，也看到了技术创新对美国经济发展的巨大推动力。因此，我在美国创业期间，一直在自己的专业领域坚持着对独创性技术的研究，同时也和美国知名高校在电子工程、网络通信等核心技术上共同研发，取得了多项美国专利。我能深刻体会科技创新对一个国家、一个民族的意义，这也是我毕生去追求的事业。同时，祖国赋予我的平台与能量，我也将毫无保留地回馈给社会，为国家富强、中华民族的伟大复兴尽一份力量。"

自主创新是民族强大最核心的力量

2018 年是深入贯彻落实党的十九大精神的开局之年，也是立足制造强国、网络强国建设，推动物联网、大数据、人工智能与制造业深度融合，发展壮大数字经济的关键一年。这是中国最好的时代！

赛特斯也将立足于当下，专注创新创业，填补行业技术空白，努力成为江苏省乃至国家创新创业的主力军。

面对未来，逯利军深知公司所面临的机遇与挑战，赛特斯通过自主研发的柔性网络技术构建下一代网络发展体系，引领客户 IT 系统由传统技术架构向云架构转变。"要抓住大的技术变革的关键时间节点，产业报国，把赛特斯做大做强,做成一家伟大的公司。"

十年砺剑,逯利军和他的团队推动了多个新兴技术的萌芽和成熟,使赛特斯成为了柔性网络及计算的开创者和引领者;十余年里,赛特斯柔性产业羽翼不断丰满,并以自身的成功反哺行业,以一个革新者的锐气赢得客户的尊重与行业的认可;赛特斯用十余年时间淬炼深耕柔性网络,成就了一张国家下一代网络建设中坚力量的身份标签,这正是对十余年岁月最好的致敬。

逯利军坚信,没有哪一段路程是一帆风顺的,没有哪一个梦想会轻松实现。唯有用自己的执着与坚守,凭着一股逢山开路、遇水架桥的闯劲,去步步逼近光辉的山巅。唯有坚守自主创新国之利器,方能汇聚起同心逐梦的磅礴力量,共同拥抱祖国更美好的时代!

成功的企业家善于把握机遇,杰出的企业家敢于创造机遇。逯利军属于后者:学成归国,填补网络通信行业技术空白;成功创业,以柔性网络技术重构网络通信行业发展方向;助力发展,为创业创新发展贡献力量。勤力自强、不忘初心,逯利军是学者创业的典范。

借助政策助力,发掘潜在市场,以柔性网络技术领航下一代互联网发展。作为一个成功的企业家,逯利军将赛特斯做大做强,不仅靠一腔热血,更是靠独到的战略眼光。逯利军深知政策红利可以为初创企业发展带来巨大推动力,因此在国务院"三网融合"的政策出台时,他毅然回国创办赛特斯。在创业初期,逯利军敏锐地观察到IPTV视频业务保障系统的市场空缺和以网络设施建设为核心的粗放型投资拉动型发展模式的弊端,迅速将其柔性网络技术与电信运营商的IPTV新媒体技术相结合,推出软件智能感知用户体验服务,成功占据IPTV服务业务80%的市场份额,为后来柔性网络技术与其他应用结合奠定基础。在国家推动"三网融合"政策出台后,赛特斯又迅速跟进,成为国内"三网融合"领域的龙头企业。逯利军一直关注下一代网络发展方向,并带领团队研发软件定义网络、网络功能虚拟化等柔性网络关键技术。在电信运营商发布下一代网络重构战略后,赛特斯先人一步，凭借在柔性网络领域积累的大量技术优势与电信运营商达成了紧密的合作关系。逯利军成功把握住了赛特斯每一次发展机遇。

赛特斯能在短短十余年内从一个初创企业发展为新三板百强企业，主要归功于逯利军为实现技术创新市场化的辛勤耕耘。赛特斯创办初期，IPTV用户体验检测核心技术难以突破。在不被他人看好的情况下，逯利军仔细分析问题，引入最先进的视频用户体验评测技术，解决了技术难题并获得了客户赞许，最终成功占据IPTV服务业务主要市场，为企业发展壮大奠定基础。敢于应对市场挑战、勇于承担社会责任，赛特斯技术市场化的大获成功，逯利军是关键所在。

政企合作推动行业创新，校企联手培养创新人才。良好的创新生态、良性的市场竞争环境对企业持续发展具有积极作用。作为行业龙头企业，主动创业收获成功后，逯利军一直在回馈赛特斯发展路上所受到的恩惠。逯利军意识到企业的资源优势能够为创新创业提供服务，帮助市场配置资源，更好地发挥政府对创业创新的引导作用。他积极为政府相关负责人建言献策，并带头帮助初创企业。南京市因此成立了南京实验室创新创业促进中心，而在逯利军的带动下，一些具有实力的企业和投资机构也加入了创新创业促进中心，为创业团队提供市场、技术及资金等核心资源。南京创新创业促进中心能成功将创业孵化资金池延展为创业孵化资源池，逯利军的积极推动是重要原因。逯利军还是创业导师，他有多段创业经历，深知科技创新对国家和民族的重大意义。因此，他一直为构建一个充满活力的创业生态圈东奔西走，为年轻的创业者提供指导和帮助。

对技术创新型企业而言，领先的技术和优秀研发团队是核心竞争力。在柔性网络领域已有巨大技术优势情况下，逯利军为网络技术研发和产品创新投入的资源只增不减：赛特斯与清华大学联合创建新一代网络技术创新中心，与南京市政府、清华大学联合成立南京智能制造研究院，与南京大学成立南京市IPTV及网络多媒体工程技术中心等。同时，赛特斯建有企业博士后工作站、南京市工程技术中心，还与清华大学、北京大学等高校建立人才交流机制，持续吸引、培养高级技术人才。得益于逯利军对技术研发和人才培养的投资，赛特斯申请了大量专利和软件著作权，保持行业技术领跑者的地位。

7

卓尔不同
——瞿晓铧

———

由于父母早年在清华大学任教,瞿晓铧从出生到大学毕业的时光全部在清华园里度过,以至于他身上有太多清华烙印。校园里浓厚的学习氛围,滋养了瞿晓铧勤学善思的品质,多元价值观使他从不认为只有成绩好的人才有出息,这也影响了他日后的职业生涯和人生的走向。"为祖国健康工作五十年"的感召,让他养成了一生坚持跑步、游泳的好习惯,赋予了他健康的体魄、充足的精力,以及坚韧的毅力和自律的能力。

1982年,在清华物理系读书的瞿晓铧,常常折服于大师们的风采,令他印象深刻的老教师张三慧,物理课全英语授课,讲义多年来坚持自己手写。跟随这些老先生们学习物理,瞿晓铧领悟到了物理学科的精髓:凡事删繁就简、抓问题实质。

当时清华的物理系还有一位知名的学生——后来创办了搜狐的张朝阳。张朝阳当时在物理一一班,瞿晓铧在物理一二班,两个宿舍紧挨着,敲敲墙壁就能听到彼此,好多课也都在一起上。在瞿晓铧看来,张朝阳是典型的高才生,而自己要凭借努力,以及严格的自律才能取得不错的成绩,算是"中才"。

1987年,瞿晓铧大学毕业,赴加拿大留学,攻读应用物理硕士。硕士毕业后，瞿晓铧又在多伦多大学材料系攻读博士学位，师从 Harry Ruda 教授，这位才 30 岁出头的犹太教授从麻省理工学院毕业后，进入贝尔实验室从事材料科学的研究。

Harry Ruda 教授虽然年轻，在学术界和工业界却有非常丰富的经验，且充满创新的奇思怪想，他给予博士生充分的自主研究空间，很少干预研究的结论，而是侧重指导学生逻辑描述和解决问题的能力，同时，他还尽其所能帮助学生开拓学术界和工业界的社交圈子。

在清贫的象牙塔中做研究，瞿晓铧和其他博士生一样，基本靠助研津贴为生，凭借导师所拓展的社交圈，他逐渐开拓了研发和商务的视野，慢慢掌握与西方业界同行如何建立起有效的沟通。他发现，沟通的逻辑很重要，要找到互相都能接受的办法，以双方能达成共识为目的，而非采取无意义的对抗，在对方提出质疑时，要避免争吵，尽可能为其补充新的有效信息。这些都为他以后在商业世界中沟通谈判打下了良好的基础。

在宽松的学习环境中，瞿晓铧凭借勤奋和努力，攻读博士学位之余，考取了加拿大安大略省的证券业执照，建立起了金融、投资、经济学等学科知识结构，这也为他后来创办阿特斯阳光电力集团有限公司奠定了知识基础。

1995 年，瞿晓铧获得多伦多大学的博士学位，论文是有关复合性半导体中的二次谐波和差波效应。20 世纪 90 年代，华人博士毕业后在加拿大或美国找到一份合适的工作并不容易，特别是像瞿晓铧这样的理论物理博士。各种尝试无果后，有一天，他偶然翻看自己的电话号码本，看到一个几年前在华人社区活动中结识的人的名字：Frank Zhu，瞿晓铧就冒昧地拨打了电话，而正是这个重要电话决定了他之后的职业走向。瞿晓铧得知朱博士当时在安大略省电力公司工作，按中国人的说法，该公司是省属大型国企。朱博士也记得当年瞿晓铧作为大陆学生团体代表，为社区做了不少事情，于是让瞿晓铧将个人简历发电子邮件给他。

几天后，一个叫 Sam 的加拿大籍的菲律宾人，给瞿晓铧打来了电话，说："Frank 把你的简历给我了，我到电力公司总部来开会，你有没有时间过来聊聊？"瞿晓铧当时很紧张，坐在电力公司总部职工餐厅和 Sam 聊了半小时。瞿晓铧忐忑地等待了两周后，Sam 又打来电话说：公司刚刚收购了得州仪器公司的一项太阳能技术，但以往都是做传统电力业务，没人懂半导体,你来吧!"这机缘巧合似乎是上天的安排,瞿晓铧就这样误打误撞,闯进了太阳能行业。

瞿晓铧刚进入光伏行业时,这个行业还属于新兴领域,不像现在这样火热,甚至还有点冷。但在务实的瞿晓铧看来,行业不分大小,只要认认真真做,养家糊口总没有问题,而这个行业兼具高科技和成长性,又是没有碳排放的清洁能源产业,造福子孙后代,值得去做。随着职业的投入不断上升,以及对行业更加深入地了解,他更加热爱光伏事业,也暗下决心:不管钱多钱少,他愿意为这项有意义的事业坚守一辈子。

仅仅两年之后,安大略省电力公司就结束了和太阳能的"短暂相恋",把这个项目卖给了加拿大 ATS 公司,瞿晓铧也随之加盟 ATS。当时,ATS 公司收购了法国里昂的一个太阳能电池工厂——Photowatt,瞿晓铧被派往法国 Photowatt 公司工作,他开始不断地往返于加拿大和法国之间。

进入 Photowatt 后,公司分配瞿晓铧负责管理技术,同时还让他肩负硅材料的采购以及亚太市场的开发工作。就此,瞿晓铧在 Photowatt 公司拥有一个特别的"职位称呼"——"亚太技术副总裁"。如果说先前他做的工作都和专业或者技术研究相关,那么在法国 Photowatt 公司的新职位,则充分调动激发了瞿晓铧在商业领域的兴趣和潜能。他有机会全方位介入国际最先进的光伏企业生产链的各个环节,也开始深入接触采购、市场开发和销售的前后端工作。此外,他也与中国、日本、韩国、马来西亚等地从事太阳能、硅材料及清洁能源政策方面工作的同行们有了许多密切合作的机会。

这样拓展和积累了三年,瞿晓铧全面成长的同时,看到了发展的局限性:在业务综合的大公司里,太阳能行业总归得不到足够的重视,发展的规模和前景非常有限。而对于沉浸这个领域已有六年之久的瞿晓铧来说,这项事业是自己乐意奉献毕生精力的,他不想就此放弃,于是萌生了自己办企业的想法,刚好当时国内对归国创业人员有鼓励性政策,瞿晓铧下定决心回国创业。

2001 年,德国大众刚好有个汽车太阳能充电器的创意项目,设定了一些基本参数,但他们自己并不知道如何实现,找了五六家公司寻求解决方案,最终瞿晓铧的设计方案被采纳。就这样,他带着德国大众的订单,开始了回国创业之路。在考察了长三角、珠三角和环渤海的十几个城市后,瞿晓铧把工厂选址最终确定在了他的祖籍江苏常熟，注册成立了阿特斯光伏电子（常熟）有限公司。

最开始，瞿晓铧一直做着太阳能应用小产品的"小生意"，每年收入在300万美元左右，公司不温不火，虽然养家糊口没有问题，但也没有大的起色。2005年，凭借对行业的深入分析和对市场的敏锐判断，他认识到太阳能应用小产品仅仅是最低层级的光伏产品，无电地区的电力化和大型电厂并网才是值得全力进军的方向。他果断转型大型光伏电站组件，也正是这一转型令阿特斯年收入破千万美元，公司由小作坊式向规模化大公司迈进，在后来的发展道路中，也一直朝着这一方向默默蓄力。

由于抓住了核心方向，阿特斯创业仅四年就成功登陆纳斯达克上市，这样的速度和成就令业界震惊。上市后，瞿晓铧更加理性客观地思考公司未来，审慎制定公司发展战略，并用强有力的执行力来扎实推进。阿特斯采取"纵向集成、终端为王"的战略：在制造业务上，布局偏重后端，产业链配置贴近国际市场；将制造业和电站开发并行；以技术为核心，打造有阿特斯特色的高效太阳能电池和组件产品。公司以这三个方向为主干，向外扩枝散叶。正是因为有了这样清晰的思路和有效的行动力，又借助瞿晓铧在海外多年积累的资源与经验，阿特斯开始冲破国内市场，挺进海外，在2007年西班牙光伏市场启动中，瞿晓铧毫不犹豫地跃上了这班快车，由此阿斯特年营收同比增长344%，销售额直逼1亿美元。公司继而通过多元化发展战略和市场布局，在全球范围内成立了16家光伏硅片、电池和组件生产企业，并在20多个国家和地区建立了40多家分支机构。阿特斯这些生产基地，将先进的科研技术和管理经验与领先的成本控制和迅速交付相结合，为全球客户提供高质量的产品和服务。目前，他们的太阳能组件产品已经成功销往全球六大洲150多个国家和地区，累计出货约50吉瓦。此外，阿特斯目前在全球范围内处于项目开发后期的太阳能电站加项目储备超过16吉瓦，累计开发、融资、建设、运营、并网的太阳能站总量超过5.6吉瓦，全球范围内在运营中的公共事业规模太阳能电站总量约537兆瓦，阿特斯提供运维的电站项目遍布全球70多个国家和地区。

瞿晓铧认为企业品牌、海外渠道、商业模式差异化是阿特斯的核心竞争力。多年积累培养起来的产业深度、广度，全球的渠道覆盖是阿特斯巨大的资源。阿特斯的商业模式差异化表现在：一是在制造业领域的光伏组件和系统解决方案，具有国际一流水平；二是在能源业务领域，阿特斯向全球出售开发建设光伏电站，目前已在超过20多个国家成功地进行光伏电站开发建设。"这些都是阿特斯对抗风险，稳健向前的保障。"

入学清华的第一天，瞿晓铧就秉承"严谨勤奋，求实创新"的学风，并把这八个字作为信条贯穿在企业经营中。瞿晓铧的博导 Harry Ruda 教授后来被聘为阿特斯的独立董事，他的身体力行也传递给瞿晓铧宽容、严谨、平和的品质，而这些也深深影响了瞿晓铧的商业风格。

作为公司掌舵人，瞿晓铧始终将财务稳健放在最重要的位置，即便在公司效益非常好的时候，也绝不盲目扩张，而是步步为营，稳扎稳打。但另一方面，在稳健操盘的同时，也要有足够的前瞻眼光，敏锐把握未来的前行方向。瞿晓铧形象地举例说："当高纯多晶硅一克难求，价格狂飙至每公斤四百美元时，有多少人能够想到其价格会在七年后跳水？同理，几年前当阿特斯在光伏界第一次提出'一块钱一度电'的目标时，多少同行嗤之以鼻？可如今回看，这一目标早已被光伏人轻松跨越。"只有很好地平衡风险与收益，认清自我与大势，准确调整方向和战略，才能让阿特斯在太阳能这样一个充满变数和不确定性的行业中行稳致远。自成立以来，阿特斯历经创业的艰辛、上市的辉煌、股价一飞冲天的兴奋，也积极应对行业调整、产能过剩，在行业巨头相继破产的遍野哀鸿之中坚强挺立。

一路走来，作为光伏人，瞿晓铧与众多同道一样，震惊于产业竞争的"暴力"和残酷，政策变化之无常，同时又发自内心享受着技术进步为太阳能行业带来的无限惊喜。阿特斯从创业第一年大约三百万美元的销售额发展到如今年销售额几十亿美元，中国的光伏产业也从当初的蹒跚学步，成长为如今执全球之牛耳的优势高新技术产业。今后的路会如何？瞿晓铧认为，首先行业周期性不可避免，诸多问题例如限电弃光、政府补贴延迟、国际贸易摩擦等，无法避免地会继续与产业纠缠。而成本下降、效率提升更是永恒的主题。但不管道路多么曲折，他始终认为，未来的十年到二十年将是清洁能源继续展翅高飞的年代，其中飞得最高的是"一带一路"沿线国家，除了光伏行业，还有风能、智能微网、储能、能源互联网，这些领域在他们面前呈现了一个至少万亿美元级的市场，这是中国的先进装备制造业升级转型的一个最好的舞台，是中国的资金、人才、技术"天高任鸟飞"的一个最好天地，也是光伏人的幸运时代。他相信，世界能源产业格局也将在未来的 10～20 年中重新解构，新的世界能源超级俱乐部将在这个时代产生。中国成功的光伏企业将在这个时代走向世界，超越国别，成为世界的光伏企业，成为这个新的能源超级俱乐部的成员。

2001 年创立阿特斯公司之时，瞿晓铧曾给自己写过一段话，"用 20～30 年的时间让太阳能走进千家万户，为子孙后代创造一个更清洁更美丽的地球"，这句话后来成为阿特斯的公司愿景，也和中国向世界承诺的 2030 减排计划不谋而合，作为光伏人，瞿晓铧不仅有信心实现这个愿望，也一直在用行动践行这个承诺。他坚信"whatever goes around comes around"——所有的付出终将得到回报。

2019 年 5 月，瞿晓铧在赴宁夏商务考察期间意外受伤。面对伤痛，瞿晓铧表现出异常强大的内心承受能力，勇敢面对灾难，乐观面向未来。他阅读了张海迪的励志小说，以张海迪自强不屈、勇敢向命运抗争的精神激励自己，咬牙忍痛进行康复锻炼，积极配合医生进行康复治疗。所有参与治疗的医生、护士和护工都被这位勇敢乐观的总裁所感动。

目前，瞿晓铧已经在苏州总部恢复工作，一边主持公司各项运营管理，一边继续康复治疗。他对光伏行业的分析和判断依旧清晰而准确，对工作的投入和专注一如既往，努力工作和认真生活的热情丝毫未减。

2020 年阿特斯公司年会，瞿晓铧受伤后首次出席员工活动，发表了一段感人至深的讲话。他说，这是我人生经历中最大的坎坷。遇到坎坷怎么办？我在上大学时看过一部苏联电影，叫作《莫斯科不相信眼泪》。阿特斯不相信眼泪，新能源行业不相信眼泪。为什么不能随波浮沉？因为我们有追求，也有责任。我对你们有责任，你们对我也有责任。阿特斯走过不少坎坷，也经历了很多辉煌。我相信，有你们的努力，不管以后有多少挑战，阿特斯会始终翱翔在高山之巅，而你们也会带着我一起飞翔。一句"我对你们有责任"，让众多员工为之动容，潸然泪下。

瞿晓铧认为，光伏行业长期基本面依然强劲，为企业收入和盈利增长提供了大量"催化剂"。他对能源业务的发展前景充满信心。随着设备成本的降低，阿特斯开发电站项目盈利能力逐步提升。公司将继续借助自身全球化品牌、遍布全球的销售和服务网络、稳健的财务实力以及适应市场变化的能力，通过技术和商业模式创新，不断增强企业竞争优势，实现长期可持续发展。

瞿晓铧说:"我选择了和太阳能行业相关的工作,这也是我作出的一个人生的重要选择,因为我觉得太阳能是一种更加科学、环保,对未来更有益的能源。"进入光伏行业以来,瞿晓铧立志以此作为终身事业,为人类不断推出优质高效的太阳能发电产品,惠及世界的每个角落。他说,我们要通过建造千百座光伏电站来获得太阳的能量,为人类提供清洁电力。要让太阳能普及,让全人类能够使用上太阳能,让太阳能走进千家万户,让子孙后代享有一个更干净、更美丽的地球。

瞿晓铧为阿特斯选择的企业口号是"卓尔不同"。经历了岁月的沧桑和风雨的考验,阿特斯在他的带领下,目光依旧执着,脚步更加坚定。未来还会有挫折,还会有风浪。如今,瞿晓铧和"卓尔不同"的阿特斯,依然迎着太阳的光芒,感受生命的奔放,追逐着心中的梦想!

从安大略省电力公司的太阳能实验室到阿特斯,太阳能光伏是瞿晓铧坚定不移的追求。在事业有成之时,他放弃稳定的高薪工作回国创办阿特斯,将其发展为世界前三的太阳能企业;在地产、金融领域市场火热时,他依旧坚持在太阳能领域默默耕耘,为新能源行业发展贡献力量。追求卓越、卓尔不同,是瞿晓铧最真实的写照。

勤奋务实、追求卓越清华人。从出生到大学毕业一直在清华园里度过的瞿晓铧深受清华精神的影响。学生时期的他勤奋好学、坚毅自律,始终在追求向上而又保持谦逊。高中时瞿晓铧休学半年仍成功通过了期末考试没有留级。中学时代他注重文理科均衡发展,喜欢国学但数学物理也同样优秀,最终成功考入清华大学工程物理系。在清华读书时,他不仅刻苦钻研学识,还加入了冬泳队,冒着严寒磨炼意志。硕士毕业后,瞿晓铧又敢于尝试新的领域和专业,去多伦多大学读博士。漫长的求学路,瞿晓铧坚定地走了下来。

参与工作后,瞿晓铧脚踏实地、追求卓越的态度一如既往。他工作勤恳敬业,即便是严苛的老板也对瞿晓铧赞赏有加。外派法国后,瞿晓铧完成生产、技术及管理相关的本职工作的同时,积极学习法国光伏太阳能的先进技术。他担任多个岗位，奔波于亚太地区，与国内光伏企业的专家切磋交流。

在事业稳定时，面对新的发展机遇，瞿晓铧敢于从零开始回国创业。在大众公司为一批太阳能充电器寻找生产商无果时，瞿晓铧看到了机遇。他带着几台机器，回国白手起家自主创业。从选址建厂到第一批产品出货，瞿晓铧和他的团队只用了4个月。在瞿晓铧带领下，阿特斯在短短十几年间由一家50人不到的初创企业发展为全球领先的太阳能企业。如今，在推动新能源行业发展前行的道路上，瞿晓铧仍在勤奋耕耘，带领着阿特斯走向新的高度。

初心不变，深耕清洁能源行业；稳步扩张，打造光伏行业领军企业。
加拿大留学期间，不同于多数中国留学生，瞿晓铧在学习之余还积极参与社区活动。在他博士毕业时，很多同学纷纷改行去热门的信息技术行业，瞿晓铧却坚定地选择在太阳能领域继续钻研。国外工作时公司CEO十分严苛，同事刻意躲避而瞿晓铧却乐于向他汇报工作，深受他的赏识。光伏行业极速扩张时，瞿晓铧并未急功近利盲目扩张；行业调整市场低迷时，瞿晓铧抗住压力带领企业走出困境。阿特斯能在复杂多变的太阳能行业生存、壮大，归功于瞿晓铧对光伏产业和清洁能源发展的坚守。无论市场火热或者低迷，阿特斯坚守光伏产业初心，攻克技术难题，拓展新兴市场，才拥有光伏产业发展领头人的行业地位。

对光伏产业的坚守是阿特斯成功的精神基础，而瞿晓铧的管理才能是助力阿特斯走向成功的关键。瞿晓铧高度重视产品质量。生产太阳能汽车充电器时，阿特斯按照汽车业的严格标准，建立了整套质量管理体系。在之后的发展中，阿特斯又建立了严格的质量把控体系，从材料开始把控产品质量，并顺利通过了ISO 9001认证。阿特斯的业绩也证明高品质创新产品是最好的营销手段。

瞿晓铧对阿特斯和光伏行业有清晰的认识，深知财务稳健是在快速变化的光伏行业中立足的基础。阿特斯始终没有盲目扩张，不涉足和光伏不相关的产业。从2001年创业至今，经历了创业的艰辛、上市的辉煌，挺过了行业调整的低迷期，瞿晓铧用自己的经营智慧成功将阿特斯打造成了世界级的光伏能源公司。

瞿晓铧也是承担社会责任的企业家之一。在国外工作时，瞿晓铧积极与国内企业合作,解决牧区居民用电问题;在太阳能行业主流产品转变为并网型的大型微电网输电产品后,阿特斯仍旧保留了小型太阳能灯系列产品,为无电地区带去光明。阿特斯还将离网的光伏灯捐赠到中东、非洲地区。从创业到阿特斯做大做强,瞿晓铧从未忘却肩上的社会责任。阿特斯扩展建厂往往选择革命老区,为红色地区经济发展助力;在阿特斯成为中国太阳能企业的领头羊后,瞿晓铧又在思考阿特斯如何为中国经济转型贡献一份力量。社会责任是阿特斯前行的使命。

坚守初心,瞿晓铧正带领企业在太阳能行业继续拼搏。属于新能源的未来即将来临,期盼瞿晓铧带领阿特斯引领新的时代变革。

8

快乐创业，践行梦想——任天挺

这里是杭州一家太阳能组件企业的自动化生产车间，二十余台自动化设备有条不紊地工作着，将一片片太阳能电池片焊接成电池串，再经过排版、层压、装框、检测等工序最终制作成光伏组件。而在其中，仅能看到十几个设备操作人员在车间内穿梭。

这些光伏组件高端智能自动化设备全部由任天挺创立的杭州康奋威科技有限公司自主研发生产。在早些年，这样的组件厂需要大量工人完成电池片焊接、物料传输等工作，不仅效率低下，而且长时间的重复劳动也对工人健康造成危害。"中国制造2025"开启新一轮自动化发展浪潮，致力于工业自动化技术的康奋威科技正走在这条路上，在应用层面为不同行业提供自动化生产线集成解决方案，帮助生产企业打造工业4.0智能工厂，使智能制造成为可能。

这一切，都要从任天挺步入清华校园开始说起。

从清华时光到不负人生

光阴荏苒,回首清华时光

1989 年,17 岁的任天挺考入了清华大学电机工程与应用电子技术系。

大学,虽然只是人生中短暂的一段时光,却衔接着校园与社会,是学子们真正走向成熟独立的成人礼。对任天挺来说,在清华五年的求学生涯帮助他建立了丰富而完善的知识体系,使他无论在后续海外求学还是归国创业都受益匪浅。同时,清华作为屹立百年的最高学府,其深厚的文化对任天挺的人格塑造也起到了至关重要的作用。

大一暑期军训,后排左 1 为任天挺

与大多数埋头醉心于科研或者逻辑思维的工科学生不同,任天挺的爱好五花八门。本科期间,除了完成专业课程外,他的选修课表中满是"世界三大宗教""中国古典诗词鉴赏""世界管弦乐欣赏"这些充满人文气息的课程。在任天挺看来,大学五年不仅仅是大量吸收专业知识的五年,更是塑造人格、定型人生观的五年,这些与本专业相距甚远的课程教会他从另一个角度看待世界,在充实知识量的同时,也让他建立起了理性与感性兼备、更为细致全面的价值观。

让任天挺最念念不忘的是清华的名人讲堂。水木清华,钟灵毓秀,清华大学培育了一代又一代优秀的学子,而他们对于母校的热爱又引领他们回到清华，与校友们分享他们对专业、对人生的见解与感悟。任天挺回忆起名人讲堂来总是满脸自豪，他参加过朱镕基、钱三强这些在政界、学界如雷贯耳的人的讲座，季羡林、陈岱孙这样文化大家的课堂他也从不缺席。前辈们历经风雨后带来的所思所感对他来说是一场盛宴，为他青涩的精神世界带来了浓墨重彩的一笔。

"能够与这些伟大的前辈成为校友，甚至有幸能聆听他们对人生、对专业的分享感悟，是我这一生都将珍藏的回忆。"任天挺每每谈及这段过往，总是饱含感恩，"不管什么专业，都要尽可能多地去吸收其他领域的知识，特别是对一些理工科的同学，不要局限于本专业，要对人文知识、哲学体系有一定的了解和理解，这些都会对日后的工作与生活产生积极影响"。

任天挺总是说，清华不仅仅教会了他怎么做学问做研究，更教会了他怎么做事与做人。还记得1994年的毕业典礼上，时任清华校长的王大中院士（中国核反应堆工程与核安全专家）说："我们清华的学生以后做事要尽可能细腻，而在情感方面要尽可能粗犷一些，不要情感很细腻，做事很马虎。"任天挺对于这句话的理解是，在做事方面应该精雕细琢，怎么细致都不为过，但是在处理情感方面，则应该尽可能大度一些，不要斤斤计较，于人于己都好。这句话给任天挺留下了非常深刻的印象，时刻警醒着他日后的为人处世。

清华大学所教授的学识和道理，是任天挺人生中一座瑰丽的宝藏，为他在往后的求学及工作中源源不断地输送知识，又时刻使他保持警醒，无论遇到成功还是挫折，顺心还是不如意，始终保持"自强不息、行胜于言"的校风。

走出国门，继续深造

1996年1月任天挺赴美国克拉克森大学留学，并获电气工程硕士学位。

20世纪90年代初，国内一些有抱负的学子开始寻求海外深造的机会，任天挺也是其中的一员，想去看看外面的世界，了解其他国家的知识和文化，充实自己的视野和价值观。于是，在本科期间，任天挺便努力学习英文，并参加了托福、GRE考试。"当时托福、GRE的辅导班，都是俞敏洪亲自来上课，他背着一大包讲义，租了一间教室，见了我们先发资料，就开始讲怎么去猜题，去通过考试"，任天挺笑着回忆，"就跟你们现在看的电影《中国合伙人》里面的情节很像"。虽然考托、考 GRE 的过程很辛苦，但心中有愿望，即便辛苦也甘之如饴。

克拉克森大学坐落在美国纽约州的一个小镇上，整个镇只有一万多人，光学校教职员工就四五千人，可以说所有镇民们的生活都是与这个学校息息相关。小镇地处偏隅，环境清静优美，非常有利于教师专心授课、学生静心学习。"不同于国内高校大而全的授课风格，美国大学的课程会讲授得比较深入，不一定要做很多习题，但概念和公式是如何推导出来的，是分析得很细致透彻的。它更倾向于教学生'知其然并知其所以然'，把理论和实践很好地结合起来。相比较而言，中国的学生计算能力很强，但也会有点过度依赖公式。也许这就是中美教育方式的不同吧。"有了在清华扎实的基础，任天挺在克拉克森的学业很轻松，除了专业课之外，这段求学经历更多地是教会他如何用新的思路解决问题，丰富了他的知识体系和思维结构。

如何才能不负人生

1997 年，任天挺从克拉克森大学毕业后，前往美国新英格兰地区，入职位于新罕布什尔州的美国海别得公司（Hypertherm Inc.，Hanover，New Hampshire 03755，U.S.A.），从事机械自动化方面的研发。该公司是全球等离子切割领域的龙头，其海宝品牌等离子切割设备畅销包括中国在内的全球各地。

当时美国处于克林顿总统执政期，整体经济状况较好，任天挺第一年进入公司就得到了 6 万多美元年薪的待遇。他也没有辜负公司的期望，迅速在嵌入式控制软件领域积累了经验，全面主导了海别得等离子切割设备全系列产品的大功率恒流电源的控制软件的开发，将公司的早先模拟控制技术更新为最先进的数字信号处理技术，使公司的市场占有率迅速提升；同时在该领域掀起一场技术革命，也因此在 2000 年和 2002 年获得两项美国发明专利。

提起这第一份工作，任天挺话语中充满了感恩："我非常感谢海别得，我很大一部分专业知识都来源于这家公司，他们对新人的信任和提拔力度都很大，我后来的成功与在该公司积累的经验密不可分。"

由于海别得公司产品垂直化程度非常高，基本没有机会涉及其他领域和产品，存在很明显的发展天花板。一旦技术工种成为重复劳动，它比体力的重复劳动还要枯燥乏味。在海别得工作几年后，任天挺日渐感觉到提升专业技能的机会已然不多，挑战和充实自己能力的机会也越来越少。他渐渐觉得当下过于平淡，未来几乎透明，但这不符合任天挺喜欢"折腾"的性情。随着公司业务趋于稳定，他的工作量也渐渐变得不饱和，大量空闲时间无从打发。

"如此一成不变的人生不是我需要的。我们所有的乐趣都是把不确定的事变成确定，而不是一望无际的确定。只有在未知的世界里寻求挑战，才能不负人生。"

任天挺一方面对自己毫无波澜的生活产生了浓重的倦怠之情；另一方面，又嗅觉灵敏地觉察到国内自动化领域的巨大需求，在那一刻，他内心萌生了一个坚定的想法：回国创业，用所思所学反哺故里。经过反复斟酌，他辞去海别得的工作，踏上了回国创业的旅程。

践 行 梦 想

为解放人类双手而创业

2005 年，在没有合伙人、没有团队、仅凭 6.2 万美元的启动资金的条件下，没有任何犹豫和徘徊，任天挺创立了康奋威科技有限公司。他说当时要做什么产品并不是很清晰，但就是想做一家与自己专业相关的自动化公司，这种感觉很强烈。那时，几乎什么都没有的他，却有着坚定的梦想和勇气。

任天挺的书架上永远放着两本书，詹姆斯·C.柯林斯的《基业长青》和《从优秀到卓越》，这两本书在当时给了任天挺很大的鼓舞，"这世上的一切都借希望而完成，农夫不会剥下一粒玉米，如果他不曾希望它长成种粒；单身汉不会娶妻，如果他不曾希望有孩子；商人也不会去工作，如果他不曾希望因此而有收益"。他相信只有把公司成立起来，才有可能去跟人合作，才会有方向，没有平台和组织一切都无从谈起。

就在这一年,他请父亲擅长书法的朋友帮他题写了"践行梦想"四个大字,这幅字至今还挂在他办公室最显眼的地方。"纸上得来终觉浅,绝知此事要躬行。"或许,能够自由自在发挥一身所学去践行自身梦想,才是更能让任天挺感到愉悦的事。在现在看来,他当时这份盲目的勇气是多么可贵。

公司成立起来了,没有团队,就组建团队。任天挺从招聘网站上招来了五六名工程师,好在当时的整体就业氛围比较好,招到资历不错的工程师,甚至还招募了浙江大学的博士做顾问,团队也算是"初具规模"了。也就在这时,偶然的机会,一个做手套机的朋友说他采购来的控制器并不那么好用,任天挺仔细了解后发现,这个控制器的技术正是他所擅长的,这正是求之不得的市场机遇!于是,一帮年轻人就红红火火地开干了,几个月后,公司的第一款产品诞生了。古人云,万事开头难,良好的开端是成功的一半。随着手套机控制器研发成功并打入市场,康奋威开始做各类针纺织设备的控制器产品,一切逐渐走上了正轨。

那个年代,机织毛衣已经流行于市。那些既均匀又平整的毛衣在织机厂工人和织机的共同操作下,一件件地被生产出来,产出速度比起纯手工的要快很多。尽管如此,工人们每天依然要不停地去挂毛线,非常辛苦,长期从事这样的工作也不利于身心健康。此时,康奋威已经有一定的创业积累,任天挺对针纺行业也有了一定的了解。一个朴素的梦想在任天挺心中开始萌芽,那就是解放织机工人的双手,把他们从枯燥重复的工作中解放出来,从事更有尊严和价值的工作。于是,他开始酝酿新一代产品:全自动电脑横机控制器。

据调查统计，在中国，90%的中小企业，都很难走过创业的前三年。创业三年就像是一个魔咒，紧箍在创业者头上。2008年，康奋威三岁了，但是金融危机爆发了。手套机市场严重萎缩，横机控制器的开发也遇到了一些困难，公司员工基本都走光了，任天挺遇到了创业道路上的第一个坎。熟读人文哲学的他知道，世间万物都有兴衰发展规律，所谓盛极必衰，否极泰来。越是艰难的时刻，越是曙光前的黑暗，只要方向是正确的，那就一定要坚持，只要坚持下去肯定有希望。好在，任天挺一直没有荒废技术，横机控制器开发的核心技术牢牢掌握在他自己手里。那段时间，他咬紧牙关，亲自写软件，亲自开发产品。也有很多供应商给了他很大的支持："要加工什么，尽管来做，要是资金紧张缓一缓没关系的。"在生存的边缘，希望和支持正是最好的动力。2009年年初，新产品推出，新员工也陆续到岗，终于看到曙光。任天挺和康奋威，在这生存挑战时刻，以顽强的意志和不懈的努力，闯过了难关。接下来几年，康奋威开发的全自动电脑横机控制器，不但大大提高了企业的生产效率，也真正解放了那些不停去挂毛线的操作工，公司发展也进入了一个新的阶段。

"解放人类双手"这个理念，成了任天挺后来研发所有产品的出发点。"机器换人，如果只追求单一的经济效益，那么还是有所欠缺的。我们观察到的是，被我们设备所替换下来的岗位，应该说都是不太留得住员工的，劳动强度大，工作相当枯燥，长时间工作容易损害健康。员工的流失率一直是困扰企业的老大难问题。"他认为，这样的岗位不适合作为万物之灵的人类去从事，我们应该用专业技能尽可能地把人们从简单、机械、重复、枯燥、不利于身心健康的劳动中解放出来，让人们去从事更具创造性，也更有尊严、更有价值的工作。这应该也是工程师特有的人文情怀吧。

探索中寻找方向——工业自动化道路

2010年是康奋威的一个转折点。过去的五年，康奋威已经闯过了创业坎，进入相对稳定的发展时期，但业务开展过程中，由于产品特性关系，康奋威只给设备厂供货，并不直接与产品使用的客户发生关系，受到整机设备厂"欺压"的状况时常会发生。这促使任天挺开始思考，他所开发的控制器是整个设备里最核心的部分，也是技术含量最高的，为什么自己不能做整机，直接面对终端客户呢？

机会总是会青睐不断思考又勤奋努力的人。这一次，任天挺将目光投到了劳动密集、资金密集的太阳能光伏行业。当时太阳能光伏行业正如火如荼地发展，但太阳能电池片组件的生产几乎全部由人工完成，一个组件生产车间中每天都能看到密密麻麻的上百名工人在一刻不停地工作。仅电池片焊接一道工序，一条产线每天就需要安排二三十名工人两班倒，焊接工人们全程低着头压迫颈椎不说，焊接过程中产生的气体也影响身体健康。那时，国外已经有配套的自动化生产设备，但是价格非常昂贵，令多数国内太阳能组件企业无力承受。

由于太阳能电池片焊接对精度、温度、焊接强度等指标有非常严格的要求，一片电池片焊接不良就会影响整块太阳能组件电池板的性能，因此太阳能电池片串焊机的技术门槛非常高，可以说集成了控制领域最顶尖的技术。在经过一番深入的研究后，他相信自己的技术可以做到，况且这个行业的自动化设备引进能给企业切实带来效率和经济效益的提升，也充分践行"解放人类双手"的理念，非常值得投入。

就这样，任天挺开始组建一支由机械、电气领域人才构成的全新团队，康奋威开启了二次创业。在电池片串焊机项目立项之初，他就有一个强烈的信念，要求研发团队打造出全球最好的太阳能电池片自动串焊设备。设计上精益求精，性能上不输给国外先进设备，再加上价格优势和优秀的服务，定能赢得行业普遍的认可。于是，他对研发过程的把控近乎苛刻，经过两年艰苦卓绝的研发，2013年，全自动电池片串焊机最终成功面市，并以优越的品质受到了市场的青睐。

任天挺时常回忆起串焊机推出的那段时光："《论语》开篇就是'学而时习之，不亦说乎？'以前老师说'习'是复习的意思，心想老是复习，炒冷饭何乐之有？直到我们成功研发串焊机，看着串焊机在客户现场顺畅地运转着，在为客户创造着价值，我们才顿悟，原来老夫子说的'习'是实践的意思啊！当康奋威的设备和服务得到客户认可时，团队成员的愉悦和成就感，是任何物质的激励不可比拟的。以前古人说，学好文武艺，货与帝王家，如今我用我们的专业技能为光伏组件行业提供服务，实现了学以致用的价值情怀。"

这一款为光伏组件企业提供的可焊接单晶及多晶硅太阳能电池串的生产设备，只需要人工设置需求参数，便可完成从取片、摆片、传输、焊接等一系列工作。而且产能高，对电池型号的适用范围广、兼容性强，相对于人工焊接，大大降低了时间成本和经济成本，同时提高产品的生产效率和质量。一台串焊机，便能节省近30个人工，经济效益远超人工。

任天挺主持研发的太阳能全自动串焊机

经测试，康奋威的全自动太阳能电池片串焊机，在破片率、定位精度、生产效率、焊接性能等主要技术指标上均与国外设备比肩，而价格却远远低于国外设备。超高的性价比为设备带来了源源不断的订单，甚至一度出现供不应求的局面。

就这样，凭借这一款高技术含量设备，康奋威逐渐在光伏行业里站稳了脚跟。此时的康奋威虽然依旧像创业之初一样，人员规模还比较小，幸运的是，团队凝聚力超强，团队成员不少人身兼数职，不计较个人得失，一起为康奋威的美好未来而努力奋斗。他们一起挥洒汗水，一起欢笑开颜，同时也收获着成长和快乐。带领着这样一支有梦想、有战斗力的团队，任天挺坚信，康奋威未来的道路一定会越走越宽阔，越走越明朗，那就是：要成为工业自动化行业优秀的系统集成解决方案提供商。

挑战，来自丰富产品线

光伏行业是大规模定制化的制造行业，一方面生产过程中存在大量技术含量低但重复度高的劳动，另一方面客户对每一个批次的产品均提出不同的标准和要求。而光伏产品在生产过程中的诸多影响因素（人工、原材料、设备等）将造成最终电池、组件成品效率集中度不高、效率之间差异大的现象。对于渴望改变现状，并逐步从劳动密集型向高科技新兴产业转变的急迫需求，相关配套自动化智能装备的出现，无疑使行业实现在生产环节的升级转型成为可能。随着近几年光伏产业在国内和国际市场的蓬勃发展，产业规模稳步增长，组件技术水平不断进步，康奋威也伴随着它一路成长起来。

康奋威深耕光伏自动化行业几年后，串焊机技术已处于行业领先水平。但康奋威只能做串焊机吗？康奋威还能为客户创造更多价值吗？在光伏行业上述痛点和需求的环境下，任天挺带领团队对市场和客户进行深度调研，将康奋威从最初仅有全自动电池片串焊机一台单体设备，逐渐发展为太阳能光伏组件生产线全线设备，包括玻璃上料机、电池片排版机、汇流条焊接机等30余种关键生产设备，并可以根据每个客户的个性化需求，进行整体解决方案的提供和"交钥匙工程"的实施。传统组件生产所需几百人的工厂，在整线自动化装备的改造升级后，仅需一二十名操作人员即可。

在这个快速发展的时期，多条产品线的大幅度扩张，一方面迅速提高了康奋威在行业内的口碑和影响力，另一方面也给康奋威带来了阵痛和挑战。公司规模在快速扩张，组织架构趋于完善，然而从产品研发、市场营销、服务支持、生产运营、采购品控等各个方面暴露出的问题也越来越多。公司从前单一产品的运营经验，面对多产品线的发展所需内部管理要求，似乎有点举步维艰。面对公司内部一度出现的"混乱"状况，任天挺认为这是企业转型过程中的正常现象，需直面这些问题，但无须焦虑。冷静而客观地分析原因并采取相应改进措施，这个改进的过程，就是公司和团队成长的过程。引进质量管理体系、规范工作流程、调整组织架构、明确岗位

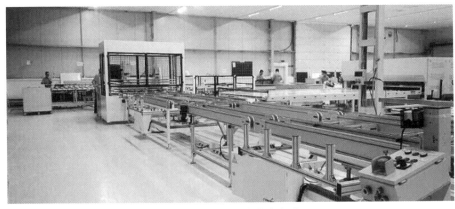

康奋威光伏组件整线生产线

职责、加强品质管控、调整销售策略,一项项措施一步步实施,推动公司越来越规范高效地运作。也许这个阵痛还要持续下去,但每一个产品的成功研发和推出,都是踏踏实实地向前一大步,康奋威从创业初期的"小麻雀",正逐渐发展成一家集研发、生产、销售和专业技术服务为一体的"五脏俱全"的国家级高新技术企业。

海外征程,迈出国门

随着国内业务的蒸蒸日上,任天挺注意到,国外的光伏组件自动化市场长期被以德国为首的自动化供应商垄断,其设备价格是康奋威产品的两倍甚至数倍,既然康奋威的产品广受国内光伏客户的欢迎,为什么不推广给国外客户呢?2015年,康奋威海外业务团队应运建立,同年,第一台串焊机销往加拿大,从此康奋威开启了海外"征程"新篇章。

2017年6月的一天,公司接到一个来自土耳其客户的订单,交期紧、任务重,公司立刻成立专项工作小组,执行过程中,客户又一次提出要将收货时间提前。海运一定是来不及了,就在这时,客户依旧没有放弃选择康奋威,而是提出可以接受将这台近5吨重的设备以空运的方式运抵位于土耳其的工厂。这也创造了康奋威在中东地区最快的交货纪录,这个故事在业内成为美谈。大家明白正是过硬的产品品质才能赢得客户如此的信任。

康奋威设备在海外客户车间

受益于国家"一带一路"倡议的相关政策,短短三年时间,康奋威的产品远销美国、加拿大、土耳其、墨西哥、越南、阿联酋、泰国等数十个国家和地区。看看国际业务版图不断扩大,任天挺充满了民族自豪感。当以康奋威为代表的国产设备在海外光伏行业的份额越来越大,当优质的服务受到海外客户的由衷认可,当自主研发的设备打破欧美企业垄断出口到西方发达国家市场,任天挺想起当初放弃国外优厚待遇,怀抱着技术报国反哺故里的懵懂梦想,毅然只身回国创业,此时此刻,内心充满了梦想实现的荣耀光芒,也深深感恩于这个时代所赋予的机会。

逐行业痛点,再次出发

一处位于杭州滨江区的申通快递集散基地,每天都有数以万计的货品在这儿集聚和送出。一边是人工手动分拣,一边是机器自动分拣的景象,繁忙和有序形成鲜明对比。这是康奋威公司实施的第一条快递包裹环形交叉带自动分拣设备,在项目实施的过程中,任天挺屡次到项目实施现场坐镇指挥。

"物流行业目前最痛苦的就是劳动密集,人员过于庞大。一家物流公司的董事长曾告诉我,他们大概有十二万的劳动大军,有一半,也就是六万左右是专门从事包裹分拣工作的。公司面临几方面困境:一方面给很高的工资也不一定能招到人,另一方面员工又嫌这个工作太辛苦。对于终端客户来说,又存在着野蛮分拣、差错率过高、时效性不足的问题。而我们的自动化分拣系统,正好解决了物流行业的这几个痛点。这就像放牧要逐水草而居,我们是逐每个行业的痛点而生。"当物流快递行业已经发展到白热化阶段时,任天挺敏锐地嗅到物流自动化装备广阔的前景。

不知从哪一天起,快递已经成为大家生活中不可或缺的一部分。就在五年前,当你扳着手指数着快递还有几天能送到的时候,如何能想到今天快递发展到如此便捷的景象?次日达、当日达、2小时达……中国物流产业的惊人进步一次次刷新着人们对这个劳动密集产业的认知。

早在物流行业如火如荼,成为国民经济基础性、战略性、服务性产业之前,任天挺就已经瞄准这个领域。在物流产业庞大且分散的生态圈里,他关注到这么一群人——快递分拣人员。在传统快递模式下,快递小哥收件后,送到快递集散中心,不论是出港件还是进港件都需要人工手动分拣,分拣工人需要通过肉眼识别快递单上收件人所在地信息,并准确地将包裹放置到对应集包区。分拣工序直接关系到快递能否正确、及时地被送往目的地,这就要求分拣人员熟记全国各主要省市,并能在拿到包裹后迅速辨别目的地。同时,每天快递公司装车和配送都有时效限制,这要求分拣人员必须在有限的时间内完成分拣工作,工作时间常常在半夜,尤其在酷暑和寒冬,工作条件恶劣,辛苦可想而知。这恰恰是"为解放人类双手而创业"的任天挺致力于要从事的事业,也恰恰是他的所长——智能装备"交叉带分拣机"能够实现的。它的运行速度可达 2.5m/s,每小时分拣量超过 20000 件,错件率低于万分之一。以 10 万件 / 天的网点为例,使用交叉带分拣机可以节省 20～30 人,大大降低错件率的同时也将这些分拣工人解放出来。现在,不论是数以万计还是百万计的物流分拣中心,都已不见繁忙、混乱的人工分拣场景,交叉带分拣机的出现使各项工作高效而有条不紊地进行着。

康奋威交叉带分拣机在客户现场运行

就在素有快递行业"大考"称号的 2017 年"双十一",康奋威物流交叉带团队全力以赴,连续一个多月夜以继日地奋战,数十条交叉带分拣系统为客户交出了满意答卷。交叉带分拣系统的投入,使得分拣中心最大程度避免了超负荷运作导致的爆仓、延误、错件等问题,优化了客户体验。同时,降低了分拣中心的用人需求,也大幅减轻分拣员的劳动强度,改善了工作环境。

创业十余年,任天挺带领着康奋威风雨兼程,只为心中更远大的梦想召唤,在不断前行的路上,康奋威的自动化系统集成方案提供商的角色日益清晰,也日益受到行业和客户的认可。2011 年,康奋威被认定为国家级高新技术企业;2015 年,康奋威被国务院侨办评为重点华侨华人创业团队;2016 年、2017 年,康奋威连续两年入选杭州市高新区"瞪羚"企业,同时被认定为杭州市高新技术研发中心,更享有40余项专利技术。在创业的过程中,任天挺也先后被评选为国家万人计划专家、教授级高级工程师。这些荣誉,见证着康奋威的成长和壮大,也意味着康奋威有能力走得更远更快,为工业自动化行业贡献更多价值。当年跟随任天挺创业的员工,有的在公司工作10余年,从毛头小伙子成为业务专家,有的已经成长为独当一面的业务部门负责人。他们在康奋威学习工作,在康奋威收获成长,有的在康奋威成家立业,有的在康奋威找到了事业奋斗的方向。而任天挺,也将带领团队在持续转型的过程中,不忘初心,践行梦想,不仅要成为自动化行业系统集成方案提供商,更有志于将康奋威发展成自动化行业的平台公司,资源共享,共同成长,为"中国制造2025"添砖加瓦。

享受创业、享受学习

创业是一件快乐的事情

"创业的初衷一定不是其他理由,而是去做你所热爱并且愿意为之付出的事情。一个人最幸福的不是被爱,而是你能够心甘情愿地去爱人或事,我对康奋威就是这样一种情感。"

任天挺说:"虽然我创业13年,但我没觉得压力很大或者很痛苦,我一直是比较快乐的,也很享受整个过程。"这种享受的前提是他对公司方向和资金等关键事情的审慎把控。他对公司的财务状况了如指掌,会提前根据资金流做好部署和安排。正是这种审慎,创业以来,康奋威从来没有拖欠过员工的工资和供应商的货款。"我们的发展虽然不是很迅猛,但是很扎实,生存能力很强。我们经历了好几波产业周期,每经历一波我们就会变得更强大。我只做自己能够掌握的事情,稳扎稳打,让公司一步一步壮大起来。那些超出自身能力范畴的事情,风险太大,万一不成功就很糟糕了。"《源创新》里讲:"一家公司有没有前途,不应该看它这几年发展得多快,而是要看在这个时间点之前它生存了多少年,比如它生存了10年,我就有理由相信它可以再活10年。生存力是第一位的,只有生存下去才谈得上发展和壮大。"

与其他创业者一样,在创业的历程中,任天挺也会有犹豫、彷徨和不知所措，但正所谓"宝剑锋从磨砺出，梅花香自苦寒来"——只有经历了种种历练，才能悟出幸福的真谛。[1]

"我觉得自己有时候是有些分裂的。一方面在精神层面喜欢天马行空、无拘无束。但另一方面，在做产品研发和生产时，又对自己对员工非常严格，乃至严苛。"

也正是这种"分裂"，让任天挺从对比中，更容易收获满足感和幸福感。[2]

无为，才能无不为

与那些成天忙得不得了的企业家不同，任天挺从来不将"忙"作为自己的标签。身为康奋威的创始人兼董事长，任天挺有时会显得有些"不务正业"。他每天最喜欢做的事就是看书。

"做企业的人为什么要有闲情，因为你有所追求，想要实现抱负。可如果整天在琐事里忙乎，你哪来的逸致？又如何致远？"任天挺说，"老子的无为，听起来消极，其实是很积极的。正因为无为了，才有时间思考方向的问题。"

"项羽的能力比刘邦强吧，但刘邦却依靠无为取得了最终的胜利。刘邦几乎把无为用到了极致，我有韩信，我有萧何，我有张良，我凭什么还要有为？而项羽手下原本没有什么人，有个亚父还被气走了。那么好吧，什么事都我自己来，刘邦打过来了，我自己披挂上阵。一来我自己能力很强，去了分分钟搞定；二来你们能力我也不放心。他整天就忙这些去了，哪里还谈得上什么战略。"

任天挺认为，这其实是对时间的高效利用。其中，虽关乎智商和情商，但最终还是在哲学层面的认识是否透彻。

"这正如读书。读书多，对人生肯定有所帮助。但收获多少，则跟每个人的感悟能力有关。有些人读书尽管很多，但看起来也不太能成事。"高明的人，都是人情练达、世事洞明。"在你这里很复杂的事，在他那里很简单，三言两语就把一件事说到本质，很透彻，所以他才有这么多时间空出来，才有可能去做更多的事。"

正所谓："致广大而尽精微，极高明而道中庸。"[3]

正在读书的任天挺

多年的杂学浸淫，逐渐形成了任天挺独特的做事风格：始于佛家的慈悲为怀，行于儒家的积极进取，成于道家的看淡得失。"凡事都有一个出发点，创业也如此，不如就从一颗慈悲之心开始；一旦做起来，就要披荆斩棘、勇往直前；至于结果，可以看淡一些，没有必要纠结。"他十分敬佩诸葛亮晚年的"明知不可为而为之"——明知六出祁山不会成功，却还要这么做。"这完全体现了儒家那种淋漓尽致、生生不息的积极进取，最终求仁得仁，令人敬重。"[4]

他的知识面博杂，似乎"上知天文，下知地理，旁通奇门遁甲"；他的语言率真、诙谐，但却暗藏珠玑，嬉笑之间，便让人如醍醐灌顶。志之所趋，无远弗届。就像武侠小说里的侠客一样，内心澄明的任天挺，看起来，也已准备好随时谱写一曲"笑傲江湖"。[5]

劝君且向山中行

每个周末，背着一个双肩包，拿着一根登山杖，任天挺就能走遍杭州大大小小的山林。从清华大学毕业到在美国留学和工作，从2005年回国创业到把自己的企业发展壮大，人生都仿佛弹指一瞬间。回想起自己刚刚创业的时候，做过的手套编织机的控制器，织羊毛衫的控制器等这些小东西，挣到一点利润，都全部投进去搞研发。用他自己的话说，就是小米加步枪，单枪匹马地在山下徘徊。

"所以说头几年，其实我们都是在山底下转来转去，但是这个'转来转去'也是有意义的。第一，至少我们活下来了；第二，我们也在思考。

就在 2010 年的时候，我们找到了一条上山的道路，就是做工业自动化的系统集成方案解决商、智能装备的提供商，这个就是我们定下来的方向。我觉得这个方向和道路非常重要，一旦方向和道路确定了，那么无非就是你付出努力了，付出努力还不简单，其实就是怕没有方向在那里瞎转悠。就像你上山的路都看到了，你无非就是一步一个台阶，有多少能力，就上到多少高度。"[6]

在这个过程中，懂得如何试错，也被任天挺认为是最重要的问题之一。寻找道路如此，锻炼干部队伍亦然。

"这个过程中最考验企业的是不能盲目去试，要风险可控，但同时还要大胆和坚决。一旦决定做一个项目，就要做到底，再难也要做下去，哪怕是死，也要死个明白。""只要控制试错成本不超过我的承受底线，这个项目做死了不要紧，团队得到了锻炼，就有了下次成功的基础。所以，我鼓励研发人员，研发没有失败这一说，只要你认真投入了努力，就是成功的。"[7]

结语：伟大时代里的一朵浪花

中国是制造大国。传统制造是通过大批量的生产降本来形成竞争力，是基于经验和体量的制造模式。这种模式重度依赖业务量和人口红利，随着中国人口红利的消退和部分原材料成本的上升，传统制造行业利润一压再压，运作模式亟待转型。

不论是光伏行业还是物流行业，都是典型的传统模式。而随着劳动力成本的逐年上升以及行业对提高生产速度的迫切需求，工厂自动化升级成为刚需——以现代化、自动化的装备提升传统产业，推动技术红利替代人口红利，成为此类劳动密集型产业优化升级和经济持续增长的必然之选。提高生产效率、提升良品率、优化经营管理模式……自动化装备为企业发展带来了翻天覆地的变化，并且这种变化仍在不断革新，帮助企业持续进步。

恰逢"中国制造 2025"开启新一轮自动化发展浪潮，智能制造产业的发展成为中国迈入制造强国行列的关键因素。自动化成为企业精细化管理的必由之路，它使得企业对任何一道工序都能做到"产前预设、产中可控、产后达标",从而避免了因工人水平参差不齐造成的产品差异,为企业带来效益。

"康奋威现在处于持续转型期,从单一行业单一产品,向多行业多产品转变,我们最终的理念是打造一个自动化的平台公司,不局限于服务某个具体的行业,只要有市场需求的我们都可以介入。我们的首要任务,是做好自动化模块的技术储备,比如机器人应用技术、工业相机的技术、传感器技术,以及对机械设计和驱动技术的理解和应用。"

对于公司未来发展的道路,任天挺是坚定的。"荀子说:'知易者不占,善易者不卜。'真正懂得易经的人,是不会也不屑去占卜的。只有患得患失,产生怀疑的人才会去占卜。"做工业自动化的系统集成方案解决商的路已然越走越宽,未来依旧充满了机遇与挑战。

"未来,在'中国制造2025'和'一带一路'倡议的支持下,随着国内产业技术的持续提升,我们势必会为中国、欧美地区、其他新兴国家,乃至为全世界的工厂提供智能装备。只要扎扎实实地走下去,前途一定是光明的。"

创业,贵在坚持,因为机会总会有的,上山的路也总会有的。如果说,创业是一个精神撕扯的过程,那么这个清华才子则有自己的精神领袖,苏东坡的宏博和通达,陶渊明的闲适和超然,总能让他在上山的路上走得更加踏实和自信。就像陶渊明笔下的五柳先生一样,潇洒自如,随然而自持。[8]

参考文献:

[1][4] 杨帆.人物专访|任天挺:为解放人类的双手而创业,清华校友会,2017-06-21

[2][3][5][7] 吴军杰.任天挺:无为,才能无不为[J].太阳能发电,2015,(73).

[6][8] 中国蓝国际.逐行业痛点而生,择杭州滨江而栖——康奋威创新创业,筑梦国际滨.2018-01-03

为什么创业？不同的创业者有不同的答案，有的人是因为创意，有的人是因为梦想。任天挺属于后者：他厌倦单调重复的工作，乐于探索、创新；他富有人文关怀，深怀对祖国的感恩之心；他有梦想，乐于去做一家自动化公司，推动工业生产自动化。作为回国创业的学者型企业家，任天挺创办康奋威的经历是清华学子回国创业的缩影。从白手起家的筚路蓝缕，产品本土化、国际化的探索，企业从立足市场到行业领先的战略转型，任天挺的决策不断增强康奋威的创新能力和技术优势，并转化为企业的核心竞争力。

梦想支撑，从零开始，回国创业填补市场空白。在创业之前任天挺已属"成功人士"：名校毕业，拥有一份体面、轻松、待遇优渥的工作。安逸的生活却并未让任天挺感到满足，一成不变、缺乏未知与挑战的生活反而让他心生厌倦。与此同时，国内自动化领域的巨大需求让他萌生回国创业反哺故里的想法。在没有合伙人、没有团队、没有具体项目、仅有6.2万美元启动资金的条件下，任天挺毅然决定放弃已有工作，创立康奋威科技有限公司，怀揣梦想回国创业。

过硬的技术背景、巨大的潜在市场与政策红利是任天挺回国创业梦想的重要支撑。过硬的技术背景有助于企业管理人员发现潜在市场并制造性价比更高、使用体验更好的产品。21世纪初期，国内多数产品的生产线需要大量劳动力，机械化水平低，高品质、自动化的生产设备行业有巨大的市场空间，加之地方政府对初创企业在税收、用地等方面的政策支持，康奋威通过简单的手套制造机控制器赚得了第一桶金，实现了本土产品化，在填补市场空白的同时为企业创造了生存空间。

把握市场机遇，积极调整发展战略推动企业转型。康奋威成立至今，国内市场环境早已发生了巨大变革。随着中国进一步对外开放，外企产品占据市场主要份额，政策红利逐渐消失，市场竞争不断加剧。外部环境的变化为企业发展带来了巨大的挑战，康奋威要做大做强，需要主动调整企业发展战略，精准把握市场需求，研发具有技术竞争力的产品。

从创业初到现在，康奋威的主要产品都由任天挺亲自主持开发。手套机控制器、全自动电脑横机控制器、太阳能全自动串焊机和物流交叉分拣机，皆是因为任天挺敏锐地察觉到工人的工作重复、枯燥、低效，实现自动化控制将产生巨大的经济效益和社会效益。国内业务成功并未让任天挺自满，他意识到康奋威的产品相较国外产品有巨大的价格优势，主动开拓海外业务，将产品销往美国、加拿大等数十个国家和地区。产品的价值决定企业的价值，任天挺敏锐地意识到新的市场机遇，深度调研市场现状，开发新型产品，是康奋威立足红海市场的关键。

2008年金融危机，康奋威产品的市场严重萎缩，新产品开发遭遇困难，员工流失情况严重。在这种情形下，任天挺技术销售两头抓，顶住资金压力成功研发全自动电脑横机控制器，带领企业起死回生。2010年康奋威进入相对稳定的发展时期，开始向工业自动化系统集成解决方案提供商转型。转型初期多条产品线大幅度扩展，康奋威之前单一产品运营经验无法满足发展所需的内部管理需求，产品研发、市场营销、服务支持、生产运营、采购品控等各个环节都出现问题。面对企业转型期的"乱象"，任天挺冷静而客观地分析原因并采取相应改进措施：引进质量管理体系、规范工作流程、调整组织架构、明确岗位职责、加强品质管控、调整销售策略。转型期的改革推动公司越来越规范高效地运作，成功完成企业转型。创业以来，康奋威经历了数次产业周期。每次任天挺都及时调整、有效应对，波折过后公司反而更加强大。

"脱离"工作，为企业家赋予"新定义"。 任天挺在大学期间就爱好广泛，不局限于学习专业知识；创业之后亦坚持阅读和思考，不拘泥于企业经营的烦琐事务。长期坚持的阅读习惯让任天挺掌握了多维的知识，拥有扎实的技术同时富有人文关怀。在脱离于事务性工作的时间，任天挺更容易洞悉行业发展方向，确定企业经营战略，把握市场机遇。任天挺富有人文关怀的思考，也推动康奋威生产对客户、对社会具有价值的产品。从最初回国创业投身工业生产自动化事业，到后来再次创业研发太阳能全自动串焊机和物流自动分拣系统，任天挺的关注点一直是产品的社会价值。任天挺致力于将工人从重复、枯燥、危险的工作中解放出来，研发的产品不仅为企业带来经济效益，同时改善了工人的工作环境。康奋威产品受到市场青睐的同时产生了巨大的社会效益，企业和社会实现双赢。

9

中文在线
——童之磊

一

不知不觉中,移动互联阅读已进入我们的生活,对于普通人,这可能是一种被动的转变或者说是被潮流的裹挟。但对于另一个人来说却是主动出击,他从中发现了无限商机,并成功立于潮流的峰头。

这个人就是童之磊。

2015年4月,中文在线数字出版集团股份有限公司(以下简称中文在线)发布了公司《2014年年报》。年报在"董事会报告"一章中写道:

"2014年,移动互联网的发展进一步推动了移动产业的发展,越来越多的移动用户已经被碎片化的网络信息所充斥。我国移动阅读活跃用户数达5.9亿人,同比增长20.9%;2014年国内移动阅读市场规模达到101.3亿元,环比上涨了62.1%。与此同时,移动阅读市场竞争进一步加剧,以百度、腾讯为代表的互联网巨头纷纷进入移动阅读市场,掀起了行业深度整合浪潮,市场格局巨变。中文在线作为中国数字出版的开创者之一,也是全球最大的中文数字出版机构之一,一直以'数字传承文明'为使命,秉承'先授权、后传播'的理念不断创新,提出全媒体出版模式'实现一种内容、多种媒体、同步出版','让任何人在任何时间、任何地点,通过任何方式获取任何想要阅读的内容'。"

报告很清晰地分析了移动互联网发展到目前阶段对人们阅读习惯的改变,以及所带来的巨大市场机遇。

2015年1月21日登陆深交所创业板

就在这份报告出来的3个月前——2015年1月,被称为中国数字出版第一股的中文在线(300364)在深交所创业板上市。上市当天,9:30开盘后不到20分钟,中文在线的股价涨幅就达到32%。此后是一连23个涨停。后来,中文在线更是从发行价每股6.81元,攀升到了每股251元的"天价",超越了长期占据中国股市"股王"的茅台。

这是新行业的胜利!

对于这家成立于2000年,以提供数字阅读产品、数字出版运营服务和数字内容增值服务等为主要内容的公司来说,这种荣誉是空前的,也许难以复制。该如何看待新行业,如何应对新经济,是摆在公司总裁童之磊面前的重要课题。

1993年,童之磊从云南考入清华大学。那个年代,人们对数字出版还没什么概念。童之磊认真钻研的也是时下很热门的专业。毕业时,他一连拿下了汽车工程、管理学和法学的三个学位。之后,他又成为清华与麻省理工联合培养的IMBA(国际工商管理硕士)学员。

就在童之磊为学位奋斗的时候，世界商业经济市场发生了很大变化。新型产业公司涌现，并获得巨大成功。

1994年，杨致远和大卫·费罗在美国创立雅虎。1996年4月12日，雅虎股票在华尔街上市，上市第一天的股票总市值就达到5亿美元。

1995年8月9日，网景公司首次公开募股，并获得巨大成功。网景公司于1994年4月4日由马克·安德森和吉姆·克拉克在美国加州设立，当时名为Mosaic公司。该公司开发的浏览器获得成功，成为当时最热门的浏览器。1994年11月14日，公司更名为网景通信公司，同年12月15日，网景导航者正式版发布。网景导航者以共享软件的方式出售，赢得了很高的市场占有率，并逐步攀升。在公司上市前，网景的浏览器已经成为市场上占据首位的浏览器。网景股票发行时，每股28美元。第一天收市，升至每股75美元。1995年，该公司的收入每季上升一倍。

1997年，乔布斯创办的NeXTComputer公司被苹果公司收购。当初被迫从苹果离开的乔布斯再次回到苹果公司，出任董事长。乔布斯带领下的苹果，成为时尚和价值的代表。2013年9月30日，在宏盟集团的"全球最佳品牌"报告中，苹果公司超越可口可乐成为世界最有价值品牌。2014年，苹果超越谷歌，成为世界最具价值品牌。

童之磊看到了这些世界新兴行业的成功范例。硅谷白手起家、一夜暴富的神话，吸引无数有志青年开始踏上创业之路。童之磊也紧跟潮流，进入了"学生创业"的行列。

"学生创业"板块聚集最多的是失败者。

但童之磊第一次的创业就成功了。

他率领的团队用一份商业计划书，获得了全国首届大学生创业大赛冠军，并一举斩获660万风险投资。用这笔风投，他和同学们创建了国内大学生门户网站"易得方舟"。

童之磊广受赞誉，被媒体称为"知本少年""创业明星"。

做门户网站，要有内容。童之磊最感兴趣、最想提供给用户的内容是书。

上大学时，喜爱读书的童之磊为了找到一本自己喜欢的书，常常要骑着他那辆旧自行车，一趟趟地往返于宿舍、图书馆、自习室之间。有时费尽心力，遍寻无果，只好去租或者去买。但是买一本书的钱，差不多是他好几天的饭钱。

中文在线商业计划获得全国首届大学生创业大赛金奖第一名

自己的困难就是大家的困难。

既然网络世界里能看各种新闻，发送电子邮件，为什么不能把纸制书籍转变为数字内容，让大家都能随时阅读呢？

"易得方舟"创立的时候就设置了一个读书频道，童之磊开始拼命地往这个频道里面"填书"。

易得方舟起航清华创业园

在网上找书看的人都有同一种习惯——哪个地方免费就到哪里去找。学生时代的童之磊在别人的网站上找书时，也这么干。但自己建起门户网站，为别人提供阅读方便时，他不想这么干了。

童之磊有一阵子很喜欢读著名作家王蒙的作品。在网上读了几本王蒙以前发表的作品后，再搜新的作品，就很难找到了。这时，新闻媒体上又爆出了王蒙、张抗抗、张承志、张洁、毕淑敏、刘震云六位作家分别诉世纪互联通讯技术有限公司侵犯著作权事件。互联网阅读虽然方便了作品的传播，但互联网经营者对作者版权和权益的漠视，使作家难以授权给网上阅读。同时，无序的网上阅读量越大，对作家的伤害越多。"大家在网上看书固然方便，但作家作为内容的创造者却收不到一分钱。劳动却无收益，这些源泉可能就不会再产出了。"童之磊意识到，这样恶性循环下去，最终受到伤害的是广大读者，是社会的阅读环境。

2000年，童之磊将"易得方舟"交给同学打理，将读书频道"中文在线"从"易得方舟"独立出来，专注经营这块业务。

童之磊想用"先授权，后传播"的形式，把传统纸质图书的出版模式，用数字形式转化到互联网上来。"将图书电子化，在互联网上供网民付费分享。这既解决了阅读需求的痛点，也解决了作者作为内容提供者的痛点。"他认为，数字阅读正在进入"一种内容、多种媒体、同步出版"的全媒体出版时代。数字阅读最终发展应该是——任何人在任何时间任何地点可以通过任何方式获得任何想要的内容。

要做到这一点，先要做好海量内容提供的准备。

童之磊带着团队，逐个登门去拜访作家，希望获得作品电子版的授权。由于一直与纸笔打交道的老作家们对网络不太熟悉，加上前期网络上对作家作品的无度使用，他们以为这并不是一件很容易的事。但没想到的是，中国作家对新兴事物表现得十分敏锐和开放。童之磊曾讲过这样一个事例："初生牛犊不怕虎，我们到处和作家联系，登门拜访。记得当时去拜访作家从维熙，想着第一次上门不能空手，可大家都是学生，就买了个西瓜，抱着就去了。我和从老师说，希望他把作品授权给我们，放到网上去。没想到他非常认可，当场就和我们签约了。后来他还在《北京晚报》上写了一篇文章，叫《来自天堂的文学使者》，说我们带来了数字时代的福音。"

从维熙是改革开放后"大墙文学"的代表作家。丰富的人生历练，养成了他执着、坚韧、勇往直前的个性。从老是国内老作家中最早一批开始用电脑写作的。为了能熟练使用电脑打字,他用20天的时间,死记硬背,学会了当时最为普及的五笔输入法。谈到用电脑写作的体会时,从老说:"用笔写作就像走人生的单行道,用电脑打字就像是走生活的立交桥,东西南北,四面八方,啪一下就打出来了。特别是到了晚年,想到哪儿到哪儿……我们已经进入了信息化的时代,不能再走之前的老路了。"

这样一位作家,自然心甘情愿地将童之磊他们这些进行有偿推广的人当作了"天使"。

处于创业之初的童之磊,给作家们开出的价码并不高。他们请作家授权时采用两种模式,一种是分成模式,一种是稿费模式。稿费每千字大概30元钱,一部作品只有几千元。但对于刚刚进入网络时代的中国作家来说,这已经是一笔不小的收入。在很短的时间里,童之磊团队就与上百位知名作家签约。这些作家大多数都把自己的作品倾囊以授。

2000年5月,中文在线召开了规模盛大的新闻发布会,宣告成立。

成立当天,中央电视台的白岩松担任主持。在出版市场很有影响的余秋雨、余华等知名作家也都来捧场。

中文在线抢占了中国互联网阅读的先机。

童之磊2000年中文在线成立发布会

但它宣布诞生的时候又有些生不逢时。

就在中文在线宣布成立前的两个月——2000年3月,美国纳斯达克股票市场创下5048.62点的历史新高之后,一路下跌。人们说网络股泡沫被吹到最大的时候爆了!到2002年9月时,纳斯达克指数跌至1172.06点,总市值跌去了77%。

对于靠风投来充血的中国网络经济,进入了最冷的寒冬。

在"中文在线"初创阶段,童之磊对人们抛出自己的设想时,风险投资人一拨拨找上门来,挡都挡不住。在他们眼中,网络时代又一个具有颠覆性的运营模式要诞生了!这种投资机会不能错过。

当纳斯达克指数崩盘时,那些曾如蜜蜂一般围绕在童之磊周围的风投人一个都不见了。

互联网创业项目都是靠风投活着的。

没有人再愿意给中文在线投钱，中文在线这个互联网宝宝面临刚成型就要流产的窘境。

二

清华科技园学研大厦A座一个只有几十平方米的办公室，是中文在线最初的摇篮，童之磊在这里为中文在线的腾飞铺设跑道。

但风投一撤，他的面前连铺设一寸跑道的可能也没有了。

"那时的中文网站都是在烧钱拉流量，缺乏真正可行的商业模式，全靠风险投资支撑。没有风险投资，我们立刻弹尽粮绝，和绝大部分中文网站一样，中文在线进入了最困难的时期。"

那一刻，全世界在童之磊的面前都变得黯淡无光。

抛开业务拓展不说，一个小公司，每天面临的是员工的工资、房租、水电费这些最基本的问题。童之磊说："最大的压力就是发不出工资，发薪日的前夜，我还在不停地四处借钱。"

找朋友借，找亲戚借，找所有能想到的人借……童之磊有一个同学也和他一样在创业、在苦熬。两个人相互借。童之磊没钱发工资了，同学把公司里能拿出来的钱都借给他。到了那个同学公司要发工资的时候，童之磊再找钱借给他。

为了省钱，童之磊还打起了小饭馆的主意。

学研大厦对面有个小饭馆。为了招揽顾客、维持生意，进店的客人只需点菜付钱，吃米饭则免费。童之磊就带着公司的人去那里吃。每天吃饭时不管几个人，只点一个10元钱上下的菜，米饭敞开吃。小老板一看这架势，就来央求童之磊，说："我们这也是小本生意，要不你们下次别来了。"

童之磊后来不去这家小饭馆吃饭了，但他的公司也只剩下了3个人。

母亲劝他："你这么辛苦，又这么困难，为什么不去找一份稳定的工作？"

童之磊完全具备能力找份稳定的待遇又很好的工作。在公司困难时，他去给一家央企作信息化战略咨询，一个月就能赚几万元。

但他告诉妈妈："这是我最热爱的事情，如果不能把数字阅读这件事做下去，我一定会终生遗憾！"

在如此困难的情况下，童之磊的中文在线之所以没有倒闭，在于他得到了香港泰德集团的援手。

2001年，香港泰德集团董事长陈平对童之磊发出邀请，请他出任公司执行总裁。作为吸引童之磊加盟的条件之一，泰德集团出资收购了中文在线。

中文在线成为泰德集团的子公司，业务范围并不改变。但中文在线的业务拓展一直没有什么起色，靠集团输血来维持。

童之磊虽然在忙于泰德集团的事务，但他始终坚信，海量的数字图书内容资源，一定有巨大的市场空间。这次，他把目标选在了中小学校。

其实，许多中小学因财力所限，图书匮乏甚至无法建立图书馆，而教育部又在力推中小学教育信息化，开设电子教室。由于没有足够内容，很多学校电脑闲置率很高。而具有检索方便、易于管理、成本低廉等优势的数字图书馆，则能同时解决上述"有路无车、有车无货"的两大难题。

对于社会和校园来说，"数字图书馆"是个全新事物。对中文在线来说，推广"数字图书馆"这个概念，是个十分艰难的过程。

他们奔赴全国各地，为1万多名校长、图书馆馆长、老师进行培训。在大量试点学校进行为期半年或一年的试运行。在中西部地区，以买断图书版权后捐赠的形式，进行普及和推广。

付出就有回报。

2002年，中文在线拿到了公司成立三年来的第一个订单，担纲"十五"规划教育部课题，在国内率先推出"中小学数字图书馆"。

签约会那天，大雪纷飞。

中文在线看到了生机，但泰德集团对这块业务并不看好。虽然童之磊一再向集团提出中文在线的发展计划，却得不到支持。意识到数字出版始终不是泰德集团公司的战略发展目标后，童之磊决定要把中文在线"赎回来"，开始自己的"二次创业"。

与此同时，童之磊看中的数字图书馆业务一直快速发展。在用海量的数字图书信息造福社会的同时，他还有另外一个梦想，就是利用数字出版这个新兴的渠道，让人人都能成为作家。

这时，国内的网络文学得到很大发展，读者众多。很多无法在传统文学刊物和出版方面有所斩获的写作爱好者，在网络上收获了突破千万人次的点击数量。

"如果有一个数字平台能让人人成为作家，那该多好啊。"

中文在线旗下的原创网络文学网站"17K小说网"应运而生。

它创立了一个免费和收费结合的模式，作品会开放一部分作为免费阅读章节，如果你有兴趣，就可以以几分钱一章的价格，阅读其余部分。这样的模式让青年作者们得到了收入，也让网络作家真正成为一个职业。

一位网名叫作"求无欲"的广东人，本身职业是送水工，因为酷爱写作，在没有电脑的情况下，用手机"敲"出了《诡案组》这部悬疑小说的前半部。尽管作者毫无名气，但17K小说网的编辑慧眼识珠，他们和作者进行创作思路和情节上的交流和指点，并选择合适的渠道进行策划推广。《诡案组》由此一炮而红，在中国移动手机阅读的"悬疑分类榜"上占据前10名达2年之久。作品出版为纸质书后，销量超过了100万册，并被海润影视改编成了电视剧。"求无欲"因此累计收入上百万元，还加入了广东省作协。

17K小说网不只彻底改变了这个年轻人的命运，也改变了很多文学青年和文学从业者的命运。

2015年上市之时，中文在线的年报以"海量内容构成文学策源地"为标题介绍了公司这方面的业绩：

17K小说网——网络文学原创IP孵化器，2015年拥有原创IP作品达60万种，拥有注册用户数3500万，驻站网络作者60万，月活跃作者数超过4万，点击过亿作品20余部，改编为影视游戏动漫等衍生作品近百部，先后有数十位作者入驻作协。中文在线旗下"汤圆创作"App——国内最大的移动创作社区，拥有月活跃作者数超过23万。2015年，汤圆创作组建了全国最大的校园文学联盟，目前下辖国内七大区30省（区、市）校园文学联盟，渠道覆盖3000所校园（大学+中学），旗下成员单位包括1555个校园文学社团，超过10万名校园作者入驻校园专区。2016年，汤圆创作成立中国校园漫画家俱乐部，目前渠道覆盖240个城市近500所高校，漫画创作者超过1000名。在纸质出版物领域——顶级作家汇聚地，公司签约名家及畅销书作家2000余人，与600余家版权机构合作。在听书领域，全资子公司鸿达以太目前拥有10万集部、4万小时的有声读物资源和优质原创小说资源。

在2017年的年报中，这块业务的业绩更为瞩目：

网络文学以作品更新快、用户基数大、粉丝黏性强、衍生空间大成为最大的 IP 源头之一。随着移动互联网的变革发展，网络文学以强化原创为核心，不断推进影视、游戏、动漫、音乐、周边等多种业态的衍生，极大丰富了公众的精神文化需求。Frost&Sullivan 报告显示，不论是从作品总数还是作者总数上来看，公司分别以市场占有率 27.5% 和 41.6% 位居全国第二。报告期内，公司拥有数字内容资源超 400 万种，与 600 余家版权机构合作，签约知名作家、畅销书作者 2000 余位。在传统出版作品方面：2017 年度，公司新增签约出版机构 67 家；新增签约重点作家 31 位，如金一南、毕飞宇、刘和平、张小娴、阿来、刘醒龙、周大新、徐贵祥、熊召政、刘心武、柳建伟、韩少功、星云大师等；新签约优秀出版作品 2000 余部，如《人民的名义》《推拿》《尘埃落定》《大明王朝 1566》《天行者》《谢谢你离开我》《烈火如歌》《金谷银山》《敦刻尔克》《环太平洋》《皮囊》《从你的全世界路过》《乖，摸摸头》等。其中，关仁山的《金谷银山》荣登长篇小说选刊杂志社第二届"中国长篇小说年度金榜（2017）"。在原创网络作品方面：17K 小说网为公司核心的原创内容生产平台，拥有注册用户数超 5000 万，驻站网络作者人数超 100 万，点击量过亿 IP 超 100 部，已经改编为影视游戏动漫等衍生作品 100 余部；2017 年新增作品 19 万部，新增签约作者 2500 余位，年度新增的优秀作品如《贴身战龙》《凌霄之上》《辣手神医》《贴心兵王》《生死聚焦》《圣龙图腾》《天行》《正道潜龙》《罪匿》等。汤圆创作为国内最大的校园移动创作平台，以塑造"00 后"作家代表为己任，生产更多的广受年轻群体喜爱的优秀作品，逐步构建多层级的商业价值体系；报告期内，累计用户数量近 2000 万，驻站网络作者人数超 270 万，已生产作品 350 余万部。四月天文学网是一个面向用户的女生垂直网文平台，女频作品累计约 18 万部，2017 年新增作品将近 2 万部，新增签约作者 1200 余人。此外，公司旗下子公司鸿达以太拥有 18 万集部、5.8 万小时的有声读物资源和优质原创小说资源。2017 年度新增重点衍生权 IP：海岩的《杀人动机》，石钟山的《天下父母》《天下姐妹》《牺牲 1937》，周德东的《罗布泊之咒》《未知术》，御井烹香的《同生》《女为悦己者》，桔子树的《奢侈品男人》，痞子蔡的《榭寄生》《7-11 之恋》，东野圭吾的《美丽的凶器》《风雪追击》《疾风回旋曲》《白银杰克》等。网络文学丰富与发展了当代文学的版图，并揭示了当代文学多样性和多元化的发展趋势。2017 年度，公司 17K 小说网作品《太玄战记》《万古仙穹》

《武林大爆炸》3部作品入选国家新闻出版署（原国家新闻出版广电总局）与中国作家协会联合发布的"2017年优秀网络原创作品推介名单"。2017年度，公司签约名家酒徒的作品《家园》入选"中国网络文学20年20部优秀作品·20名优秀作家"，作品《男儿行》斩获第二届网络文学双年奖金奖。风御九秋的《紫阳》、离人望左岸的《唐师》同时入围第二届网络文学双年奖优秀奖。受益于公司多元平台的稳步发展，加之数字阅读用户付费习惯的养成、付费意愿的提升及数字阅读行业正版化趋势，公司报告期内数字阅读收入稳定增长。2017年度，公司数字阅读产品产生的收入为34746.97万元，同比增长16.42%。

中文在线网络文学阅读量的大量提升，与手机阅读方式的发展有很大关系。

2005年，中文在线开始发展手机阅读业务。

记得童之磊与中国移动接触洽谈时，中国移动人员的第一反应是：手机屏幕那么小，怎么能看书呢？我看个新闻都费劲。确实，当时大屏手机的屏幕最多只能显示70个字，小屏幕就更不用提。但几年后，3G网络的建设和智能手机的普及彻底改变了手机阅读。2012年年底时，我国手机网民规模就达到了4.2亿，手机网络各项指标增长速度全面超越传统网络，手机超越台式电脑成为第一大上网终端。2018年，工信部发布《关于电信服务质量的通告（2018年第2号）》，通告显示，截至一季度末，全国电话用户总数达到16.6亿户，其中移动电话用户14.7亿户。移动宽带用户近12亿户，占比达81.5%，其中4G用户保持稳定增长，总数达到10.6亿户。

2010年，中文在线和中国移动手机阅读基地共建了全亚洲甚至是全世界最大的手机阅读平台，覆盖了中国移动超过4亿的用户。平台很快做到了月收入过亿元。

推动数字阅读发展的另一个重要原因，是知识产权大环境的日趋良好。

2001年，信息网络传播权写进著作权法，网络版权保护真正有法可依。随后司法解释相继出台，标志性的事件是2006年7月1日起施行的《信息网络传播权保护条例》。国家对知识产权工作的重视，是对企业最大的支持。

中文在线在进入互联网之初，就十分注重知识产权的保护。

"数字图书首先需要解决的就是版权问题，我们致力给读者提供放心的阅读环境，中文在线通过'先授权，后传播'的方式，通过和出版社、作者签订正式授权协议，从根本上解决数字版权问题。中文在线能够非常自信地承诺百分之百正版。"

中文在线的这种做法，得到作家认同的同时，也使中文在线拥有了大量知识产权。

2005年，中文在线联合数十家出版机构、律师事务所及众多知名作家共同发起成立了中文"在线反盗版联盟"，切实保护作家和出版机构的合法权益不受侵犯。

中文在线对苹果公司的侵权诉讼案件，曾引起很大关注。

2012年1月，中文在线向北京市第二中级人民法院提起第一批"苹果案"诉讼。2012年12月，北京二中院作出一审判决，认为苹果公司侵犯了中文在线对涉案作品享有的信息网络传播权，应承担相应的法律责任，判决美国苹果公司停止侵权，赔偿中文在线经济损失及合理支出60余万元。2013年1月，美国苹果公司不服一审判决，向北京市高院上诉。北京市高院经审理认定，美国苹果公司的主张缺乏依据，故对其上诉理由不予支持。2015年1月，苹果公司不服北京市高院二审判决，向最高人民法院申请再审。2016年2月，最高人民法院最终驳回了苹果公司的再审申请。该案历时四年最终盖棺定论。

截至目前，中文在线已对美国苹果公司提起八批次案件的诉讼，涉案作品达330余部，其中不乏知名度较高的作品，如周梅森《人民的名义》、《余秋雨散文集》、海岩作品集以及诸多茅盾文学奖获奖作品等，前三批案件累计获赔近400万元。期间，中文在线为分散的权利人提供了规模化维权，并形成有效力量，使权利人在诉讼和谈判中免受劣势，坚持长达数年、耗费高昂的维权诉讼。

自2005年开展版权保护维权工作以来，中文在线已运作维权案件近万起，涉案作品超过十万部。

三

2017年9月6日，中文在线（300364）开盘仅6分钟，便封死在涨停。公司以14.7亿元收购上海晨之科（G站）的消息，是此次引起中文在线股价暴涨的导火索。

晨之科的网站上是这样介绍公司业态的：

上海晨之科信息技术有限公司成立于 2013 年，专注于二次元产业，引领行业创新。作为二次元文化产业的领军者企业，晨之科深耕于产业链的每个垂直领域，旗下业务涵盖 IP 源头内容打造、IP 衍生业务、游戏研发与发行、用户社区、线下演出及主题游乐等。通过产业合作结合投资布局的方式，晨之科将以游戏与动漫联动、线上社区与线下活动联动的创新模式打造晨之科专属的本土二次元文化生态圈。

这次收购，意味着童之磊要进入"二次元"领域。

2016 年 11 月，中文在线已经以 2.5 亿元拿下另一家二次元公司——AcFun（A 站，弹幕视频网站）13.51% 的股权。同年 11 月、12 月又两次出手，以 2.5 亿元收购晨之科（G 站）20% 的股份。2017 年，完成了剩余 80% 股权收购。

在二次元行业砸下重金，是基于中文在线创建出"真正改变世界的商业模式"的理念追求，也是童之磊"文学+"战略布局的需要。

中文在线 2017 年年报中谈到公司未来发展构想时提出，公司将实施"文学+""教育+"双翼飞翔发展战略，以大众文娱和公共文化为业务引擎打造泛文化生态，以教育阅读和数字教材教辅为抓手构建在线教育生态，致力于打造世界级文化教育集团。

其中，"文学+"将以 IP 为驱动，打造泛娱乐平台。继续引入和培养网络文学大神，签约优质作家和作品、培育超级 IP，多元化打造 IP 原创平台；继续拓展分销渠道，持续扩大付费阅读业务，推动在内容和用户方面实现长期持续增长；继续围绕 IP 进行影视、游戏、动漫、听书、周边的开发及推广，打造爆款；推进自主 IP 游戏全渠道发行及自有平台的 H5 游戏联运。实现 IP 一体化开发和粉丝经济协同发展，持续完善泛娱乐生态。

"教育+"方面，将以教育阅读和数字教材教辅为抓手，构建在线教育生态。继续优化教育产品，加强建设在线教育平台，提升用户体验；加大教育优质内容及研发投入，提高产品售前、售后、运营相关服务品质；加大基础教育领域的教育阅读产品和市场开拓投入，教育阅读业务的中文慧读产品迭代和推广；以教材教辅为切入点，建成适应跨媒体及多终端应用环境的集数字教育资源、应用工具、服务体系为一体的教育平台，在多省市推广，并于学校日常教学中应用。构建具有中文在线特色的"内容＋硬件＋平台＋服务"的在线教育生态。

在这两大战略上，中文在线其实已经迈出了扎实的步伐，取得了很多令人瞩目的成绩。

全民阅读上，公司阅读产品"书香中国"平台积极服务于全民阅读活动开展，纵贯中小学并延伸至高校及公共图书馆，形成在线教育行业阅读产品全覆盖，覆盖31个省级行政区、50000多所中小学校、2000余所高校和公共图书馆。持续深化提供"书香江苏""书香八闽""书香东城"等省市网络阅读服务和"书香清华""书香人大""书香川大"等高校网络阅读服务。云屏数字借阅机由云资源和触控终端机组成，可部署在图书馆、学校、地铁系统、银行等公共场所作为全民数字阅读平台。通过手机扫描图书二维码，可轻松免费下载精品图书、听书等资源。云资源可在线提供10万册图书，3万集听书，30万套试卷，2万多种中小学课件，3500种期刊，50万分钟以上视频等资源。

教育生态上，公司推出了通用版数字教材应用工具慧学，数字教材配套作业系统，语文吟诵经典APP等；深入开展上海市中小学数字教材实验项目，扩大了上海数字教材应用实验参与单位。同时，公司扩展了北京、深圳、武汉等全国其他省市的数字教材合作。另外，在上游内容合作领域，公司与众多教育类出版社及相关教学资源开发企业积极合作，精选引进作业资料、微课程资源等，丰富平台的内容，提升平台的服务能力。公司旗下"慧读"平台是面向小学到高中十二个年级的在线多学科阅读平台，首创"泛读、精读、研读"＋"调研测评、系统测评、核心测评"＋"功能悦趣、内容悦趣、活动悦趣"的阅读模型，拥有小学到高中全学科图书、听书、短文及测评题目资源达18万条，培养学生的阅读兴趣、学科兴趣和阅读习惯，提升多学科阅读能力，提升学生核心阅读素养。该平台已经在清华大学附属小学、北京昌平第二实验小学、北京市第六十五中学、北京宏志中学、国家教育行政学院附属实验学校、江苏南通中学、湖南卢峰镇中学、安徽阜阳第五中学、山东淄博高新区实验小学等全国21个省（区、市）的1700多所中小学使用，覆盖教师9万多，学生133万，深受中小学师生好评。

二次元上，晨之科运营良好。原创IP角色扮演游戏《战场双马尾》，是中国本土二次元全新崛起力量，总流水过亿元；3D即时战斗角色扮演游戏手游《姬斗无双》，月流水过千万元；二次元 3D 动作角色扮演游戏巨作《幻想计划》，2018 年 4 月 6 日 iOS 正式公测，iOS 精品推荐，上线两周单一渠道流水破千万元；晨之科日本 2018 年 4 月发行《神无月》上线首日进入 iOS、安卓免费榜双榜前十；文明题材的全球同服策略游戏《Rise of Civilization》已于 2018 年 5 月底登陆北美和欧洲。

二次元产业拥有核心用户 8000 万，以及超过 2 亿的泛二次元用户，且横跨游戏、动漫、电影、小说等多个领域，这为二次元游戏的发展奠定了一定的客观基础。一方面，二次元受众，通常可以定义为一群"有主见"的人，他们非常注重游戏产品的表现力，这为游戏注入了更为鲜明的特征，也成为其吸引用户、构筑竞争壁垒的关键；另一方面，二次元受众普遍对产品的画面、声音表现有着较高的要求，声优配音这类增强代入感的产品设置也是在这类需求下应运而生的产物。这就要求二次元游戏不仅要拥有优秀的产品内容，市场推广与运营都是基于核心目标用户的需求进行根本上的考量。

中文在线收购晨之科后发布的首款二次元手游产品《苍蓝境界》在开启公测时，游戏上架后三天，安卓端次日留存达到了 62.71%，三日留存则有 38.69%，游戏付费率超过 24%。上线仅 7 日，游戏流水即突破 1500 万元。如此亮眼的成绩，得益于中文游戏对用户需求的精准把握以及出色的资源整合能力。

中文在线与产业链上下游的诸多重量级公司，实现了全渠道覆盖。持续为咪咕数字传媒有限公司、天翼阅读文化传播有限公司、北京世纪卓越信息技术有限公司（亚马逊公司）、中国联合网络通信有限公司、北京新浪阅读信息技术有限公司等机构提供出版运营服务。公司与咪咕数字传媒有限公司延续了多年的深度合作，持续为其提供内容运营、版权管理、内容审核等三大核心业务服务，双方除继续深耕数字阅读业务外，同时开展全方位的 IP 合作，为移动用户提供更加专业、优质、便捷的数字阅读及增值服务。

2015 年 9 月，上市 5 个月后，中文在线集团正式成立，成为中国首家数字出版集团。

童之磊在不断强化国内市场的同时，开始拓展海外市场。

他表示："随着中国经济实力的加强，全世界范围内出现'中国文化热'。从文化市场角度来讲,国内市场竞争已经很激烈,海外市场竞争少,是真正的蓝海,中国文化企业走出去的屈指可数。以美国市场为例,文化产业的贡献占到整个GDP的20%到25%。如果我们在这个市场上分一杯羹,'羹'可能很小,比如GDP的5%左右,已经相当可观。"

中文在线在美国推出了视觉小说平台Chapters,同时,战略投资英文世界最大的中国网络文学平台武侠世界(Wuxia World),以及美股教育上市公司ATA。

Chapters于2017年9月推出,刚开始每天用户数百,至2018年中,平台上的用户已经超过500万,并且多次登上安卓平台Top-Free &Top-trending榜首,是增长最快的产品之一。Chapters以视觉化的方式把小说呈现出来,过去小说是单向的阅读,现在变成双向,不但可以看,还可以互动,用户参与到剧情当中。Chapters核心目标人群全都是外国人,它是一个英文平台。平台上女性用户占比很高,占到七八成。目前,Chapters作者源有两方面,第一个是在国际上广受欢迎的中国作者,比如刘慈欣等,另外一类是纯粹的西方作者,把他们的作品改编并放到Chapters平台上,这两类作者都很受欢迎。

作为哈佛访问学者,童之磊与该校费正清中国研究中心的包弼德教授的相逢,又促成了"引得"项目的签约。

"引得"数字人文资源平台共收录从先秦到晚清约41万人的传记、著作资料(约4亿字)。该产品来源于国际最新研究技术成果,运用大数据+人工智能(AI)技术,提高处理历史资料的效率和准确度,以"关系型数据库+图形数据库"方式存储,便于学术创新性研究,优化搜索工具,聚合更多主体并不断优化用户体验。"引得"数字人文资源平台一经推出,其价值就得到了业内的肯定,有专家学者表示,"引得"平台是数字人文领域的重要里程碑,为国际专业学术研究与大众文化知识普及提供了有力的技术支持。2018年,中文在线与哈佛大学费正清中国研究中心、北京大学中国古代史研究中心等共同签署了"引得"(CBDB中国历代人物传记资料库)项目合作协议。

中国数字出版博览会是由国家新闻出版署、科技部、工信部、中科院支持,中国新闻出版研究院主办的国家级数字出版行业产学研交流活动,中文在线一直是承办方。在第五届数博会上,中文在线以"融合产业、精品联运、共赢未来"为主题,通过公司创新区、全媒体体验区、精品推介区、教育展示区四大展区,全方位展示了中文在线"先授权、后传播"版权保护机制、"全媒体出版""精品阅读"等六大首创理念,以及"无线阅读""数字出版服务""17K青训营""数字出版管理系统"四大特色服务。中文在线董事长兼总裁童之磊发表了主题为"融合产业,共赢未来"的演讲。他讲到,数字出版的产业地图由内容提供商、技术提供商、平台服务提供商、运营服务商、渠道提供商等共同构成,不同的商业模式之间已经相互渗透,呈现融合的趋势。促进产业融合,一要建立数字出版产业联盟,共同探讨交易模式、分成模式、定价模式等;二要在内容、运营、技术、版权保护、渠道方面开放合作;三要在资本层面合作,联合做强做优产业。

童之磊在清华大学2015年第一次研究生毕业典礼暨学位授予仪式上讲话

2015年1月,中文在线上市之后一周,童之磊回清华大学做了一次讲演。他讲道:"我读大一的时候,一次宿舍夜谈会,一个舍友问我,我的人生目标是什么?我毫不迟疑地回答,为人类进步而奋斗!我,就和很多清华同学一样,怀揣着改变世界的梦想!人生拥有的志向,就像一个无形的引力场,会引导你一步步走向它。而且你的志向越强大,实现的可能性越大!"

童之磊不只有清晰的理想信念,同时具有坚定的执行力。

"有了人生大方向,我如饥似渴地去学习和体验,本科五年除了主修的汽车工程专业,又修了法律和管理两个学位。每天的课程,从早上七点多排到晚上十点,下午和晚上课程间经常只有20分钟,我要在这20分钟内从教室飞驰到食堂,吃完饭,再飞驰回教室。晚上十点多回到宿舍以后,是社会工作时间,我是系里的团委书记,又担任学校知名的学习社团'求是学会'的会长,经常讨论和工作到十二点。此外,我坚持锻炼身体,有时候是夜里十二点后去操场跑步,回来再开始完成作业。每天全速运转,因为胸怀理想,从不觉累。"成功的创业者,自有独具的人格魅力。童之磊就是拥有这种魅力的人。

2004年,当他赎回中文在线,开始再次创业时,母校清华创业园给他提供各种创业便利。他的团队成员没有一个人离开或留在泰德,所有的人都跟着他回到了中文在线。

童之磊常说:"人生最大的幸运就是'生逢其时'。今天正是中国崛起的时代,今天正是创新创业的时代,既然时代给了我们这样的机会,我们的生命就应当在这个时代绽放!"

童之磊带着他的中文在线不只绽放,而且盛开得十分绚丽!

在互联网发展之初,童之磊布局移动互联网阅读,成为数字传媒的先行者;在互联网泡沫破灭的市场寒冬中,他坚守发展数字传媒的初心,带领中文在线走出困境,成为数字传媒第一股。在数字传媒快速发展的当下,先行者亦面临巨大挑战:"文化+""教育+"发展战略下多线扩张的中文在线连续亏损,在竞争白热化的数字传媒行业地位逐渐下滑。数字传媒未来路在何方,需要童之磊和中文在线继续探索。

布局数字传媒的先行者,发展数字传媒的追梦人。在上大学期间,没有廉价、便捷的阅读渠道一直困扰着童之磊。在获得资金成功创业后,他便积极在"易得方舟"上布局在线阅读板块。

在"易得方舟"步入良性循环后,童之磊开始专注经营"中文在线"。他意识到了读者对图书电子化的巨大需求,也意识到版权对于传媒行业的重大意义。因此,在设立中文在线时,童之磊便确立了"先授权、后传播"的发展模式,"一种内容、多种媒体、同步出版"的发展目标。对版权的重视使得中文在线获得了大量作家的认可,这是中文在线长期持续健康扩展的基础。中文在线一推出便占据了市场主要份额。

创业的道路并非一帆风顺,历经波折后能屹立不倒的企业少之又少。

中文在线能够度过一次又一次的考验，得益于童之磊对数字传媒不变的坚守。中文在线刚成立时并没有可行的商业模式，全靠风险投资支撑。2000年初，网络经济泡沫的破灭将中文在线也带入了寒冬。业务拓展陷入停滞，公司员工的工资、房租、水电费这些基本的问题都无法解决，只能靠四处拆借才能勉强维持企业运转。

在中文在线最艰难的时刻，童之磊未曾想过放弃。他去给央企作信息化战略咨询一个月便能赚几万元，但他并未选择稳定舒适生活。在企业最困难时候，香港泰德集团的援手让童之磊和中文在线成功撑过了市场的寒冬。无法在泰德集团完成发展数字传媒目标的童之磊，赎回了中文在线二次创业，布局数字阅读和教育数字化，最终获得成功。2015年中文在线在深交所上市，成为数字传媒第一股。

面临行业变革，中文在线扭亏路在何方？ 作为数字传媒先行者，中文在线在发展前期能获得成功的关键在于成功抓住了知识付费发展的空白期，通过推动产权保护签约大量作家，把握政策风口，推动教育、出版等传统行业数字化。2018年以来，知识付费大规模兴起，互联网文娱行业企业快速增长，大量资本进入传媒行业，中文在线的行业领导力逐渐消失。中文在线要在红海市场中突围，需要主动调整发展战略，形成新的市场竞争力。

2017年，童之磊确定了中文在线"文化+""教育+"同步发展的战略，以大众文娱和公共文化为业务引擎打造泛文化生态，以教育阅读和数字教材教辅为抓手构建在线教育生态。

在两大战略指引下，中文在线最初的确取得了很多令人瞩目的成绩。在"文化+"的战略指引下，中文在线先后收购了二次元文化企业AcFun和上海晨之科，收购后者的消息直接使得中文在线股票连续涨停。中文在线收购晨之科后发布的首款二次元手游产品《苍蓝境界》上线仅7日，流水即突破1500万元。中文在线同时进军海外文化传媒市场，2017年推出视觉小说平台Chapters，2018年终用户便超过500万。在"教育+"战略引导下，中文在线深度涉足在线教育行业，实现了阅读产品全覆盖：覆盖31个省级行政区、50000多所中小学校、2000余所高校和公共图书馆。持续深化提供"书香江苏""书香八闽""书香东城"等省市网络阅读服务和"书香清华""书香人大""书香川大"等高校网络阅读服务。同时，中文在线积极参与教材数字化，推出了通用版数字教材应用工具慧学，数字教材配套作业系统，语文吟诵经典App等。

多线扩张和文娱行业的竞争激烈化让中文在线不得不面临更为严峻的财务压力。从2018年中文在线开始亏损，2019年上半年归属于上市公司股东的净利润为亏损1.5亿元，而亏损的主要原因为子公司晨之科游戏业务以及公司广告业务、IP衍生权销售业务等收入减少以及增加对游戏业务的营销推广导致销售费用大幅增加。作为先行者，版权数量、产品开发能力、大量的优质IP和技术优势是中文在线重要的市场优势。因此，相较大范围高成本布局泛文娱行业，开发优质IP及IP衍生化、继续传统媒体数字化或为中文在线更适合的发展方向。

10

5G+8K领域先行者——温江涛

古有"大漠孤烟直,长河落日圆"的壮丽景观,今有"小溪清水平如镜,一叶飞来涟漪生"的视觉盛宴,这是通过"5G+8K"网络技术呈现于观众眼前的超高清景象,让人惊叹现代科技的飞跃发展。2019年8月18日,全球首台"5G+8K"超高清视频全业务转播车落成,顺利完成2019年国际篮联篮球世界杯直播、新华社国庆70周年"5G+8K"二十四小时直播、2019年中国网球公开赛等重大活动的直播工作,给观众带来超高清的视觉盛宴和身临其境的感受。据了解,该设备在超高清视频领域形成独特优势。在广播电视、文教娱乐、医疗健康、智能交通、工业制造领域等行业有广阔应用前景。

深圳市铂岩科技有限公司(以下简称铂岩公司或者该公司)掌握了这项具有世界领先水平的先进技术与设备,该公司由清华大学计算机系教授温江涛创办,如今的成果也是温江涛和他的研究团队数十载积累形成的。全球首台"5G+8K"超高清视频全业务转播车所用到的8K超高清编码器,正是由铂岩公司提供。

求学——天道酬勤，勇攀学术高峰

从小在清华校园长大，父母是清华大学教师，温江涛是个名副其实的清华子弟。

1987年，温江涛考入了清华大学无线电系。从小喜欢理工科、喜欢解难题的温江涛考清华也是挑选最难考的无线电系。当时正值留学热，同班不少同学选择了本科毕业后到国外读硕士博士，温江涛有着自己的考虑。

温江涛在清华从本科读到博士毕业，"我遇到了一位很优秀的导师"，回忆起自己学术上的领路人，温江涛陷入了回忆。他的导师是当时清华大学电子系的朱雪龙教授，一位儒雅的学者。导师不仅能在做学问的方法上给予学生指导，在思考方法、对世界的认识等方面都给温江涛带来很多启发。"他总是能将抽象的概念用深刻的语言总结出来，同时又不失严谨，让人印象深刻。"

1996年在清华获得博士学位之后，温江涛以优异的成绩考入美国加州大学洛杉矶分校从事博士后研究工作。

在学期间，他注重研究成果与产业发展的结合，在熵编码、多媒体容错、多媒体安全三个不同方向的14项专利成为国际标准。中国已授权专利9项，美国已授权专利37项，其他国家已授权专利10项，其中21项的第一发明人是温江涛。部分专利于2002年转让给韩国三星公司，为美国加州大学洛杉矶分校工学院历史上规模最大的专利转让协议，多项发明和专利已成为国际标准。

刚到美国时，温江涛专注多媒体传输、通信方面的研究，与此同时不少公司向他抛来了创业的橄榄枝。到美国生活的最初两年，他感受到了巨大的压力，工作量、工作强度都是他在国内时所没有体验过的。

虽然艰辛，温江涛依然以优秀的业务能力证明了自己的科研实力和工作能力。两年时间，他制定了14项国际标准。

成为国际标准的制定者，对于初到美国读书的温江涛来说并不简单，回想起这段经历，温江涛感慨万千，既感谢导师对他的不断鼓励，又感叹在整个过程中得到的锻炼。

制定某项技术的国际标准，首先需要研发者技术过硬，但仅有技术可不行，"因为参加制定国际标准的不是你一个人，因此你要说服别人认同你的观点,在讲述中要有理有据,以事实和科学原理体现出自己的方案确实比别人好"。这期间最重要的就是"找到盟友",说服一个人并不简单,需要有充分的依据和更优的解决方案,别人才会同意以你的技术作为标准,"这是一个整体审视自己研发的过程"。

国外创业——精准把握行业未来发展方向,完成领先技术之积累

成功申请专利、完成标准制定后,温江涛有了新的想法,与其等别人将他的研究成果产品化,不如自己来做产品。

1998年,他进入了一家做无线多媒体的公司。那时他正在做将视频传输到手机中,用手机收看视频的研发。

22年前,智能手机尚未出现的年代,温江涛的研发在多数人眼中属于白日做梦。他清楚地记得第一次谈融资的场景,对方负责人轻蔑地说了一句话令他至今难忘,"在手机上看视频这件事我不信,我这辈子都不会在手机上看视频的"!

这样的话在今天看来已经是个笑话。"今天,不论是各大视频网站,还是抖音、快手,甚至是购物网站都已经可以用手机看视频,而在当时这个市场是完全空白的。"温江涛说。

之后的研究还在进一步优化,随着软件设计更为高效,这项研究早已变成了安卓多媒体库的核心应用。并不夸张地说,今天全世界有10亿级的用户在使用他21年前的发明,即以超高清视频实时低延时编码为代表的多媒体和计算机视觉处理技术。

在第一家公司工作的4年,温江涛逐渐以自己研发和学术实力积累了名声。2001年,一家做芯片的美国公司找到了他。

当时行业顶尖的投资人(曾投资过Google、Aimsen等世界知名企业),要求该公司找到全世界最好的研究芯片、电子通信的人才,在经过严格的筛选后,该公司交给这位投资人一份人才选择名单,在这份名单上,温江涛的名字排在前列。

被全世界最知名的投资人找到后,这家公司很快约见了他。这一次,他们想做低功耗的压缩芯片,这种芯片在移动设备中有广泛应用。

做压缩芯片有什么意义呢？温江涛难以理解。

"我不想做这个，而想做更多有意思的东西。"在他看来做压缩没有特别大的发展前景，"我当时想，需要扩大存储空间就用硬盘啊，今年500块买一个硬盘，明年同样的价钱可以买两倍大的硬盘"。容量可以不断扩展，做压缩毫无意义。

但他忽略了"低功耗"这三个字。

如今回看，低功耗极为重要。当时业界某位专家问温江涛："如果不是处理一张照片而是一天处理几十亿张照片呢？还是以增加硬盘的方式扩容吗？"所谓"一天处理几十亿张照片"就是我们今天使用的 Facebook、Google 这种量级的网站。

这句话被温江涛定义为"高人指点"，这次经历对于他来说也成为人生至关重要的经历之一。

实际上，存储是简单的问题，"数据多的话买硬盘就好了"，存储用硬盘这种介质是简单的，但存储的性能、容错性等非常复杂。最新的目标应该是在大规模、高容量的内容下做压缩。温江涛以前从未意识到这样的问题，但是当高容量成为现实之后，整个问题的意义都变了。

就这样，2004 年温江涛加入了这家做芯片的公司，重新开始钻研低功耗芯片技术。多年的学术和实战积累，使他在很短的时间内就研发出了世界上第一个视频压缩芯片。

在此之后，温江涛进入下一家公司做网络多媒体研发。在这家公司，他专注研发视频带宽的适应问题，研发出了高效率网络传输技术和海量多媒体处理系统关键技术。

回顾在国外时的工作经历，温江涛觉得自己是幸运的，每一次都能被有眼光的人邀请做前瞻性的工作，从做无线电、多媒体视频到低功耗芯片的设计，再到今天"5G+8K"的研发。

温江涛说，他受益于在国外读书时教授的推动。原本他以为自己能做的仅仅是做科研、写论文，只要论文发表就意味着一切工作都结束了。但是每一次教授都让他从比较深入的角度做研发、做产品，然后引导他将产品用到运营商方面，看着自己的科研成果开花结果。

温江涛做完以上重要创业研发之后，探索并掌握了四个方向的核心技术：以超高清视频实时低延时编码为代表的多媒体和计算机视觉处理技术、低功耗面向应用的芯片架构和设计技术、高效率网络传输技术、海量多媒体处理系统关键技术。

他的思维方式得到了前所未有的锻炼，同时也看到了自己的研发对全世界人们生活产生的巨大影响力。这时已经到了2008年，他在不断学习和工作中反思：未来我还能做什么？

更有价值的事——将师道相传，用学问创业

事实上，从2001年起，母校清华大学就联系到温江涛，希望他能回校任教。2008年学校再次与他沟通，温江涛因此通过清华大学聘请成为计算机系教授、博士生导师。教学的同时他也希望回到学校能做更加产品化的研发，更能够帮助社会解决实际问题。

正式任教后，温江涛的目标集中在两个方面：一方面是多培养人才，另一方面是研究有品位的学术问题。

他在教学中注重顺应学生的个性发展。"学生都是成年人，有自己的兴趣爱好、工作方法"，一个好的老师要时刻谨记让学生发展个性、要主动适应学生的个性。温江涛介绍，在他的组里每一个学生的研究方向千差万别，有网络、计算机视觉、物联网等，研究方向的选择均是基于学生的兴趣和个性特点。作为导师，他要做的是引导学生思考"什么是最重要的问题"。"毕竟学生受制于年龄，思考问题的深度和眼界还不成熟。"他说。

在他看来"有品位的学术问题"就是对社会真正有帮助的问题，比如癌症研究，即便无法治愈，但是如果因为某项科研成果能够减轻病人的痛苦，这样的科研价值就是巨大的。但如果一个科研成果仅仅是将感冒由原来三天治愈缩短至两天，那这样的研究则毫无意义。"说白了科研归根底要看和社会上其他人的关系"，温江涛表示，"如果你做的事情给其他人带来了很大影响，不论是娱乐、健康、工作等各方面，那都是有价值有意义的"。

从小到大，精益求精和追求卓越已经刻在温江涛骨子里，在教学中他也是这样教导学生的。"每个人都希望得到别人的尊重，如果别人还可以在你的成果基础上提高20%，那就说明你这个研究做得不彻底。"温江涛说："用现在的流行语可以说这是工匠精神，也可以说这就是专业素养。"

他说:"作为一个有自尊的人,希望大家看到我做的事情,能有些佩服我,而不是当这个人无所谓。"

在教书育人、传承师道的同时,温江涛不断思考,如何运用自己掌握的前沿科学技术知识进行科研成果转化,为人们工作、生活带来便利,也使得创业活动服务于学术知识的成果转化和价值实现。

在2017杭州云栖大会开幕前夕,马云在董事局会见13名全球顶尖科学家。这13名科学家中,包括中国唯一的图灵奖获得者姚期智院士、中国量子力学第一人潘建伟院士、哥伦比亚大学的周以真教授、国际电气和电子工程协会会士7人。温江涛教授14项技术成为国际标准,作为世界顶尖的多媒体编码专家,位列其中。

马云(左八)会见姚期智(左七)、潘建伟(右四)、温江涛(左四)等13位科学家

国内创业——厚积薄发,铂岩公司布局5G+8K

企业家不仅仅要解决现阶段面临的问题,更重要的是解决未来发展的问题。能够引领企业走向未来的企业家,才是真正优秀的企业家。温江涛总结自己过往在国外创业的经历后,想做出更加有益于人类未来发展的事业,在社会的各个领域产生更大的影响。

铂岩初创，拥有四个方向的前沿科技核心技术

2017年清华大学计算机系教授温江涛开始了回国之后的首次创业。对于他来说，创业并不陌生。在美国经历了四次创业过程，温江涛每一次创业都探索出了一项领先世界、市场接受的技术。而这一次在国内创业，水到渠成，温江涛将此前的创业经验和技术积累发挥到了淋漓尽致。

2017年，温江涛在深圳创办了铂岩公司。温江涛强调："如果没有前四次国外创业技术的积累，不会有我今天的创业。"作为一家技术导向型企业掌舵者，温江涛将其数十年的技术积累投入到铂岩公司，使得铂岩公司同时拥有以下四个方向的、世界领先的、市场接受的核心技术：以超高清视频实时低延时编码为代表的多媒体和计算机视觉处理技术、低功耗面向应用的芯片架构和设计技术、高效率网络传输技术、海量多媒体处理系统关键技术。放眼当今寰球，有几家公司同时拥有这四个方向世界领先的核心技术？可以说，目前铂岩公司是唯一的一家！

铂岩公司拥有国际级专家和行业内尖端研发人才。韩宇星教授自2011年从加州大学洛杉矶分校博士毕业后，先后任职于美国高通、美国思科和苏黎世联邦理工大学迪士尼研究中心，任世界传媒论坛理事会成员兼中国区主席、世界虚拟现实论坛中国区主席，在图像与数据传输方面有很强的技术功底。郑群彦先生曾担任国际知名公司操作系统总负责人，管理250人研发团队，负责超千万行代码，带领团队研发的低功耗防篡改技术被全球数亿人使用，核心专利被知名系统安全公司收购，二十年来有35项提案进入MPEG标准。

2019年上半年，铂岩启动天使轮融资。多家国内外著名投资机构向铂岩伸出"橄榄枝"，铂岩最终"牵手"著名科技创新服务机构力合科创集团，通过学者和资本力量的合伙，将技术和商业结合。

作为高科技创新企业，铂岩公司近几年致力于面向未来的优质产品的研发，包括"5G+8K"超高清直播技术、复眼采集系统、智能分析技术、子弹时间、360VR视频等。

"5G+8K"超高清直播

近年来，超高清产业发展迅猛。铂岩公司的超高清编码器技术，处于世界领先地位，主要应用于广播电视、通讯企业、互联网企业、电子商务

企业等方面。目前，公司已经为国际知名电商巨头、互联网公司等提供高性能视频编码系统服务。

温江涛（左一）向北京市市长陈吉宁（左四）汇报超高清视频有关工作

2019年，铂岩公司作为国内唯一拥有符合要求的8K超高清编码器的公司，参与了中华人民共和国国庆70周年庆典活动8K全链条实战直播；首次采用5G+8K技术进行了篮球世界杯的赛事直播；还完成了全球首例5G手机接收5G+8K直播、全国首例8K超高清视频卫星转播。铂岩公司的核心技术还入选了2022年冬奥会云转播平台。2020年年初，铂岩作为唯一一家参与瑞士国际雪联世界杯高山滑雪项目拍摄的中国公司，参与了该赛事的8K录制及直播工作，其中的智能视频编辑给组委会及当地观众留下了深刻印象。此次活动铂岩公司积累了滑雪项目直播的丰富经验。铂岩公司也负责了2020年苏黎世电影节的8K录制工作，电影节的导演和制片人员纷纷赞叹8K的细腻画质。

全球首台"5G＋8K"超高清视频全业务转播车

复眼采集系统

该系统为铂岩公司自主研发相机阵列和软件系统，超级变焦，超十亿像素的超高清显示。

2020 年 1 月，铂岩公司新研发的蜂巢相机（RayShaper Bee）在拉斯维加斯国际消费类电子产品展（CES）上惊艳亮相！这款摄像机受到包括 CNBC、CNN、Bloomberg、CCTV2 在内的多国权威媒体的高度关注，还被 IEEE Spectrum 评选为 CES2020 十大最佳新发明（gadget）之一，荣获 2020 年红点奖至尊奖 Best of the Best Award。

蜂巢相机（RayShaper Bee）在 2020 年 CES 正式发布

这款摄像机阵列外形像蜂巢，单个摄像机平面呈六边形，可以用不同数量、不同配置的摄像机自由组合成一个相机阵列，不同于其他无法自由组合的摄像机阵列。

这款摄像机依托背后的一套智能摄像系统，通过算法将阵列中不同摄像机拍摄到的信息实时地融合在一起，不仅能够提供等效十亿像素级的超高清视频体验，通过算法的实时配置、控制和信息融合，它还可以提供超大动态范围拍摄、沉浸式体验、3D 建模、自由视角观看、智能视频个性化编辑等多种颇具开创性和想象力的智能功能。

摄像机系统可提供十亿像素的等效分辨率，比最先进的单镜头相机系统高 2 个数量级，能够满足专业应用的超高分辨率视频，并支持多种呈现形式和多种智能功能，提供前所未有的视觉体验和应用效果，也可用于城市高准确性的人脸识别、车牌识别等方面。

2020年CES温江涛（右一）接受CNN媒体采访

智能处理技术

铂岩公司的智能处理技术，是高度集成的智能和分析系统。

该系统集成降噪、去雾、HDR、低光增强等技术。在体育赛事、演唱会个性化实时转播，系统可根据用户兴趣个性化视频编辑推送。在智能赛事分析，系统可实现智能追踪和智能合成，提供更全面的赛事转播和分析。比如，在一场滑雪比赛中，如果用户仅对某几位运动员感兴趣，则该技术可以帮助用户只追踪这几名运动员的比赛过程。在8K采集下，观众甚至可以清楚地看到运动员的面部表情。智能合成功能可以帮助观众将不同时段的比赛智能合成，实现多人"同台竞技"，能够更直观地对比滑行路线和技术。

子弹时间

大型演出只可以从某一个角度观赏吗？以往的经验是这样，如今铂岩公司给出了新的答案。观众可以根据自己的兴趣选择任意的角度实时预览。这种全新的观看形式被命名为"子弹时间"，它可以灵活展现空间和时间的流动，创新可交互直播模式，用户可以根据自己的兴趣通过滑动、旋转手机屏幕主动选择被拍摄对象实时运动中的任意视角。

不管是影视制作、节目特效、演唱现场、体育赛事、创意活动等需要观众沉浸其中的艺术欣赏场景，还是商家用于展示某一件商品、博物馆展出历史文物等都可以使用这项技术，让观众获得愉悦的体验。

360 VR 视频

近几年,VR 技术进入到人们的日常生活中。铂岩作为高科技领域先进公司的代表,当然也发挥了技术优势,深度提升 360VR 视频技术。这个基于光流的 360 度全景视频拍摄和拼接软件系统,做到了实时拼接、编码、传输。目前,该产品两次获得日内瓦博览会发明金奖。

铂岩研发的 360VR 视频技术应用到瑞士蒙特勒音乐节

探索未来——铂岩科技引领视觉AI革命

近年来,以深度学习、机器视觉等技术为代表的人工智能在理论和应用的诸多领域取得了长足发展。但是很多顶尖专家学者已经提出,人工智能通过现有的计算机技术加上深度学习其性能已接近天花板,人工智能的未来必须同脑科学结合发展新的理论。

2019 年 12 月温江涛教授在 EmTech China 全球新兴科技峰会作了《后摩尔时代的视觉感知应回归能耗》的报告,开启下一代仿生复眼计算视觉时代。温江涛认为:"会有这样一种新的阵列,它的耗能是非常低的,而且整体延迟率非常低,并且可以具有学习能力,可以进行不断的自我演进,这是后摩尔定律和登纳德缩放效应时代视觉处理的必由之路。"

温江涛教授提出了 VPU(Visual Perception Unit)的概念,但在这里其实是 Visual Perception Unit,即视觉感知单元,而非视频处理单元。从原理来看,这似乎更贴合生物视觉的处理方式。VPU 是由大量可以直接在本地处理光子信息的处理元组成的,目前需要多个芯片才能完成的任务,或许一块 VPU 就能实现。这样一来，功耗、延时和芯片面积的表现一定会比现有芯片高出许多，如何解决，引起广大科技工作者的探索和思考。

在 5G 和 AI 的加持下，一个全新的计算成像技术时代即将到来。目前铂岩公司已经启动低成本、低功耗的仿生计算视觉元器件和智能系统解决方案的研发，引领视觉 AI 革命。

点评

作为学者，温江涛勤奋努力，攻克学术难题，勇攀学术高峰；作为创业者，温江涛关注产品价值，在信息技术领域前沿深耕，研发技术处于行业前端的产品。作为学者型企业家，温江涛具有深厚的技术储备、敏锐的商业直觉和责任担当。在温江涛的领导下，铂岩科技将继续在信息技术领域领跑。

产研结合、勇攀学术高峰。读书期间，温江涛勤奋好学，乐于钻研。他敢于挑战自我，考入清华后进入最难考、竞争最激烈的无线电系学习。本科就读期间，温江涛便走上了科研道路，跟随教授进行学术研究。历经在通信媒体领域差不多十年的辛勤耕耘，温江涛以优异的成绩进入美国加州大学洛杉矶分校从事博士后研究工作。

刚到美国时，温江涛专注多媒体传输、通信方面的研究，同时参与了产品研发。到美国生活的前两年，他感受到了巨大的压力，但他积极调整，研发技术同时重点关注产品价值。两年期间他研发、申请了多项专利，其中中国已授权专利 9 项，美国已授权专利 37 项，其他国家已授权专利 10 项，其中 21 项的第一发明人是温江涛。部分专利于 2002 年转让给韩国三星公司，为美国加州大学洛杉矶分校工学院历史上规模最大的专利转让协议。同时，他还参与了多项国际标准的制定。他注重研究成果与产业发展的结合，在熵编码、多媒体容错、多媒体安全三个不同方向的 14 项专利成为国际标准。

适应了新的技术和研发节奏，温江涛选择进入企业，研发具有实际应用价值的产品。他先后参与攻克了超高清视频实时低延时编码技术、低功耗芯片技术、高效率网络传输技术和海量多媒体处理系统关键技术。

近二十年的勤奋努力为温江涛创办铂岩科技打下坚实的技术基础，扎实的技术和融会贯通的通识视角，这正是助力铂岩科技成为超高清视频领域领跑者的关键。

传承师道培养学术新秀、创办企业领跑超高清视频行业。2008年，温江涛在美国已经事业有成，他参与创办的四家公司成功退出。作为学者，他在信息技术行业地位斐然。当清华大学再次向他伸出橄榄枝时，他毅然回到清华任教。

回清华任教后的十多年时间，他一直在践行他对学术、对教学、对创业的独特见解。

在温江涛看来，"有品位的学术问题"就是对社会真正有帮助的问题。他不断思考，如何运用前沿科学技术知识进行科研成果转化，为人们工作、生活带来便利，使创业服务于学术知识的成果转化和价值实现。因此，在教学过程中，他注重顺应学生个性发展的同时，注重引导学生从实践的角度开展学术研究。

温江涛创办铂岩科技后，充分利用已有的创业和技术研发经验，从超高清视频系统领域专业设备尚未统一、专业设备匮乏、表现手法匮乏、内容质量粗糙的行业痛点出发，带领技术团队运用不同方向的前沿科技核心技术知识，完成了"5G+8K超高清直播技术""复眼采集系统"的开发。在同行业中技术领先，未来可用于远程全景精准视频、远程超高清直播、远程超高清医疗、商业性远程现场实时展示、街景采集等，有着广阔的应用前景。该系统的核心技术，奠定了铂岩公司在行业中的世界领先地位。

11

清华园走出来的创业先锋——许军普

许军普，北京雅康博生物联合创始人兼首席执行官，启迪控股股份有限公司高级副总裁，浙江清华长三角研究院精准医学中心常务副主任，毕业于清华大学生物科学与技术系，获得美国科罗拉多科技大学工商管理硕士学位，先后就职于数家国际知名制药企业与投资公司，在生物医药领域有着二十多年的行业经验，带领英国诚毕市场投资有限公司的中国团队，在3年内实现了30倍的业绩增长，成为该领域的市场领导者。2004年许军普创立北京雅康博生物科技有限公司，担任首席执行官，带领雅康博公司成为行业佼佼者；2011年，成立嘉兴雅康博医学检验所有限公司。许军普先后获得"中关村优秀创业留学人员""嘉兴创业创新领军人才""中关村创业之星""嘉兴市2016年度'十大'优秀领军人才""嘉兴科技城2017年度'十大'优秀领军人才""2018 This Club 清华长三角企业家创业菁英奖"等多项荣誉称号，并从2018年起，担任清华大学生医药学院校友会会长。

卓尔不凡，听从内心

1969年出生于首都北京的许军普，与美丽的北京有着深厚的感情。许军普从小就在文化底蕴深厚的氛围中成长，有着很多梦想与憧憬，勤于思考，学习成绩一直名列前茅，他是老师与父母的骄傲，是同学们学习的榜样。当时，很多同学都认为他长大后会在技术与科学的领域有所建树，成为一名科学家，但时过境迁，现实发展路径与小时候的梦想完全不同。

1988年，许军普以优异成绩考入清华大学生物科学与技术系，主修分子生物学专业。在校期间，许军普没有选择做一个"安分"的学生，除了担任生物科学与技术系的学生会主席、团委副书记，他还积极参加各类社团活动，做过很多学生工作，并担任过两任班长。这种没有拘泥于书本，很接地气的学习生活经验，让许军普在今后的企业管理工作中更有底气。

日照华池一叶冰，春来绿柳向波心。清华园里的垂柳黄了又绿，绿了又黄，转眼间，就到了毕业季。许军普的卓尔不凡，就在于他的选择与众不同，1993年许军普从清华毕业时，大部分人的理想是去国有企业工作，因为那毕竟是"铁饭碗"，但许军普敢于选择"瓷饭碗"：他的第一个工作机会是瑞士诺华制药有限公司，负责生产技术管理与质量控制。由于工作原因，许军普经常与财务、市场等部门的同事接触，因此对各个职能部门的工作性质和内容都有了大致了解，这对于许军普之后选定自己的职业方向非常有帮助。此外，他也对像诺华这样全球知名的跨国企业的管理模式、企业文化等有了亲身感受，为未来事业发展打下扎实的业务基础，同时锻炼出坦然面对困难、勇于迎接挑战的勇气和意志品质。

1995年，许军普怀着对家乡北京的眷恋之情，决定回归故里，实现自己人生的理想与夙愿。回国后该去哪里工作？去国有企业，稳定而有前途，但他更希望到外企去，更直接深入地了解外企，这样能为将来的事业打下更坚实的基础。虽然外企是"瓷饭碗"，但去了之后，他发现外企工作保障做得特别好，所以他并没有直接选择创业，而是在一家英国独资的企业从事领导管理工作，不断在失败中总结教训，在成功中归纳经验，加之朋友们的鼓励与帮助，许军普对自己未来的事业发展更加充满自信。

起初，许军普在英国诚毕市场投资有限公司的北京办事处任项目经理，为世界上医药卫生领域的很多大公司提供市场调研、投资咨询等服务，例如西安杨森、中美史克、施贵宝、美国强生等。这段工作经历对他进一步开阔眼界并最终选定职业方向打下了重要的基础。

1997年，英国诚毕市场投资有限公司在国内成立了一个合资公司——天津和杰医疗器械有限公司，公司购买了一个比利时的新型宫内节育器（避孕环）的专利技术，并在中国建厂生产、销售。由于和杰公司建立之初在经营管理、市场策略方面出现了一些问题，公司在资金方面面临很大困难，市场拓展也不太顺利，第一任总经理和销售总监先后离职。许军普临危受命，出任市场销售总监，负责公司市场和销售的全面管理。当时，中国的计划生育产品还是按照计划经济的模式由国家统购统销，许军普率先按照先进的市场经济规律来推广产品，创建了新的市场游戏规则，没用国家一分钱投入，经过短短两年时间，就把公司的销售业务从中国的12个城市拓展到除了台湾和西藏之外的其他所有省、市、区，公司员工从10多个人发展到200多人，年销售额超过4000万元，成为本领域销售额排名第一的企业。

许军普不仅在事业上善于选择，敢于创造，在学业上也精益求精。由于美国的科罗拉多科技大学在世界各国都设有分校，1997年许军普在工作之余，抽出一部分宝贵的时间进行半脱产学习，攻读工商管理硕士（MBA）学位。MBA的专业课程很多，每门课程几乎都是公司运作的一个方面，如财务管理、市场营销、人力资源管理等，而学校的要求是学生在入学时就确定毕业论文的方向和题目，在读每一门课时都围绕这个中心写小论文，最后汇总起来成为一个比较全面的毕业论文。当时MBA教育比较流行的是以跨国大企业为背景选定研究题目，GE、麦当劳这样的公司案例比比皆是，而许军普独辟蹊径，以"小企业、创业企业运作的特点"为论文主题，对小企业、创业企业或企业在创业阶段，公司各个职能部门的运作和管理特点进行了系统的分析和研究，这些研究结果和心得，都为他日后的创业过程提供了帮助。

在任何一个场合，我们都不会听到许军普高谈阔论，更多的是他深入浅出、语重心长的谆谆告诫。许军普将自己的人生经历分为三个阶段：其一是学习，在大学期间，为职业、技能充分准备，积累知识；其二是选择，了解社会，认识自我，清醒地认知到自己适合从事什么职业；其三是坚持，按照自己选定的职业方向，一直坚持下去。"很多大学生毕业时由于不善于选择职业方向，往往走了很多弯路，非常可惜，其实他们大学毕业后可以先工作一段时间,然后基于对社会的了解和自己的特点,再选定适合自身的职业。"许军普说。

见素抱朴,成就创业梦想

许军普的创业梦,源于一场 30 年前的师生对话——时间回到 1988 年,大学入学第一天,时任清华大学生物系主任的赵南明老师对全班 30 多名同学说了这样一番话:"今天你们迈进了清华园,我希望你们能朝两个方向发展:一是好好做科研,成为本领域的学术带头人;二是勇敢闯市场,做中国生物产业的开路先锋。"

许军普举手提问:"什么是生物产业?"

赵老师没有给出明确说法,而是诚恳地回答:"你不懂,我也不懂,但这是当今生命科学发展的方向。我们要培养世界一流的科学家,也要为中国生物产业培养敢于摸着石头过河的创业先锋。"

20 多年过去了,作为北京雅康博生物科技公司的创始人和 CEO,许军普以及公司另一位重要创始人何飈,完成了当年赵南明系主任的期望,都已成为生物产业当仁不让的创业先锋和国际顶尖生物技术研发佼佼者,其间的机缘,既有传道授业的传承,也有对生物科技大环境准确判断下的职业抉择。20 多年前寥寥数语的师生对话,在青葱少年心中埋下了一颗创业的种子。

许军普在同学、朋友面前总是保持着一种平易近人的微笑,在他身上看不到那种高高在上、盛气凌人的高傲,而是处处彰显出他儒雅、亲切的风貌。正是这种魅力,塑造了他的领导管理艺术的特色——亲和力。

在清华读书时,许军普是生物科学与技术系的学生会主席、团委副书记,做过很多学生工作,并担任过两任班长,他的大学同学何飈也曾担任过两任班长、学生会副主席等职务,两人非常要好,共同的学习、生活和工作经历使他们成为挚友。毕业后,何飈在生物系读完硕士就赴美留学、定居,之后的若干年他们联系并不多。

按照清华大学校友的惯例,入学或毕业每五周年、十周年的校庆都要回学校团聚并参加校庆活动。清华校庆是每年 4 月的最后一个周日,但许军普所在班级入学 15 周年、毕业 10 周年的校庆季,正赶上 2003 年的"非典"时期，学校校庆未能如期举办，许军普感到深深的遗憾。2003年10月，公司安排许军普去美国深造，为了弥补这个遗憾，他便利用这个机会在美国组织了一场同学聚会，也是这场聚会，让他与挚友何飚在美国重逢，当时，何飚在美国的加州大学旧金山分校肿瘤中心任助理教授。在与何飚的交流中，许军普发现两人有共同的理想和追求，由此产生了共同创业的想法。虽然当时和杰公司的经营情况比较稳定，许军普的工作条件和待遇也很优越，如果一直坚持做下去，也有非常不错的前景，但许军普更想做些属于自己的事情，实现自己的理想。于是许军普与何飚商谈，由何飚负责技术，自己负责管理，各自优势互补，实现共同的创业梦想。

在人生的航道上，许军普已经蓄势待发。外企工作的十年间，他将一个小公司经营成行业内颇具影响力的企业，这为他积累了丰富的实践经验；学习国外先进的工商管理课程，奠定了他坚实的理论与实践基础，开阔了视野。现在，他又找到了志同道合的创业好搭档、好伙伴，两人各有所长、优势互补……所有这一切，构成了许军普创业及创新的动力和基础。"现在，许多刚毕业的大学生选择创业，他们更多可能是出于激情和热情。"而许军普的创业动力是来自于自信与经验。

许军普不仅有胆识，也有说干就干的气魄。2004年，他受到中关村清华科技园的感召，决定从和杰公司离职，开始筹备北京雅康博生物科技有限公司（ACCB）。公司聘请清华大学生命科学学院院长、医学院常务副院长赵南明教授做顾问，还聘请他在香港的另一位大学同学刘玥作为知识产权律师，由何飚执掌公司的技术方向，就这样开始了他们的创业征途。同年，许军普在清华科技园正式创办了北京雅康博生物科技有限公司，和许多刚起步的小公司一样，雅康博一屋难求，只租到了清华科技园一张标号A-308的办公桌。

随着公司规模的扩大，办公场地也从一张办公桌换到了写字楼的格子间，许军普带领仅有几个人的团队在略显狭窄的写字楼里激情奋斗了六年之久。他坚信，高科技企业必须两条腿走路，技术与商业缺一不可！为此，他一方面融资扩建实验室和生产线，组建起一支20人的核心研发团队开展应用研究；另一方面组建营销团队，提升市场拓展能力。经过多年发展，2010年，公司主打产品佰康安正式投放市场，很快，销量迅速翻了10倍。此后，随着技术、法律、营销方面的合伙人不断加入，雅康博"滚雪球"

似的越做越大。

"开始创业，凭的不只是激情"，谈到创业初动力，许军普再次强调说，"更多依靠的是技术与经验的积累"。

感恩中关村清华科技园

雅康博的成就离不开与清华大学生物系的合作。目前，北京雅康博生物科技有限公司在国内外共有 8 家医学检验所和相应的生产设备，具备自主研发能力，有一支具备丰富产品运营经验的营销团队，同时拥有强大的科研力量，科研人员 20 人，其中拥有硕士以上学历者占 80%，博士以上学历者占 40%。此外，公司还拥有多项国际及国内专利，利用分子生物学方面的核心技术在癌症检测和治疗领域进行了大量的基础研究和应用研究，取得了一定的成果。

开始筹备公司时，许军普决定将公司办公地址选择在中关村清华科技园。利用分子生物学方面的核心技术检测癌症是一个从未有人开发过的高新技术，如果希望被专家学者认可，公司必须拿出可靠的数据。就在这时，清华大学医学院和生命科学院与公司建立了密切的合作关系，共同开发研究项目。2005 年下半年，公司的技术部门拿出了精确的实验数据，得到专家的认同。"也正是有了试验成果，我们的公司通过清华科技园的投资中心成功融资，为后期运营打下了坚实的基础。"在感恩清华大学支持的同时，许军普对中关村清华科技园的帮助也念念不忘。"当初来到中关村清华科技园，他们为我们提供了很多优惠政策，也让我及时了解了国家相关的政策条文，这在当时对我很有帮助！"

清华大学生命科学院与医学院给许军普以及公司的支持，不仅有很多硬件条件的帮助，如共建分子生物学实验室，还给予了很多软件条件的帮助，如学术领域的支持、共同举办学术研讨会等。

为实现梦想，要先放下梦想

2006 年，雅康博的主打品牌产品佰康安问世了。它运用聚合酶链式反应（PCR）技术平台对癌症个性化治疗相关基因的突变、表达、扩增水平进行精准定量检测，为医生及时调整、优化治疗方案，选择合适的化疗药物提供依据。通俗易懂的解释是，对癌症患者进行伴随诊断的个性化治疗。

"目前，癌症治疗药物有效率普遍不高，主要是由癌症患者的机体差异和治疗药物的特定作用机理导致。在临床上，虽归为同一类的肿瘤，却因为不同病人的肿瘤细胞不相同，造成了相同的抗肿瘤药物在不同病人身上产生的效果差异很大，"许军普详细解释说，"但是，基因检测可以在很大程度上预测用药后的效果，帮助医生确立治疗方案，筛选出抗癌药物的适用人群，给出用药建议。"

有了佰康安，雅康博就掌握了开启癌症个性化治疗的钥匙。这在中国、美国，甚至全世界市场都是空白。

但此时的许军普却高兴不起来，癌症个性化检验体系的灵感来自国外，国内市场尚未准备好接受这项新技术，在医药法规方面也有诸多限制，佰康安这把"金钥匙"无论如何也打不开本土市场的大门。

"当时我们如果坚持推佰康安，我们成不了先锋，只会成为'先烈'。"许军普说。

要先"活下来"，雅康博只得以市场为导向，暂时放下佰康安的推广，转而研发并申请注册了瞄准体检市场的肿瘤早期筛查产品"易佳安"。这一符合当下市场的战略调整，帮助雅康博拿到了融资，熬过了两年多的寒冬期。

2009年，风来了，市场出现了转机。随着技术的进步和市场教育的积累，癌症伴随诊断技术被越来越多的国内医生和患者所知晓，临床医学界逐渐接受了这一技术，中国药监部门也开始受理佰康安这一类针对预后测评诊断试剂的注册，市场需求快速增长起来。

这时候的易佳安已经一切就绪，只等进入市场，但许军普还是当机立断，暂缓易佳安的一切推广，把公司的核心团队转移到佰康安上来。同年起，佰康安的销售迅速推进，一举占领市场。"自2010年正式投放市场，佰康安的销售量增长了10倍，目前在北方市场已经是一家独大，华东市场也在快速拓展之中。"

坚定许军普开发个性化治疗决心的不是科技园区与投资方的支持，而是癌症患者及家属对这一项目的渴望。"延长生命、提高生命质量，这是所有患者及其家属的希望，是刚性需求。"他说。除了经济效益，许军普更看重公司产品的社会效益。

易佳安并没有给公司赚来一分钱,但是没有它,可能也没有今天的雅康博。提起这段经历,许军普说,这是为了生存的缓兵之计。"现在回头去看,好像是一个战略撤退,但当时实属被逼无奈,"许军普说,"我们原定的市场实在不成熟,也不知道它哪一天成熟,5年?10年?谁也不知道,不能空等着,我们也等不起。"

"很多技术出身的创业者,特别是高新技术,很容易迷恋于自己的技术,产品经常与客户需求脱节。创业者不能总以自己专业的立场看问题,多从市场、消费者的角度分析下,很多战略性的错误就可以避免。"许军普日后回忆说。

这次战略调整将雅康博带入了发展的快车道。

在许军普看来,客户对于产品的长期支持和认可的根本原因不仅在于企业的"技术领先"或"战略得当",更在于雅康博"做事情更加认真严谨,实事求是",正如医生在为患者选择某个企业生产的医疗产品或技术时,"他会观察你的企业是不是虔心地、安心地做事情"。也许,正是这种年过不惑仍然认真踏实的态度,才让许军普没有辜负他18岁时就立下的青春梦想。

布局嘉兴,携手清华长三角研究院探寻发展新路径

着眼过去,许军普带领雅康博团队走得风生水起;放眼未来,他们依然信心十足。许军普坦言:"创业者身上往往都有'不安分'的因子,不想按部就班地生活,而是去做自己感兴趣的事情,实现人生的价值。"

7年前,怀揣癌症个体化治疗方面领先技术的许军普,在嘉兴科技城创办了嘉兴雅康博医学检验有限公司。良好的发展环境,让他的企业"呈逐年斜坡式增长"。

2011年,雅康博确立新的发展定位,将研发中心留在北京,寻找新的产业化中心。"把产业中心放在嘉兴、落户清华长三角研究院出于三点考虑:公司同仁的'清华情结',地段和产业优势,'小而实惠'的政府服务。"

雅康博当时在北方市场已经一家独大,需要快速拓展其他市场,落户嘉兴是雅康博打开华东地区市场,占领全球技术的最前沿阵地的重要一步。

落户研究院以后,在嘉兴市政府的大力支持和研究院的精心培育下,

技术验收合格证

嘉兴雅康博医学检验所于2013年迅速通过市政府审批，2014年通过验收，获得"医疗机构执行许可证"。这是嘉兴首张授予第三方检测中心的医疗机构执行许可证，同时也让雅康博成为国内分子病理领域首家同时拥有生产制造和医疗服务资质的企业。

2015年9月，嘉兴雅康博医学检验所分子实验室以高达98分的评审成绩通过了国家卫计委的验收，这个成绩也是卫计委分子实验室技术验收有史以来的最高分。卫生部临检中心领导对嘉兴雅康博分子实验室寄予厚望，希望公司能够成为全国的标杆实验室。这也将是浙江省首次纳入第三方的独立实验室。

雅康博落户浙江，很快吸引聚集了一批高层次人才，工作团队也迅速增加到100多人。公司还成功与一家世界顶尖的分子诊断机构签订了战略合作协议，成为对方在中国唯一的战略合作伙伴。通过在嘉兴建立产业化中心，雅康博不仅要把产业基地和市场向华东区域推进，还要为迎接国际合作、承接先进技术搭建平台。

如今，许军普又在嘉兴科技城注册成立了3家新子公司，业务范围向病理人工智能、骨髓干细胞移植、干细胞生长因子医学美容等领域延伸。加上已经成立的4家子公司，许军普在科技城成立的生物医药领域企业将增至7家。

2017年10月，由他"掌舵"的国家高新技术企业——嘉兴雅康博医学检验所有限公司与浙江清华长三角研究院联合设立了浙江清华长三角研究院精准医学中心，许军普担任常务副主任，精准医学中心整合清华大学及浙江省在全球范围内的人才优势，组建多学科、多平台的世界一流的技术研发团队，并促进精准医学在中国的临床实践和推广，提升长三角地区经济水平，立志打造成为全球生物医药领域成果转化、产业整合和项目孵化的平台。

许军普在浙江清华长三角研究院精准医学中心启动仪式上致辞

嘉兴市人民政府副市长洪湖鹏（右三）、嘉兴市南湖区书记朱苗（右二）、浙江清华长三角研究院院长王涛（左一）、清华大学校务委员会副主任韩景阳（左二）、精准医学中心常务副主任许军普（右一）共同点亮启动球，精准医学中心正式启动

谈到建立精准医学中心的初衷，许军普说希望利用自己的创业经验，帮助更多的生物医药领域的创业者获得成功。"我们建立精准医学中心，是为了打造专注于生物医药细分领域的'专业化孵化器'。与其他孵化器或产业园不同的是，我们更加了解生物医药行业，也更加了解一个生物医药项目从实验室走向市场需要什么。中心会针对生物医药团队的特点，在财务、法律、行业标准设施、产品检测等方面提供'精准化'的服务和全过程的呵护，帮助相关研发成果快速实现产业化价值。"

同年，为表彰嘉兴雅康博在推动区域生物科技产业化提升以及促进嘉兴经济社会发展所作出的突出贡献，许军普被评为嘉兴科技城年度"十大"优秀领军人才。

许军普说："我一路创业走来，知道创业的辛酸苦楚，成果转化的不易。生物医药企业创业尤其不易。生物制药产品更新换代慢、研发周期长，产品上市销售、使用须取得国家医疗器械注册证。要获得注册证，产品必须经过严苛的检测，这是一个漫长的过程。"

进入启迪大家庭，回归清华科技园

作为中国首屈一指的高等学府，清华大学一直以来以其创新开放、求真务实的作风著称于中国高校，在这种包容创造文化氛围的熏陶下，清华的创业生态建设以及由此形成的清华创业圈也一直为中国的经济社会发展不断注入新鲜力量。

作为由清华大学走出的创新型企业，雅康博每一步的发展，都浸润着母校的深切关怀，每一次开拓创新迎难而上，都得益于母校的创新基因。

2016年底，雅康博接受启迪科服集团投资，正式成为启迪控股旗下医疗健康板块的支柱力量，开始全面涉及大健康医疗领域。目前，雅康博已经成为以精准医疗为核心，干细胞储存、医疗美容为补充的综合性医疗产业公司，并在国内外设立了多家医学检验所与全资子公司。对于再次回到清华科技园，进入启迪大家庭，许军普认为"始料未及"，却又是"大势所趋"。"启迪开启了在医疗健康产业的新征程，雅康博也进入了快速撬动医疗健康产业的转折时代。"许军普表示。

一生二，二生三，三生万物。深谙哲学之道的许军普认为"三"已经不是具体的数字，它代表着更多、丰富、世界。放在启迪体系里，三叶花标识、立体三螺旋结构，它们看似简单，却寓意深远。许军普说："启迪的发展，正通过不同创新要素的汇聚协同，产生巨大的效益与效果。"这些都给了许军普很大的启发，企业回归清华科技园后，他开始结合雅康博的特点，探索在医疗健康产业发展的新思路。

回望创业路，郁郁满芳华

从清华科技园的孕育到2007年搬至永丰产业基地，从接受天使投资到2011年完成A轮融资，从2016年获得启迪科服战略投资再到今天成为以精准医疗为核心，涉猎干细胞储存、医疗美容等领域的综合性大健康企业集团，许军普带领团队一路走来，雅康博在生物科技界这个被人称之为

"慢行业"的领域，用了仅仅不到十年的时间就完成了从"0"到"1"的蜕变，实现了企业的快速发展。

创立之初，雅康博就有清晰的定位。许军普创业之前近二十年的从业经历，积累了很丰富的行业经验和渠道人脉。合伙人何飚做肿瘤研究，因此雅康博的定位从两方面着手：一是市场，立足国内；二是产品，专注肿瘤诊断方向产品的研发。

最初的市场实践是从聚合酶链式反应（PCR）做起，因为PCR是临床认可的比较成熟的分子诊断技术平台。那时候一代测序只是常规验证手段，主要用在科研方面，临床应用并不普遍。十年前，大家都还没有意识到可以做癌症个性化治疗的分子诊断，所以雅康博的确算得上是比较早期开始涉足该领域的公司。

在清晰的发展思路指引下，公司发展突飞猛进。2007年，雅康博公司规模已达数百人，从清华科技园搬至昌平永丰产业基地。这里的办公室层高4米多，这样才能满足建实验室、试剂生产线的硬件条件。办公区也不像普通写字楼里的格子间那样逼仄，他们在办公区西头开辟了一大片休息区，休闲的雅座，窗外西山近在眼前，恍惚间，仿佛身在雕刻时光的香山店。这里不仅是员工休息放松的好选择，也很适合开展头脑风暴活动。

2011年，雅康博从赛富基金融资1500万元。资金到位后，雅康博立即强化了实验室和生产线。因为生产线必须达到标准要求才能获得在药监局的注册，而只有拿到批文后佰康安才能正常销售。"以前的易佳安只是一种试剂，完成一次注册即可，而佰康安却有40多个细分品类的试剂，每个品类都要单独申请注册，从申报到审批大概要用半年时间，要耗费大量的人力、物力，这也是我们现阶段非常重要的工作。"虽然佰康安申请批文是一项浩大的工程，但许军普认为药监局开始接受此类诊断试剂的注册对整个行业、对雅康博是非常利好的消息。有了药监局的批文，佰康安的产品才有望进一步定价、纳入医保体系，从而把整个市场蛋糕做大。

"赛富这笔钱来得恰到好处。"许军普说。在拿到赛富的投资之前，许军普曾和另一家投资机构进行了深入沟通，但最后没能达成合作。尽管雅康博当时的现金流比较稳健，但如果没有足够的外部投资，很有可能错失市场做大的良机。但这仅仅是假设，许军普相信依靠稳扎稳打以及技术研发团队特别是CTO何飚对技术的把握以及前瞻性，企业不愁找不到合适赛富也正是看中了雅康博有条不紊、稳扎稳打的发展作风，很快就敲定了1500万元的投资。许军普回忆道："当时我们见了赛富的投资经理鲁勋，他问了我未来一年的计划，我就将未来要和哪些医院合作，如何帮医院建实验室，从而开拓诊断试剂销售渠道的计划作了详细介绍。一年后又碰到了鲁勋，他问我与医院的合作进行得怎样了，当时我们已经和301医院、北京肿瘤医院等分布在京津冀的多家医院建立了合作关系。赛富看到我们很'靠谱'，前后不到几天就敲定了合作，非常顺利。"

对于佰康安等检测类产品和服务项目本身的研发和推广，以核心技术产品寻找市场机会，仅仅是雅康博战略三步走的"第一步"，许军普称之为"战略1.0"。在曲折发展之后，佰康安最终走上了正轨，为雅康博带来了光明的前景和相当可观的销售额。

雅康博今天取得的成绩则要归功于"战略2.0"的顺利实施。2011年起，面对变换一新的市场环境和迅速飙升的社会接纳度，一个新的战略选择摆在了谋求快速增长的雅康博面前：下一步是围绕品牌做更多的疾病和方向，还是围绕客户去整合更多技术平台的产品？

经过分析，许军普认为，以技术为核心围绕品牌进行扩张，一方面，势必要在新的技术中建立新的客户群，在企业实力有限的情形下，在医疗行业中得到审批和客户的双重认可会额外耗费极高的人力物力和宝贵的竞争时间；另一方面，企业辛苦拓展的客户群可能会在几年后就由于他人的技术复制而流失。因此，雅康博选择了后者——把新产品卖给"老客户"。

雅康博将目标客户定位在医院的分子病理实验室，相应地将战略布局定位于打造整个全分子病理平台。这样的战略布局在一定程度上缓解了市场增长期间的渠道建设压力，但同时也对企业的平台整合能力提出了更高要求。新的平台跟PCR平台怎么整合？实验室操作流程会不会冲突？人员知识结构是不是一致？这些都是新的市场战略带给雅康博的考验。同时，企业原本建立并运作良好的营销体系无法满足新阶段更加鲜明的行业性特殊需求，也一度牵制了销售额的增长水平。

尽管困难重重，雅康博还是出色地完成了这桩布置给自己的任务，不仅通过组织机构和营销体系的调整使销售额重回快速增长轨道，企业的平台整合能力也在此过程中转化为核心竞争力。时至今日，雅康博已经整合了包括合作和自主研发的实时荧光定量PCR（qPCR）、荧光原位杂交（FISH）、一代测序（Sanger）和二代测序（NGS）等世界范围内领先的技术品牌在内的多个技术平台，形成了完备的分子病理和分子诊断大平台，销售额突破亿元，在专业细分市场内成为最优秀的公司，把90%以上的竞争对手远远甩在了后面。

随着时间的推移，新的问题又出现了。"战略2.0"取得成绩后不久，许军普和他的团队很快发现，从整个行业的角度来看，肿瘤伴随诊断的细分市场规模有限，雅康博的迅速成长很快就碰到了"天花板"——即使已经远大于业内九成同类企业的规模，企业也无法继续保持高速增长与扩张。雅康博迅速作出反应，开始研究担当起"战略3.0"角色的转型计划。

经过严密的可行性论证，雅康博最终提出了"战略3.0"，并很快着手实施。"战略3.0"的核心在于，跳出"战略1.0"与"战略2.0"，将服务群体定位400万癌症病人的市场定势，转而将企业的市场拓展到亚健康和健康人群，将病理检测由单一的"肿瘤"扩展到广泛意义上的"疾病"，甚至将业务范围拓展到健康管理，目标服务群体将扩大到十几亿人，从而实现新一轮快速发展。

对于"战略3.0"的详细实施办法，在许军普看来，决不能离开企业发展的两个基本条件：第一得有产品，第二得有渠道。由于审批要求的特殊性，医疗领域企业的发展中产品的销售渠道尤为重要，雅康博下一阶段的渠道扩张将以已有的客户群体和目标市场作为核心向外发散。为此，雅康博一方面着手申请相关资质、联络下游企业及企业链、为渠道的布局做好准备，同时也在盘点和整合手中的技术优势。

较之潜在的竞争对手，由于与前期研发的传承性和延续性，雅康博在前期发展中已经积累了充分的技术储备，而临床应用的高行业门槛更是造就了雅康博转型，尤其是向亚健康领域过渡的技术优势。

十年间，雅康博整合了诸多技术平台，当属NGS为最新，它的重要性不言而喻，在未来的分子诊断领域必将会起到决定作用。当然，它又不是一个全能的平台，因为它不能完全替代其他传统的分子平台。雅康博已经整合的平台包括qPCR、FISH、IHC、NGS，还有比较新的ddPCR，这些技术都是分子病理或者分子诊断大平台所需要的。

十几年的发展中，雅康博先后研发了佰康安、科吉安——肿瘤个性化用药选择，安可泰——肿瘤预后评估等数个系列几十种产品，其中EGFR、BRAF、PIK3CA等主要产品同时获得CFDA注册证CE认证，成为国内肿瘤"个体化治疗"试剂最齐全的企业之一。

一个"野心勃勃"的计划诞生了，他希望雅康博可以整合自身在医疗领域的技术优势，辅之启迪、清华产业的资源优势，通过协同配合、资源整合与资金匹配，共同撬动整个中国的医疗健康产业。

从2004年到2016年，雅康博从诊断行业入手，发展战略不断升级。"战略1.0"时期，雅康博作为初创企业，从诊断试剂产品入手求生存；"战略2.0"时期，雅康博将目标客户定位为医院的分子病理实验室，全力以赴打造整个全分子病理平台；"战略3.0"时期，雅康博将病理检测由单一的"肿瘤"扩展到广泛意义上的"疾病"，从而将业务范围拓展到健康管理。目前，雅康博正在许军普的带领下，向"战略4.0"时代昂首挺进。雅康博将通过建立更多连锁医学检验所、地方诊断中心，并托管地方医院的病理科、检验科，致力于组建全国范围内独一无二的全产业医疗体系。"左手是产品和技术，右手是更多的检验科与病理科，这是我们想做的事情。"许军普说。

"借助于启迪独一无二的全球创新生态网络、全流程的基金投资体系、全牌照的金融支撑体系，我相信雅康博在医疗健康领域的大布局得以实现。"许军普表示。

结　　语

自强，厚德。做强做大后的雅康博，没有忘记创业路上清华的技术扶持与温暖相伴，许军普积极寻求契机回报母校多年来的关爱，以拳拳赤子之心回报母校，积极参与学校建设。

2017年4月，在清华大学建校106周年之际，雅康博旗下启迪医学健康科技有限公司与清华大学生命科学学院签订长期战略合作协议。许军普先生在致辞中表示，能够在母校106岁生日之际，回到学校，回到学院，代表启迪医学健康科技有限公司与学院签署战略合作协议，是一次圆梦，也是新梦想的开始。希望通过和学院建立战略合作伙伴关系，在启迪控股集团战略指引下,推进成立基因干细胞研究中心,致力于我国再生医学的发展。

清华生命科学学院—启迪医学健康科技战略合作合影

2017年12月,雅康博向清华大学教育基金会捐赠1000万元,并在清华大学医学院设立"清华医学院雅康博健康中国领导力基金",用于对我国医疗服务机构管理人员和中青年骨干医师群体开展一系列尖端培训,"高级健康管理与转化医学"专业硕士项目建设与发展、论坛与培训的组织及参与,以及科技与管理的创新性研究等,以期整合高尖端健康医疗人才资源,引导整个健康产业发展。

虽然历经创业维艰,归来仍是此间少年。回望过往,细数点滴,雅康博的发展运行轨迹中,每一次与清华协同创新,每一次与清华智力交融,都会淬炼出全面接轨的智慧火花,引领企业迈入高质量发展赛道。从清华科技园的一张办公桌开启创业梦想,到获得第一笔投资,从举步维艰到发展壮大独当一面再到获得启迪投资回归"清华系",整整12年。12在中国文化中具有别样的意义,12年一个循环,12年一个轮回,雅康博用12年的时间完成了企业从初创、发展、突破、超越的商业层面发展轨迹,再次回到清华园,回到"原点",此时的雅康博除了规模与实力不可同日而语,更多了一份笃定与自信,在起点处探寻初心,放下荣耀再次"潜心修炼",我们坚信未来的雅康博会带给我们更多惊喜。

时任清华大学教育基金会秘书长李家强老师,医学院洪波书记与雅康博许军普先生作为代表签署捐赠协议

【许军普创业感言】

"创业者要有一颗不安分的心。"

人生的道路有千万条,创业无疑是最难走的一条。创业者身上往往都有"不安分"的因子,不想按部就班地生活,而是去做自己感兴趣的事情,实现自己的人生价值。

"创业要把握好时机。"

创业的时机很重要。太早市场不成熟,技术再好也没人接受,搞不好先锋也会变成先烈。太晚竞争对手太多,市场门槛太高,也难有作为。以中国的VCD产业为例,最早入市的企业,投入了大量资金来做宣传、打广告、教育消费者、培训市场。结果,市场成熟了,这些企业也被巨大的资金压力压垮了。

"做企业讲究'海纳百川,有容乃大'。"

创业之前一定要对企业发展有一个明确的思路。许多民营企业家在创业初期,很看重金钱,认为钱最重要,只要有了钱,就是买技术、引人才,以追求利润为企业发展的目标。我认为,创业还是要有一种开放的心态和思路,讲求"海纳百川,有容乃大"。最根本的一个观念就是钱并不值钱,技术和人才更重要。以雅康博的发展为例,最开始是何飙出技术,我来管理,后来又有在清华从事财务、律师的师弟、师妹加入,再后来我们又从框架传媒引进了急需的营销人才。大家或按技术、或按资金入股,"合伙人"多了盘子自然也就做大了。

"对于科技企业而言,要技术与商业并重。"

许多做技术出身的创业者都存在一个误区,认为掌握了核心技术就掌握了一切。其实对于科技型企业而言,技术应该与商业并重。因为从技术到市场是有一个过程的,如果找不到适合的商业推广方式,再好的技术也寸步难行。而且技术也要根据市场需求不断改进,才能不被淘汰。所以,创业过程中,技术一定要有,但不可看得太重。如果能技术轻一点,商业重一点,创业者就能早一天走出混沌的初创期。

做接地气的创新者——许军普和他的雅康博

爱因斯坦曾说:"世间最好的东西,莫过于有几个头脑和心地都很正直的严正的朋友。"做研究如此,创业更是如此。北京雅康博生物科技有限公司联合创始人兼首席执行官许军普就把这句话作为自己的人生指向标,也用实际行动很好地诠释了这一点。

听从内心,年轻时勇于探索和尝试。 比起多数同龄人选择的国有企业,他敢于加入诺华制药,在学习技术的同时广泛了解各部门的职能,为日后创业奠定了坚实的基础;回国之后,他也没有选择一条"稳定"的成功道路,而是选择了一家外企从事管理工作,为全世界医药卫生领域众多知名公司提供调研和咨询服务,不断总结他人经验。工作之余,工商管理硕士课程的学习及创业企业运作特点的研究也为他将来的创业提供了帮助。正如他所言,人生可以分为学习、选择和坚持三个阶段,在"选择"的过程中,许军普比同龄人更清晰地认识自我,了解这个市场并作出了与众不同的选择。事实证明,当他作出这种选择的时候,他已经离成功迈进了一大步。

寻找志同道合的搭档,实现优势互补。 曾经担任系学生会主席的许军普在美国举办的同学聚会上,和挚友何骉重逢,在发现两人有共同的理想,进行理性分析之后，毅然选择放弃稳定优越的工作环境，坚持自己的理想。两人合理分工、各司其职、优势互补，携手敲开了创业的大门。这不仅仅来源于一时的热情，更多地是对彼此的信任和对市场的判断。

技术与商业并行，坚持两条腿走路。 筹备雅康博的过程当中，许军普奉行技术和商业并行的原则。技术方面，他聘请清华大学生命科学院院长、医学院常务副院长赵南明教授作为公司的顾问，同时组建自己的核心研发团队。商业方面，组建营销团队，吸纳技术、法律、营销方面的合伙人作为拓展业务的支点。在企业成立之初，需要技术型人才为企业提供产品和研发方面的助力，与此同时，也需要推广产品、拥有更多的市场。

做接地气的创新者，及时调整战略。 "时势造英雄"，要成为英雄，必须要准确地把握住大势，而这离不开对于企业战略的调整。2006年，雅康博所研制的"佰康安"早已运用PCR技术平台，对癌症个性化治疗相关基因进行精准定量检测，能够及时调整、优化治疗方案。然而，由于国内市场和法规的限制，许军普发现无法大面积推广自己的高科技产品。于是转而研发并申请注册了肿瘤早期筛查产品。这项战略帮助雅康博拿到了融资，度过了两年寒冬期。当市场和法规转好后，他又当机立断放弃这项产品，转移回"佰康安"上来。许军普在企业战略调整间的游刃有余，体现了其作为一个管理者对于市场的清醒认识，做到不与市场和客户脱节，成为真正接地气的企业。

产学研融协同，共同致力医疗产业发展。 一个成功的企业离不开多方面的支持与促进。在企业发展初期，由清华大学生命科学院与医学院提供硬件和软件条件的帮助，共建分子生物学实验室、共办学术研讨会；入驻中关村科技园后，通过清华科技园的投资中心融资，为企业未来的发展构建了坚实的后盾；组建了自己的研发团队，在20名科研人员中，80%以上的人拥有硕士以上学历，40%以上的人拥有博士学历，打造了多项国内外专利。同时，公司将自身的产业中心放在嘉兴，落户清华长三角研究院，快速拓展其他市场，在嘉兴市政府的大力支持和研究院的精心培育下，嘉兴雅康博医学检验所于2014年获得"医疗机构执行许可证"，使得雅康博成为国内分子病理领域首家同时拥有生产制造和医疗服务资质的企业。产学研融的结合，让技术与资本相遇，促使企业走上发展快车道。

当人们逐渐从衣食住行的基本需求中解放出来，如何更健康、更高质量地生活成为大家的愿景和目标。无论是放疗还是靶向治疗,这些传统的方式都只能延缓死亡时间而无法根治癌症,但免疫治疗真正有望实现肿瘤痊愈性治疗。许军普和他的雅康博则承载着这样的希望,努力成为一个认真严谨、实事求是的企业,安心进行产品研发。从他身上折射出了一个创业者许许多多的优秀品质。从最初的从业经历积攒下的对市场的理解和人脉,从选择志同道合的朋友作为自己创业的伙伴,放弃稳定的工作跳出舒适圈毅然决然去实现自己的青春梦想,从数次战略部署的升级中体现出的决断力和对市场的敏感度,让雅康博真正实现了打通产业的上下游、打造了自己的高技术门槛,通过协同配合、资源整合与资金匹配,共同撬动整个中国的医疗健康产业。也正如许军普自己所言,**"创业者要有一颗不安分的心"**。正是这样一种不愿随波逐流、不愿按部就班的态度,使得他在面对每一次大风大浪时沉着冷静,迎难而上,最终带领着雅康博突破重围。我们也能够相信,未来的雅康博会带给我们更多惊喜。

12

兆易创新
——朱一明

在如今的半导体圈子里,"兆易创新"已成为风靡一时的流量担当,无论是股票曲线震撼眼球的野蛮生长,还是合作并购频发大招,都成为业内追踪的话题。兆易创新,是怎样用十余年的时间,将一家一张桌子两个人的小公司,发展成红透半边天的芯片行业领军企业呢?

没有核心技术,国家是站不起来的

北京兆易创新科技股份有限公司
董事长、清华校友朱一明

这句简单的话,道出了清华1989级物理系校友、兆易创新创始人、董事长朱一明回国创业时的初衷和抱负。曾几何时,朱一明的人生目标是做个科学家,发现自然界的未知运行规律。这虽是神秘宇宙的一小部分,却足以支撑起现代科技文明的一切。

20世纪90年代初的北京,中关村创业依然如火如荼,在清华读书的朱一明,察觉到中国新产业的发展,更加需要科技工程人员的加入,加之清华浓烈的工科氛围影响,朱一明改变了他的人生目标——从浩瀚的宇宙规律探索转向一条实业报国之路。读书期间,朱一明参与多家公司的项目开发,这样的经历,使他逐步认识到集成电路才是信息革命的底层核心技术。于是,从清华硕士毕业后,他决定赴美进一步深造,找寻从事集成电路行业的入口。

朱一明在纽约州立大学石溪分校电子工程系进行半导体方面的学习和研究,顺利取得硕士学位,而很多人需要两三年才能通过的博士资格认证,他一次考试通过。留学期间,朱一明非常注重实践,很长一段时间,他在 iPolicy Networks 公司从事研发网络处理器搜索引擎芯片组的工作,并于 2001 年加入 Monolithic System Technologies 公司,从事存储器芯片开发工作,作为项目主管和主要设计者,他完成了多种基于逻辑工艺的存储器的研发。积累了丰富经验之后,朱一明决定自己创业,他和朋友们四处游说,终于得到第一笔风险投资。很快,公司有了起色,得到更大的风险投资跟进,一切进入良性循环。这时,朱一明又有了新的想法:回国!

"人们都会选择适合自己生存的环境发展,我认为回到中国才能有更好的发展。中国不仅有市场,产业链开始发展,我回国创业更能在价值体系中实现自身价值,并且为国内 IC 产业作出贡献。"回国,更源于朱一明在行业研究历练多年后,深刻地认识到一点:"我们不能'无芯',无芯就是无魂。不掌握主要核心技术,国家的强盛只是建在沙滩上。"于是,他带着理想,带着一颗中国心,回到祖国,来实现自己的历史使命。

不做"Me too",立足存储,做一枝独秀

朱一明认为"Me too"意味着没有创新,意味着激烈竞争和残酷淘汰,只有在一定领域做到独领风骚,一枝独秀,才有可能从成千上万创业者中胜出。他回国时,正值国内芯片设计产业远远落后的时代,芯片企业数量少,人才缺乏,而市场需求非常强大。瞄准市场空白,2005 年 4 月,朱一明创立兆易创新公司,专门从事存储器芯片的生产研发。

"如果把计算机比喻为皇冠,CPU 是皇冠上的明珠,存储器就是皇冠的底座,底座自然要更多的黄金珠宝。存储器的市场是 IC 产业里最大的,任何一个新工艺诞生,它做的第一个东西都是存储器。因为所有逻辑器件

的尺寸要求和设计规格都相对宽松,而存储器工艺线程过细,一旦工艺不够完善,就很难保证它的良率,正因如此,存储器可以作为工艺成熟与否的标准。"朱一明进一步解释说:"随着半导体工艺走向深亚微米时代,各类存储器在集成电路中所占的比重逐渐增大,谁领导了存储器技术,谁就能称雄整个集成电路产业。由于存储器架构设计和制造工艺的高难度,长期以来,该领域一直被三星等大牌国外厂商所占据,中国长期以来一直没有本土的设计公司,使得我国各方面的发展受制于人,极大地影响了发展速度。"

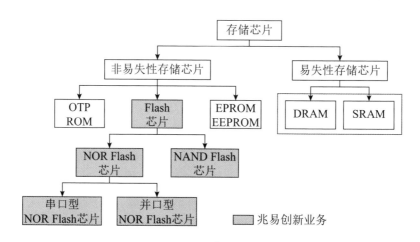

雄厚的技术实力,匹配上国内强大的市场需求,给了兆易创新成长壮大的资本。借助存储器这一阶梯,兆易创新的发展势如破竹,成就瞩目,迅速填补了中国多项空白。公司产品 NOR Flash、NAND Flash 及 MCU,广泛用于手持移动终端、消费类电子产品、个人电脑及周边、网络、电信设备、医疗设备、办公设备、汽车电子及工业控制设备等各个领域。凭借出众的市场成绩,公司产品在 2010 年、2011 年及 2012 年连续三年被工信部授予"中国芯"最佳市场表现奖,企业依次被评为"重大科技成果产业突出贡献单位""创新型试点企业""优秀留学人员企业"等。

稳扎稳打、清晰务实的企业发展战略

目前,兆易创新已成为中国半导体产业的龙头企业,2017 年在存储器市场占比已经达到 24% 左右,在集成电路中的比重更是超过了 30%。而中国市场消耗的 DRAM 超过全球产值的 20%，NAND Flash 占全球 30% 以上，兆易创新在 NOR Flash 领域已经成为全球三大供应商之一，同时也在着手积极布局 2D NAND 和 DRAM 领域。

兆易创新一直践行稳扎稳打、清晰务实的企业发展战略。"存储器是兆易创新起始的产业。任何一个产业的发展都要从小到大，从弱到强，要避免一开始就与'强敌'正面竞争。从 NOR 切入存储器，此后又发展 2D NAND，最终才切入 DRAM，兆易创新就是循着这样的道路一步步走过来的。"

兆易创新荣获 2018 中国 IC 设计成就奖

2013 年，兆易创新再次突破产业壁垒，推出 GD32 系列微控制器产品，这是中国首款基于 ARM Cortex-M 架构的 MCU 产品，不仅提供了业界最为宽广的 Cortex-M3 MCU 选择，更以领先的技术优势持续推出了 Cortex-M4 MCU 产品。可以说这是中国 MCU 产品史上的一座里程碑，多元化的发展使兆易创新走上了历史新高度。自此，兆易创新开始积极进军物联网产业。

2016 年全球物联网市场近 700 亿美元，同比增长 21%。预计 2018 年市场规模有望超过千亿美元，2021 年全球联网设备将达到 280 亿台，其中 160 亿台与物联网有关。近年来在中国制造 2025、互联网＋双创的带动下，中国物联网产业发展取得长足进步。基于这样面向全局而清晰的判断，兆易创新将布局物联网作为未来发展战略中的重要一环。

于高科技公司而言,创新就是生命力,是灵魂。朱一明本人非常重视对知识产权的开发和保护,积极参与国内领先技术的研发项目,并于2014年荣获北京市科学技术奖一等奖。兆易创新也与清华大学微电子所联合成立了"先进非挥发存储器联合研究中心",充分利用清华大学科研优势和兆易创新的产业化能力,以企业需求为导向,联合开展在非挥发存储技术领域的研究和应用,对未来先进非挥发存储器技术进行探索。

以自身发展,带动中国存储器产业基础,提升中国IC软实力

朱一明认为,当前条件下中国企业发展存储器,最需要培养起适合自身的产业链、营销队伍,以及培育公司的品牌影响力。兆易创新一直与国内几家代工厂进行密切合作,就是希望与合作伙伴一起成长,把中国的存储器产业逐渐培养壮大,同时建立起成熟的专业人才队伍。"产业基础是一个行业发展最重要的部分。抛开产业基础空谈打造产业是没有用的。发展存储产业是一个长期战略,不可能速成,不是光靠砸钱就能成功。"朱一明说。

可喜的是,随着国家集成电路产业投资基金的成立,中国存储产业迎来了更快速发展的契机。"只要有了技术基础,一款存储产品的设计开发并不是最难的,难点在于产品方向的选择、技术产品的组合、设计与制造的配合、量产工艺的开发,以及良率的提升等,而这些都仰仗于良好的产业基础环境建设。"

北京市委书记蔡奇、市长陈吉宁考察兆易创新

朱一明认为，中国集成电路产业在政策的驱动与庞大市场需求的带动下发展很快，但是教育文化等软实力没有跟上，造成当前集成电路产业人才缺乏的窘境。与成熟的集成电路产业相适应的集成电路社会文化也远没有形成。人们缺乏对集成电路的认知，青少年缺乏投身集成电路行业的热情，社会缺少集成电路技术设计所需的工匠精神。这些都需要一点一滴地去塑造，去培养。正是基于这种考虑，兆易创新在合肥投资兴建了公益性"兆易集成电路科技馆"，2018年5月，举行了开馆仪式并正式向公众免费开放。

兆易集成电路科技馆建筑外观

这个坐落于合肥市南艳湖科技城的专题科技馆，从"哲学+自然科学"的角度，凸显信息化时代"集成"与"智慧"的力量。从人类信息史的变迁，至IC产业的发展历程与现状，再到信息化技术对未来的启迪与展望，带领观众完整了解IC产业的过去、现在与未来，普及科学工程知识，为集成电路产业服务，为青少年开启未来智能生活的梦想。展馆另设有中国集成电路珍贵藏品捐赠展示点，及全国研究生电子设计竞赛获奖作品展示点。该馆还作为"国际科普志愿者工作站"，获得了被誉为"华人之光"的2017年度硅谷工程协会名人堂得主胡正明博士和王宁国博士的支持，并获得了美国斯坦福大学的支持。

中国科学院外籍院士胡正明博士赞誉道："集成电路对当前社会经济发展具有宽广的社会意义。集成电路科技馆从人类信息史的变迁与集成电路产业技术演变史的角度向观众介绍行业的整体发展脉络，向民众宣传了这个行业的长期发展潜力。立足长远，意义非凡。感谢兆易创新为产业贡献的力量。"

"兆易创新希望为集成电路行业做一些事情。在中国,民间出资建立博物馆,还是一个比较新鲜的事物,在集成电路行业里就更是如此。兆易创新为行业带一个头,体现了企业的社会责任。如果今后这样的科普基地多起来,民众的眼界就会更加开阔,也更加有助于集成电路行业的发展。"朱一明说。

当今时代,集成电路产品已成为世界贸易的聚焦点,发展集成电路产业已成为"大国重器"的国家战略,集成电路每分每秒都在改变着中国,改变着世界。在一个产业蓬勃发展的过程中,形成几家强大且具有龙头带动作用的企业非常关键,却不是唯一的条件。与之相配合的教育、文化、社会意识的提高,都是非常重要的参照系,也只有在教育、文化等软实力方面全面发展,并与企业主体相配合,进而形成一个相互促进的正向螺旋,才是一个产业全面勃兴的真正象征。这也是众多朱一明这样的清华校友、众多清华校友企业的博大胸襟与理想追求。

朱一明深知科技强国必须先掌握核心技术。读书期间他多次参与企业项目开发,洞悉行业痛点。积累一定工作经验后,朱一明回国创业,填补存储芯片行业空白,打造全球存储芯片行业的龙头企业,助力中国芯片行业产业革新。

攻坚克难、技术创新,打造世界知名的中国芯片企业。集成电路产业及存储集成电路设计行业,是一个高度市场化的行业,面临着国际、国内充分的市场竞争,不存在政策性的壁垒。从全球集成电路发展来看,我国集成电路市场起步较晚,与国际大型同类公司有较大差距,目前集成电路已经成为中国第一大进口商品,每年进口额超过 2000 亿美元。打造中国本土芯片企业,是推动国内信息产业进一步发展的基础。兆易创新,便是国内芯片行业追赶、超越欧美企业的先行者。

赴美深造时,朱一明便注重实践,参与多个芯片研发项目。积累了足够的工作经验后,朱一明毅然选择在美国创业。得益于技术优势和实践经验,朱一明的创业企业吸引了大额的风险投资,企业进入了良性循环。美国创业收获第一桶金后，朱一明对如何科技强国有了成熟的想法。他清楚地意识到中国不仅有市场，产业链也很齐全。作为芯片从业者，他怀揣制造"中国芯"的梦想回国再次创业。

朱一明清楚地知道同质化的企业难以长久地生存，只有技术优势才能帮助企业在激烈竞争中立足。回国后，他瞄准芯片市场空白，创立兆易创新公司，专门从事存储器芯片的生产研发。雄厚的技术实力让兆易创新迅速占领市场，填补了中国芯片制造的多项空白，公司产品NOR Flash、NAND Flash及MCU，广泛用于手持移动终端、消费类电子产品等领域，2017年在存储器市场占比已经达到24%左右，在集成电路中的比重更是超过了30%，成功成为股票市值超过500亿元的半导体产业龙头企业。

在朱一明的带领下，兆易创新稳扎稳打，从NOR切入存储器，在NOR Flash领域已经成为全球三大供应商之一后，积极布局2D NAND和DRAM发展，同时突破产业壁垒，推出GD32系列微控制器产品后才布局多元化发展路线，进军物联网行业。

创新是高科技公司的生命力。朱一明本人非常重视对知识产权的开发和保护，积极参与国内领先技术的研发项目，并于2014年荣获北京市科学技术奖一等奖。兆易创新也与清华大学微电子所联合成立了"先进非挥发存储器联合研究中心"，充分利用清华大学科研优势和兆易创新的产业化能力，对未来先进非挥发存储器技术进行探索。正是向科技研发投入大量资源，兆易创新才能在全球市场中占得较大份额。

助力提高科技文化软实力，推动中国芯片行业健康发展。在芯片行业深耕二十余年，朱一明深知"中国芯"发展壮大，需要完整的产业链和成熟的专业人才队伍。朱一明曾提及："产业基础是一个行业发展最重要的部分。"他认为中国集成电路产业在政策的驱动与庞大市场需求的带动下发展很快，但是教育文化等软实力没有跟上，造成当前集成电路产业人才缺乏的窘境。人们缺乏对集成电路的认知，青少年缺乏投身集成电路行业的热情，社会缺少集成电路技术设计所需的工匠精神。基于这种考虑，兆易创新在合肥投资兴建了公益性"兆易集成电路科技馆"，2018年5月，举行了开馆仪式并正式向公众免费开放，为国内芯片人才培养助力。

13

捷通华声
——张连毅

人工智能、大数据、云计算已在世界范围内，成为继互联网、移动互联网之后的三大新热点。在互联网、大数据的驱动之下，人工智能新算法、新技术、新体验层出不穷，每次新的突破与进步，都让人惊奇、惊叹不已，对人工智能未来发展产生无数遐想。原本陌生而又充满神奇的人工智能也因此成为当今学术界、产业界，乃至社会大众最为关注的话题之一。

北京捷通华声科技股份有限公司董事长张连毅表示："与世界发达国家相比，人工智能技术是中国为数不多的与世界同步发展的技术领域。经过数十年国内无数优秀科学家、学者以及众多企业研究工程师的不懈努力，在人工智能领域，中国无论技术研究还是应用水平，都与发达国家不分上下。"

从 1990 年到 2010 年，人工智能技术经过整整二十年的起起伏伏，终于在互联网、移动互联网以及大数据与机器学习完美结合的推动下，迎来一个崭新的发展阶段。创建于 2000 年的捷通华声，果断抓住机遇，率先在国内推出全方位人工智能技术开放平台——灵云（AIcloud.com）。

2011，高瞻远瞩布局全方位人工智能技术

2011年，捷通华声正式对外发布"灵云"时，给它的释义是"全方位的人机交互平台"，但今天已更新为"全方位的人工智能开放平台"。发布会上，张连毅宣布捷通华声的定位由原来的多项人机交互技术转变为全方位的人机交互技术；公司的核心技术从原来的2项拓展为12项：在原有语音合成和手写识别的基础之上，增加了语音识别、语音唤醒、麦克风阵列、图像识别（OCR）、语义理解、机器翻译、数据挖掘、声纹识别、人脸识别、指纹识别等10项核心技术能力。

张连毅说，他梦想中的灵云，可以为任何"云+端"的应用提供一种双向的感知能力——信息端感知人、人感知终端信息。灵云的后台可以实现对大量数据、信息的整合、分析与处理，所以整个灵云系统可以让手机、电脑等数字设备在与人交互的过程中，实现"能说会听、能写会看、能辨音会认人、能思考会判断"，感知并完成人们过去通过键盘、鼠标发出的操作要求，从而使机器设备具有全方位、多样化的人机交互能力，使之与用户之间的交互变得轻松、简单、自然，更回归人性，促进人与机器之间的和谐互动。

技术发展需要一步步积累，张连毅坦言说，捷通华声发布灵云时，还没有完全掌握这么多核心技术，"构建灵云平台初期，我们通过整合自我与引进技术提供服务，向业界传递灵云是一个怎样的平台，将会为产业提供怎样的服务。但是在接下来的两三年，捷通华声在清华大学的支持下，全面掌握了灵云平台上所有的人工智能技术能力"。

张连毅说，当时他做出这一决定的时候，不仅外部，公司内部也有一些人产生质疑，这预示着公司在做出一次巨大转型。"但我们没有因此而放弃，或者说放慢脚步，今天来看这次转型是成功的，所有的努力都得到了回馈。"

28年前的初心：实现人工智能技术的融合应用

早在1990年，张连毅及其创始团队还在清华大学科技开发总公司（现为紫光集团）的时候，就已经在进行人工智能相关的技术与应用研究了，

当时团队就有一个梦想：实现人工智能各项技术的融合应用。

1989年，张连毅大学毕业后，留校任职于清华大学科技开发总公司（紫光集团前身）。他受命于当时的董事长，在清华大学去寻找一些可以商品化的人机交互技术。他跑遍了清华计算机系、电子系、自动化系等，发现几乎每个系都在国家扶持下，做一些诸如语音合成、语音识别、语义理解、机器翻译、OCR文字识别等项目研究，但每个系的研究方向都单一。"人类一直梦想能够造出一个和自己一样的机器，但是在很多方面都很难实现，比如首先人对自己的认知不清楚，其次硬件技术、算法技术都有很大的局限性。另外，每一项人工智能技术的背后都不是单纯的计算机技术，比如语音合成涉及语言学、社会科学，甚至哲学等。因此很难一下子就把人的所有功能都造出来，却可以将功能分解，比如先让它能听懂人说话，然后让它能说话等。"张连毅很早就朦胧地意识到这些人工智能技术在未来应该向融合应用方向发展。

带着这种朦胧的意识，1992年，张连毅离开紫光，在当时国家科委"863计划"的支持下，与清华大学电子工程系丁晓青教授联合创办了清华文通公司，主要提供OCR技术服务。2000年，张连毅又与专注于研究OCR技术的清华校友陈明博士，在中科院声学所吕士楠、北京大学顾小凤两位专家支持下共同创办了北京捷通华声科技股份有限公司，定位于提供多项人工智能技术，并开始自主研发语音合成和手写识别技术，之后便一直在此领域深耕，直至2011年。

灵云语音合成

在此期间，捷通华声取得了不菲的成绩：拥有自主知识产权的中文语音合成、手写识别，在国内语音、图像识别技术市场上的占有率达到

50%，并逐步发展成为国内第一家同时提供语音合成、语音识别、手写识别、OCR等多项人工智能核心技术的企业。公司产品在金融、电信、交通、能源、军事、政府、医疗、教育等领域都有广泛应用。特别是金融领域，其产品在80%以上的企业客户服务中心平台得到了普遍应用，如中国银行、中国建设银行、中国农业银行等；在2008年奥运会、2010年世博会、全国各地的高铁项目上，也均采用捷通华声语音合成技术及产品。

三驾马车助力人工智能跨越发展

正是有这样的发展沉淀，张连毅2011年提出捷通华声要布局12项人机交互技术时，虽然有人质疑，但张连毅和他的团队仍然充满信心。回看当初的选择，张连毅认为无论是在人工智能学术界还是产业界都是大势所趋。

"一是GPU服务器的产生，二是云计算的成熟，三是大数据的出现。这些新技术为人工智能提供了可能。GPU服务器和云计算好比让我们有了一个灶台，大数据提供了很好的食材，与此同时，机器学习也趋向成熟，也就相当于有了更好的菜谱。""在这样天时地利均具备的条件下，人工智能技术获得了史无前例的突破，而其更大的意义在于，只要掌握了工具、材料、方法这三个要素，人工智能从此不再因神秘且高不可攀。"人工智能技术成熟意味着开始实际应用，未来几年，人工智能终将全面爆发，"人工智能的发展还会有起伏周期，但我相信不会再出现大起大落，也许会有调整，但产业增长已大势所趋"。

对此，张连毅坚信不疑："人工智能的概念已经提出60年了。以前也会出现发展高潮，但是没过多久就又冷了下来，根本原因是技术的突破与实际应用存在差距。但这一次发生了本质不同，人工智能必备的硬件、软件技术都相对成熟了。""一旦大家发现它能用了，用户的包容心也会增强很多，比如语义理解，以前用户希望找问什么，机器都要懂，现在大家明白了，虽然还达不到那么理想的效果，但已经可以解决很多问题，比如智能电话客服，虽然不能全面回答客户的所有问题，但基本问答已经实现，不仅方便了客户，也提高了客户服务工作效率，大大降低了企业成本和管理难度。"张连毅透露，滴滴打车使用捷通华声的智能语音客服后，"几条电话线就代替了近100个人工客服坐席",由此可见人工智能技术的巨大威力。

灵云平台全面开放以来,通过服务百度导航、搜狗导航、导航犬、滴滴打车、汉字英雄、天行听书、天行输入法、触宝输入法等移动应用平台,以及阿里、京东商城、携程网、去哪儿网等大型互联网平台,使中国13亿大众切身感受并体验了人工智能技术为现代生活所带来的轻松与便捷。

与此同时,捷通华声以人工智能技术为核心,针对不同行业的特殊需求,为客户量身定制各种解决方案,并陆续推出灵云各项智能解决方案、实体化产品如智能化服务机器人等。捷通华声的这些产品和方案,不仅得到了华为、中兴、Avaya等系统集成商的认同,在农业银行、中国邮储银行、中信银行等金融行业客户,国家电网、中国石化、中国石油等能源行业客户,中国电信、中国移动、中国联通等通信行业客户中都有普遍应用。

数十载深耕　终迎风绽放

2013年,清华大学产业基金投资捷通华声,双方形成战略合作关系。2014年,北京清华工业开发研究院与捷通华声联合创建"清华灵云人工智能研究中心"。清华校友总会邀请捷通华声共同成立"清华校友人工智能产业联盟",由中国人工智能领域的泰斗张钹院士出任联盟理事长;同年,清华海峡研究院与捷通华声联合创建"人工智能研究中心",由张钹院士出任研究中心首席科学家,清华大学张长水教授出任中心主任。在全方位合作的基础上,捷通华声与清华大学自动化系、计算机系、电子系等院系建立了稳定合作研究机制,以清华大学为强大的技术后盾,深度融合清华大学前沿人工智能技术,与多个实验室的研究团队共同进行技术研究,全面开展智能语音、智能语义、智能视觉、大数据分析等技术研究与灵云产品化应用。将清华多项人工智能技术进行产学研转化的同时,也促进了灵云各产品核心技术性能指标的提升。

伴随着发展,捷通华声也得到了资本的支持,尤其是清华系资本。2016年初,清华大学产业发展基金对捷通华声追加投资,成为除了创始团队以外的最大单体股东。与此同时,海通证券等更多的资本方也参与了进来,

捷通华声董事长张连毅（左三）拜访张钹院士（右二）

合作共赢"锦上添花"而非"喧宾夺主"

捷通华声的定位是一家专注于人工智能技术的公司，"我们只做技术，不管别人用这些技术干出了多么惊天动地的事，我们都不会眼红，更不会去抢人家的饭碗"，张连毅笑言。

作为国内最早从事人工智能技术研究与应用的企业，捷通华声与应用领域的企业建立了长期、稳定、良好的合作伙伴关系，为数以千记的企业提供智能语音、智能语义、智能视觉、大数据分析等人工智能技术服务，尤其自创建灵云开放平台（AIcloud.com）以来，随着技术的广泛应用，捷通华声被越来越多人知晓。

张连毅说："捷通华声之所以能够与众多企业建立并保持合作伙伴关系，灵云能够提供全方位人工智能技术服务，依靠的并不是什么秘诀，一是靠灵云人工智能技术产品不断满足合作伙伴的切实需求；二是明确自身定位，坚持不与合作伙伴争利，不喧宾夺主。"

近些年来，只要合作伙伴要做的产品，即使捷通华声已经开始做，也会坚决退出。五年前，捷通华声推出了国内第一个能说会听、能写会看的语音助手——小唐龙，但当百度、搜狗等语音助手开始使用灵云语音技术，尤其是一些新团队依托语音助手型产品，并应用灵云语音技术开始创业时，捷通华声坚决退出了这块市场。在方案级产品领域，捷通华声也坚持同样的理念。灵云智能客服解决方案这几年在国内客服领域快速崛起，但由于智能客服产品在客户系统中具有"伴生"特点，难免会出现与过去的合作伙伴竞标，或者必须要与系统集成商分抢一个大项目利润的情况。捷通华声及时调整产品策略，退出了系统集成，而将灵云智能客服解决方案整合成独立产品形态，以优惠合理的价格向系统集成商提供服务，并通过培训帮助系统集成商和最终客户全面熟练掌握灵云智能客服产品的开发挂接与使用。

作为全方位人工智能技术与服务提供商，捷通华声在人工智能产业中充当"发动机"，灵云平台始终保持不垄断也不封闭的理念，面向产业全面开放，无论是个人开发者还是企业开发商，灵云平台都会提供最大程度的支持，并通过合作伙伴实现对国内大众的服务。捷通华声也推动灵云平台核心技术在重点行业领域拓展应用，如智能车载、智能家居、家电、机器人等设备领域。

除了提供人工智能技术服务，捷通华声最近也推出了一系列灵云产品，并将从两个方面去做产品开发。一是合作伙伴所需要的人工智能产品，如捷通华声在2015年相继推出的最新灵云智能语音合成、语音识别、声纹识别、OCR、手写识别、人脸识别、语义理解等满足行业通用标准的平台级产品，任何一家合作伙伴都可以通过应用这些平台级产品，构建属于自己的、独立应用的人工智能技术的产品与方案；二是开发应用全方位灵云人工智能技术产品。2015年，捷通华声相继推出灵云智能语音导航、灵云智能语音分析、灵云客服机器人、灵云身份认证，这几个解决方案级产品，每项产品都至少应用三项以上的灵云核心技术，如灵云身份认证，将灵云证照识别、声纹识别、人脸识别、指纹识别等四项技术融为一体，专门服务一些对身份认证要求非常严格的特定领域和行业。

每一步前行都扪心叩问：是否能推动产业发展？

在张连毅的身上，有着清华人特有的家国情怀。他认为捷通华声虽为一家民营企业，却是代表着"国家"水平的"非国家队"，他的梦想是推动人工智能技术发展，促进中国产业的升级与进步。他说，捷通华声本着"技术为核心，服务为己任，技术服务生活"的企业发展理念，十几年来只做了一件事：把人工智能技术做出"中国水准"。捷通华声企业文化的精髓一是真，二是实，所以捷通华声在成长的过程中，从来没有放弃过对"什么能够真正推动产业发展"的思考。2011年决定转型，也是对这一问题深思熟虑后做出的。

回溯计算机乃至互联网、移动互联网产业的发展经历，张连毅总结为三个阶段：第一阶段是以IBM为代表企业的键盘交互时代，第二阶段是以微软为代表企业的鼠标交互时代，第三阶段是以苹果为代表企业的触控时代。下一个阶段是什么？推动产业发展的下一个焦点是什么？张连毅断定，一个更自然、更人性化的人机交互体系必将取代单一触控技术，成为未来主流。张连毅认为，这一体系就是人工智能技术，即全方位人工智能交互系统。人工智能技术，其关键是模仿与学习人，所谓语音合成就是模仿人说话；扫描识别、拍照识别，就是模仿人的眼睛；语音识别可以理解为人的耳朵；语义理解就像大脑在思考。将这些技术组合起来，就能构成一个完整的"人"。基于这样系统性深入地思考，2011年张连毅正式提出捷通华声要打造12项人工智能技术，提供全方位人机交互服务。

张连毅不同意有人将"人工智能"说得多神秘，多可怕："说到人工智能，人们经常想成机器有一天会把人统治了，这也许是受《黑客帝国》电影的影响；当人类发明出来机器、汽车，甚至是计算器这样的设备时，机器已经战胜人了，更不用说现在的电脑、手机。但是，这些设备并没有代替人，而是给人提供非常大的帮助，未来将是人和机器设备、人工智能的融合发展，而非人被人工智能所取代。"

对于当前社会上关于人工智能的某些夸张论述，张连毅不以为然。他认为这是个别企业为了一己私利夸大其词，给人工智能披上神秘的外衣，"无非是希望从政府，或资本市场圈到更多政策与资金，但这是对社会，对大众不负责任的做法"。张连毅谈到技术毫不夸张，非常务实，谈及市场极为低调却高度自信，这正是清华校友企业家的风格。

灵云科技　源自清华

"灵云科技，源自清华"这引人注目的八个字眼，不仅成为灵云的品牌，也吸引越来越多的目光关注清华将在中国人工智能产业中发挥怎样的作用。

张连毅坦言:"灵云各项人工智能技术的发展进步,离不开清华大学科研力量的支持,如果说'灵云科技,源自清华'是灵云的品牌,不如说灵云是展现清华大学人工智能技术的一个窗口。发展灵云的最大压力不是市场运营,而是担心辜负了清华大学各位老师的心血与期望,因此捷通华声团队一直非常努力,希望能够通过广泛的市场应用为清华人工智能产学研结合发展作出自己的贡献。"

"清华大学应该在中国人工智能产业中发挥什么样的作用,我一直在思考。在2015年第一届清华校友人工智能论坛上,我将这个问题提给我国人工智能技术领域著名教授,清华大学张钹院士。张院士并没有直接回答,而是指出清华大学在人工智能研究领域的四个优势:第一,清华大学是国内最早从事人工智能技术研究的大学;第二,清华大学在人工智能研究领域覆盖面最广;第三,清华大学在人工智能领域聚集了最多、最优秀的人才团队;第四,清华大学一直坚持理论研究与工程应用相结合,构成了国内最完整的人工智能技术研究体系。张连毅也深深记得两年前他去拜访在中国人脸识别等智能图像领域作出重要贡献的清华大学电子系苏光大教授,问及同样的问题,相比张钹院士的婉转,苏光大教授的答案则更直接:清华大学作为中国最高学府,发展世界一流大学,就一定要在中国国民经济的主战场顶天立地!"

2016年清华人工智能论坛

"作为清华学子,很荣幸能在创业后得到母校的鼎力支持。"张连毅说道。通过与清华大学"灵云科技,源自清华"的战略合作,捷通华声灵云平台各项 AI 技术与产品已广泛渗透、应用于金融、电信、能源、交通、教育、司法、公安、医疗、互联网等各行业、各领域,给亿万社会大众的工作和生活带去了轻松与便捷。

如张钹院士所言,中国人工智能产业中的一股清华力量正在崛起,清华大学——推动中国人工智能产业发展的强大发动机已悄然启动。

后记

2019 年 12 月,本书编写组从捷通华声获悉,公司原董事长张连毅因病在北京逝世。因身体原因,近两年张连毅已淡出捷通华声管理层,公司在清华校友武卫东董事长兼总经理带领下继续坚守初心、砥砺前行。张连毅在我国人工智能产业发展史上留下了浓墨重彩的一笔后,平静地离开了。他坚持不懈的奋斗与探索精神,将激励捷通华声的后辈团队在人工智能产业征程中不断进取。

点评

企业发展注定不是一帆风顺的,在作出每一个决策之前,企业管理者都应当进行很好地评估与思考。

创业伊始,需要设定长期战略,调整未来布局。长期战略在企业发展中至关重要,在捷通华声的成长历程中,灵云的定位和核心技术都有所调整和扩充,但张连毅对其"信息端和人之间的交互感知"的长期战略从未改变。早在 2011 年,他就提出要做"全方位的人机交互平台",而随着时代和技术的不断发展,其定位也在作出改变和转型。如何设立长期战略取决于对市场形势的理解和行业前景的判断,在选择人工智能时,张连毅就相信这项技术终将有一天会改变人类的生活方式,而他则希望能够在这一领域一探深浅。

成长期间,需要追寻先进技术,坚持自主研发。企业仅有战略不足以支撑发展,还需要有过硬的技术。带着追寻人工只能技术的初心,他离开了在他人看来收入和工作均稳定的清华紫光，自己创办了主要提供OCR技术服务的公司。8年之后，在专家教授和校友的支持下，他又选择了创办捷通华声，并一直深耕于语音合成和手写识别领域，进行自主研发。其涵盖的技术拥有自主知识产权，广泛应用于金融、电信、军事、医疗、教育等领域。这极大地拓展了捷通华声的市场，使公司真正奠定了技术方面的领先地位。同样，自主研发也并非立竿见影，在长期的时间和大量资金投入之后，捷通华声才真正实现技术上的优势。

成熟之后，需要背靠三驾马车，打造智能产业。 时势造英雄，时代变化会给企业发展带来相应的改变，而对于时代变化的应对方式则决定了企业的命运。在GPU服务器产生、云计算行业成熟和大数据时代来临这"三驾马车"齐至的大背景下，捷通华声抓住了机会，在人工智能技术的更新换代中迎来了自己的高光时刻。正如张连毅自己所说，这一下灶台和原料都有了，这正是企业腾飞的大好时机。而在这一过程中，张连毅判断人工智能产业发展是大势所趋，也因此提出企业改变布局，力排众议同时对12项人机交互技术进行研发。这也使得捷通华声在历史浪潮中脱颖而出，其产品和方案不仅得到了系统集成商们的认同，而且在金融业、能源业和通信行业的客户中也普遍应用。回看灵云发展史，这一战略调整至关重要，使其能够在技术进步的大环境下用新的原料制造出更好的菜肴。

"灵云科技，源自清华"。 在企业逐渐步入正轨之后，企业仍立足于清华制造，希望依托清华的平台争取更加广阔的市场，获得更长足的发展。捷通华声2013年与清华大学产业基金形成战略合作关系，2014年与北京清华工业开发研究院联合创建"清华灵云人工智能研究中心"，并与清华校友总会共同成立"清华校友人工智能产业联盟"，与清华大学全方位合作，并将母校作为强大的技术后盾。合作中，张连毅注重自身定位，从不喧宾夺主，抢夺别人的产品。张连毅和他的团队用自己的正直品格传递着人工智能的正能量。捷通华声本着"技术为核心，服务为己任，技术服务生活"的企业发展理念，努力推动人工智能产业的发展，对社会负责，对大众负责。也正是这样的初心，让捷通华声能够飞得更高，在获取更多资源和业务的同时积攒了良好的口碑和品牌价值。

张连毅说，"人工智能，犹如一种力量的弥漫，它将无处不在！"而在捷通华声的身上，我们看到了创业者的勇敢和他们对社会的责任与担当，这是一种更强大的力量，正是这种力量造就了张连毅和捷通华声。如今捷通华声的产品和技术早已经渗透并应用于各行各业，而以其为首的中国人工智能产业中的清华力量也正在崛起，推动和助力行业发展。人工智能确实如张连毅所料，在不断改变人们的生活，给社会大众带来了方便和快捷，形成一股产业力量。

14

长风破浪会有时，直挂云帆济沧海——张赛

"行路难，行路难，多歧路，今安在？长风破浪会有时，直挂云帆济沧海！"这是济南翼菲自动化科技有限公司董事长张赛最喜欢的诗句。张赛自己也是一个小小的文人骚客，写过几十万字的长篇小说和许多诗词，他还给自己的网络用名起作"沧海云帆"。这首诗中所表达的面对艰难险阻，仍然勇往直前、充满乐观的豪迈精神，正是张赛毕生所追求的境界。而他一路走来的人生轨迹，也确实是这种情怀的真实写照。

曾几辛酸几放矢

张赛的名字来历很简单，爸爸姓"张"，妈妈姓"赛"。"赛"是一个极其少见的姓氏，所以张赛也经常开玩笑说，他用亲身经历证明了世界上真的有姓"赛"的人存在。张赛的父母希望两个人姓氏组合而成的名字，可以让张赛继承两个人的优点。张赛出生于一个典型的军人家庭，父母以及双方的四位老人都是军人，参加过抗日战争、解放战争以及对越自卫反击战等。特别是张赛的姥爷赛时礼，在战场上英勇作战，身负重伤，成为特等残疾军人，但他却不甘心就此养老，而是提起笔来，用仅存的左手和

左眼，一点点捅字，硬是写出几百万字的革命小说与剧本，而他的代表作《三进山城》更是革命文学中的经典。有句话可以很好地形容赛时礼的一生：在战争年代，他用枪杆书写和平；在和平年代，他用纸笔书写战争。姥爷这种"中国保尔"的英雄事迹在少年张赛的心中刻下了深深的烙印，使他比起同龄人来更加懂得感恩、珍惜以及不屈不挠和永不放弃。他从小接受严格的家庭教育，父亲在教导他遵守各种规矩的同时，也很注意培养他独立思考、自主判断的能力，凡事不依赖别人帮助，靠自己的力量去解决问题。张赛小时候比较怕黑，为了锻炼他的胆量，父亲会专门让他在半夜三更一个人去部队大院边角处的垃圾站倒垃圾。夜深人静、月色凄冷，张赛一个人提着垃圾袋走在空旷的院子里，影子拉得长长的，周围偶尔传出些诡异的声响。为了壮胆，张赛边走边唱歌，虽然内心恐惧不安，但他还是坚持完成了任务。通过几次这样的锻炼，张赛逐渐克服了对黑暗的惧怕。张赛认为正是这些教育使得他日后在几个人生关头，勇于挑战自我。

  张赛的经历也颇为传奇。"父母经常给我讲，既然作出选择，就要负责到底；既然要做一件事，就要想着把它做到最好。"张赛始终引为信条。面对命运在关键时刻为他出的选择题，张赛共经历过五次"放弃"。

  第一次发生在小学毕业时。按照义务教育划片政策，张赛可以自然而然地进入当地一所重点初中就读。然而，张赛却将目光投向了年轻的济南外国语学校，这所学校虽然建校时间不长，但它独具特色的英语教学模式深深吸引着张赛，也是当时唯一一所要通过考试入学的初中。张赛觉得，相比按部就班划片进入一所初中，通过考试进入一所优秀的初中更具挑战性。于是，他毅然自己报了名。经过激烈的竞争，张赛最终以全市第10名的好成绩成功进入济南外国语学校。

  第二次发生在高考前夕。济南外国语学校是全国为数不多的具有保送资格的学校，张赛学习成绩排名全校前三，并获得了保送进一所全国知名重点大学且任选专业的资格，这是多少面临高考的学子梦寐以求的机会。然而，张赛心中的理想是清华大学，他觉得没有参加过高考的人生是不完整的，他要为实现这个目标去拼搏一次。于是在公布保送资格名单的当天，张赛就找到校领导，提出放弃这个难得的机会。校领导在感到惊诧的同时，也对他的选择表示赞赏。以当时的成绩，张赛要想进入清华大学并非妄想，但没有保障。而年轻的济南外国语学校在此之前，也仅仅只有一位学生考上过清华大学。作出选择的张赛更加刻苦地学习,在教室、学校的操场上、走廊、图书馆、实验室,甚至是食堂,都能看到"啃书"的张赛。最终,张赛以济南市第4名的优异成绩,成功通过高考进入清华大学,也成为学校历史上第二个考入清华的学生,被记入了校史荣誉中。

第三次发生在本科毕业时。张赛在大学期间也依然保持着"学神"的名号。毕业之际,张赛的学习成绩在全系排第3名,总学分全系第1名。凭着这份成绩单,张赛可以轻松地拿到清华大学保送本校直博的资格。然而,张赛再一次发挥了他"气人"的本性,他渴望看到外面的世界,渴望去拓宽视野,接触更广阔的天地。于是,张赛又第一时间找到系领导,提出放弃直博的机会。与很多人保留直博机会作为备选,在别的路走不通时给自己留有退路不同,张赛既然选择了,就要断绝一切后路,否则无法破釜沉舟地去投入。而且霸占着这个位置,也会影响别人通过直博继续深造的机会。基于这些考虑张赛递交了放弃直博的申请,学习准备GRE和托福考试,开始了美国留学的申请计划。最终,经过不懈努力,他被美国哥伦比亚大学以全额奖学金录取。

第四次发生在取得硕士学位后。张赛在美国哥伦比亚大学主修机械工程,并获得了硕博连读的机会。张赛喜欢挑战,喜欢啃"硬骨头",越是艰难的事情,他越想要征服。因此,他以满腔的热血投身至课程研究中,仅仅一年时间,就成功拿到了硕士学位。在仔细审视了自己的兴趣爱好与发展目标之后,张赛觉得科研学术并非自己所期望。于是,他放弃了读取哥伦比亚大学博士学位的机会,希望将自己所学的知识和本领应用到具体的实践当中。而且,由于出生于军人家庭,从小在部队大院长大,张赛一直怀揣学成归来、报效祖国的梦想。因此,他放弃了本可以在美国就业的机会,毅然回国,加入了著名的香港上市实业公司——震雄集团,投入到了工业实践当中。

第五次放弃是在完成与震雄集团的五年合同后。震雄集团是一家注塑机的研发设计、生产制造企业,张赛以管理培训生的身份加入震雄集团,并签订了5年的工作合同。张赛前三年主要做设计研发,后两年负责公司内部的精益生产改造。在这期间,他参与了公司拳头产品——大型二板注塑机的设计研发,牵头完成了公司所有注塑机机型的CE与GB认证工作,并参与了公司与法国、意大利客户以及日本三菱公司的合作项目,带领团队建成了国内第一条注塑机整机装配流水线。公司高层对于张赛的能力与表现十分满意，合同到期之后，极力挽留，甚至许以今后进入董事会的承诺。但张赛的心里一直保有一颗自己创业的种子，于是，张赛放弃了高额薪水，选择辞职回到他的家乡济南，开始创业。

张赛在哥伦比亚大学毕业典礼上

空吊倦影寒月织

创业要有梦想，而张赛的梦想来源于他的少年时代。"Transformers, more than meet the eye!"每当这个熟悉的旋律响起的时候，张赛总是蹲守在电视机前，聚精会神地看着《变形金刚》的动画片，里面擎天柱、威震天等能变形的机器人深深吸引着他。为了弄清楚每个变形金刚的变形过程，张赛还用录像机把动画片录下来，反复观察，来探索他们的变形原理，并用小木棍和橡皮泥做了许多模型，最终都能实现变形。从那时起，张赛的心里便有了一个稚嫩的梦，有一天可以拥有属于自己的机器人。

机器人是没有体感的"冷血动物"，要让机器人带有灵性，就需要我们用情怀给它带去温度。儿时的一个机器人梦，辗转二十多年的时间，迂回在地球的两端，张赛又回到了原点，回到了家乡，并把梦想变成了现实。际遇的一个转身，物是人非，唯有初心不变，情怀不改。

求学生涯中，张赛选择的也是关于机械和自动化的专业，清华大学和哥伦比亚大学培养了他成为优秀工程师的理论基础，5年工业企业的工作生涯磨炼了他丰富的实践经验。

张赛公司接待室里的展柜,陈列着各式各样张赛的收藏

在工作的过程中,张赛敏锐地发现国内工业自动化水平相对较低,生产线急需升级改造。张赛认为,工业机器人和自动化产线是中国工业发展的必然趋势。不过工业机器人也有很多种类,使用最多的无疑是在汽车产业中大展身手的关节式串联机器人。但这个领域是世界机器人领域四大家族的传统优势所在,国内很多新兴的机器人公司也纷纷瞄准了这个领域,张赛觉得如果创业去做这种机器人,作为一家本土白手起家的创业公司,很难去与这些巨头相抗衡。如果纯粹去做一个系统集成商,只是应用别人的机器人,又缺乏核心竞争力。这时,一种新兴的工业机器人种类——并联机器人——进入了张赛的视野。

并联机器人是一种以并联机构为基础而搭建的机器人种类,其速度快、刚性好、灵活性高的特点使得它可以广泛应用于日化、食品、电子、制药等领域,代替传统的人工进行分拣、装箱等纯逻辑重复性劳动,从而降低企业用工成本,提高生产效率,保障产品质量。在当时,世界上也只有 ABB、FANUC 等国际机器人巨头才拥有并联机器人的产品,但其高昂的售价使国内的潜在客户望而却步。张赛认为,并联机器人是一种理想的代替人工重复劳动的机器人类型,随着人口红利逐渐消失,劳动力成本不断上升,并联机器人势必迎来优秀投入产出比的那一天。而且,国产化的机器人研发和生产也会比国外知名品牌机器人具有相当的价格优势。所以,面对整个工业机器人市场这块大蛋糕,需要用一把足够锋利的刀去切开,于是他决定以并联机器人为突破口,先从细分领域做起,树立这个领域的龙头地位之后,再逐渐渗透到工业机器人的其他领域中。

张赛给客户讲解并联机器人

当时大部分国产机器人厂商采用的办法是，买来别人的机器人拆开研究仿制，然后采购所有现成的核心模块，以搭积木的形式攒出一台机器人。这样确实可以实现迅速获利，但并不是一个产业发展应有的格局。张赛选择从最基础的理论开始，从头搭建自己的机器人体系。机器人所有的机械设计、电路设计、软件代码、路径规划、运动算法，乃至视觉识别，张赛都坚持自主研发。虽然这样的设计研发投入很大，过程很艰辛，但这样的产品会更加接地气，且拥有更多的自主权和灵活性。张赛称之为：The Unparalleled Parallel Robot！

有很多人曾经问过张赛"翼菲"这个公司名称的来历。早先公司首先注册的是英文名，即"RobotPhoenix"，意为"机器凤凰"，凤凰是中国的一个古老图腾，这彰显了公司要做中国的机器人企业的决心。进一步寓意取"凤舞九霄，翼菲冲天"之意，"翼"是凤凰展翅翱翔的翅膀，"菲"则是凤凰英文音译"菲尼克斯"的第一个字。于是，怀着打造属于中国自己的世界级机器人品牌的目标，张赛开始了他"翼菲冲天"的创业之路。

历途尚短昔承志

创业是个九死一生的历程，99%的创业者在前三年就已经倒下了。蓝色光标和拉卡拉的创始人孙陶然写过一部被创业者称之为必读教材的著作，叫《创业36条军规》，其中第一条就是"不是每个人都适合创业"。

我们往往只会关注到处于金字塔尖的那些成功者，去羡慕那些"宝马雕车香满路""秋水共长天一色"的生活，但却忽略了那些千千万万个被拍死在沙滩上的浪花，消散在尘埃中的炮灰。从上市公司高管，到白手起家的创业者，张赛自觉已经做好充分的准备，但现实总是比想象来的更加艰难。

翼菲成立之初，张赛把自己的全部积蓄拿出来投入到项目之中。为此，张赛在结婚时都没能给妻子买一份像样的礼物。张赛的妻子是他哥伦比亚大学的同学，生物化工的博士，二人的恋爱经历也颇富传奇色彩。在张赛回国工作的那段日子里，两人隔着大洋，像牛郎织女一样，一年只能见一两次面，足足五年的跨国恋爱最终修得圆满。而当张赛开始创业时，为了支持他，张赛的爱人毅然辞掉了在美国的工作，回到了国内。

公司刚成立时，整个创业团队也只有 3 个人，他们在济南高新区的一个联合办公空间里找了一个 8 平方米左右的办公室，连人带设备都挤在里面。所有的设计装配都需要团队自己动手，为了不影响周边其他公司的正常工作，大家常要等到夜深人静时才进行打孔、切割等工作。调试大功率的机器人，偶尔会引起跳闸，造成全办公空间断电，作为负责人的张赛甚至被物业指着鼻子骂，差点要面临被赶出去的狼狈。除此，人员招聘也是巨大挑战，如何让别人相信这样一家"皮包公司"将来能成长为一个世界级企业，张赛心里也没底。一次在公共会议室里面试一个行政人员时，她指着联合办公空间的前台问，那些人主要做什么工作的时候，张赛只能尴尬地笑笑，说不好意思，那些都是别人的，我们公司只有这间办公室。2012 年济南的冬天来得格外早，三更半夜时张赛独自离开办公室，整个园区都处在一片静悄悄的黑暗当中，在凛冽寒风里，张赛也常常拷问自己，这就是创业所必须经历的孤独与艰辛吗？

就这样，年幼的翼菲像个刚出生的婴儿，开始牙牙学语、蹒跚学步。张赛也跟公司一同成长，他从一个单纯的工程师和生产主管，逐渐自学并掌握了财务会计、人力资源、市场销售、项目管理、演讲宣传等多项技能。公司也申请并入选济南市引进海归创业计划，得到了济南政府创业启动资金的扶持。靠着这笔资金以及团队最初投入，公司成功在 3 个月的时间里制作出了第一台并联机器人原型机。之后，济南政府邀请翼菲公司作为引才引智的代表，参加山东省第七届海洽会。这是一次难得的在世人面前亮相、宣传推广的机会。为了使产品赶上展会的进度，张赛年近六旬的父亲也跑来帮忙一起进行机械装配，每天跟大家加班到凌晨。

展会的前一天，伙伴们把机器人运送到了展馆，但机架的漆面在运送过程中有所刮伤。为了保障展演效果，张赛灵机一动，去附近打印店买了几张大白纸，剪裁好之后贴在了机架之上，巧妙地弥补了掉漆的缺陷。第二天展会开幕，由于张赛团队缺乏参加展会的相关经验，没能做好电磁干扰的防护，在周边大功率设备开动起来的时候，电流的瞬时波动造成了机器人的运动异常。眼看相关领导就要过来参观了，张赛不得不临时将产品由自动模式改为了手动模式，使机器人成功地完成了设定的动作。这些都是张赛创业之路上的宝贵经验，对翼菲日后的研发和优化有着重要指导作用。

随着翼菲的不断发展，公司拥有了第一位来自社会招聘的员工，第一次搬入了独立的办公场所，获得了第一个客户的试用订单。张赛对于第一次送机器人去客户现场的场景记忆犹新。当时公司只有 11 个员工，几乎全员出动，跟着机器一起到了客户的工厂。一开始他们还担心机器人会遭到车间现场人员的抵制，但没想到工人们对并联机器人特别好奇，比翼菲的装配人员还积极，直接动手上阵，很快就把机器人组装起来，并开始调试。所有翼菲的工作人员都在车间熬了个通宵，累了就直接坐在地上靠着设备眯一会。这种敬业精神得到了客户的赞许和认可，此次机器试用获得成功。为了时刻监控机器人的运行状态，他们在现场加装了行车记录仪式的摄像头，并通过采集回来的影像和数据分析机器人的使用状况，并不断改进。

夕阳西下，最后一点温暖的阳光慢慢消失，橙红的世界迅速暗了下去。寒冬的北风在车窗外拨弄着树枝，刚刚给客户调试完机器的张赛开着车，感受着寒冬下的夜色，回家的路上他也在忙着跟同车的员工一起讨论着机器人的改进事项。正当他们谈得兴高采烈的时候，突然"噔"的一声，汽车失去了动力，车内弥散着一股汽油味。张赛顺着惯性将车停在路边，掀开前盖，"嘶嘶"声中一阵白雾升腾，检查一番后，确定是发动机故障，想开走已经是不可能了。此时夜幕已经降临，天寒地冻，高速公路上运货的大卡车不停在身边呼啸而过。继续留在这里无疑是十分危险的，在打电话报险之后，张赛得知前方两公里处就是高速的出口，救援车辆只能在出口外等待。大家一合计，推！于是，冬夜凛冽的寒风中，几个满身疲惫的人，大声喊着号子，推着车一步步前行，夜色中时不时还能听到他们传出的爽朗笑声。这一幕,定格成一幅经典的画面,永远铭记在翼菲的史册上。

在大家的努力工作下,翼菲的机器人从一开始天天出问题,到三天出一次问题,到一周出一次问题,直到三个月都不出现任何问题。产品的性能和稳定性不断提高,真正成为一款经得起客户现场环境考验的机器人。随后,借助客户试用订单的影响力,翼菲的产品逐渐打开销路,开始应用到了食品、医药、日化、电子等各个领域。

与此同时,为了让翼菲得到更快速的发展,张赛也开始寻求与资本市场对接。2014年年初,远在深圳的上市公司佳士科技成立了一家全资子公司——佳士机器人,希望通过投资、并购,在机器人领域有所作为。佳士科技本身是一家国内做电焊机的龙头企业,在焊接机器人领域也是颇有心得。于是佳士机器人便开始通过高特佳公司来寻找合适的投资标的。一次重要的缘分往前追溯,往往起源于一些微不足道的小事。早在张赛还在深圳震雄集团工作的时候,有一天他在清华深圳校友的QQ群里无意间看到一条消息,北大深研院要召开迎中秋诗文咏诵会。张赛虽然是一个理工男,却有着一颗文人骚客躁动的心,于是他报名参加了这个活动。活动中,他现场配乐朗诵了自己创作的诗词,得到了广泛好评,并与组织者们成为好朋友,成为北大五四读书会的一员。这个读书会成员大多是北大在深圳工作的校友,很多在投资和金融界工作。后来张赛因为创业离开深圳,还依然与他们保持着联系。2014年年初,张赛出差回到深圳,五四读书会的成员聚餐,为他接风洗尘。在晚宴上,张赛现场做了一段关于公司项目的路演,而人群中恰好就有高特佳公司负责为佳士机器人寻找投资标的的投资经理。很快,经过介绍,双方见面接触、沟通交流以及后续的尽职调查,双方便达成了投资意向。翼菲在成立近两年的时候,顺利完成了天使轮融资。

一年之后,新的缘分也同样起源于一件不起眼的小事。张赛的中学同学很多是从事金融行业,在2014年年初的同学聚会上,张赛便邀请同学们来公司参观,给他们演示了并联机器人的工作原理和过程。大家很感兴趣,有一位同学还帮张赛介绍了做PE投资的朋友。但当时翼菲的体量太小,无法直接进行PE融资。后来,张赛无意间在她的朋友圈动态中看到了黑马运动会的消息,于是他热爱体育运动的神经又被调动起来,报名参加了这场热闹非凡的创业者盛会。运动会上,他不但结识了很多后来的业务合作伙伴,也融入了黑马会这个全国最大的创业者社群当中,黑马会组织的活动他也都积极参与。半年之后，黑马创新创业大赛在全国范围内轰轰烈烈地展开，张赛带着他的并联机器人项目，一路过关斩将，最终一举夺得当年黑马大赛硬件与先进制造行业的冠军。这份荣誉让很多人为之侧目，也包括在台下就座的诸多投资人们。可可资本、常春藤资本等机构借助这次大赛的契机与张赛相识相知，随后深入了解交流，进而最终完成了对翼菲的Pre-A轮投资。

张赛代表公司参加中国创新创业大学行业总决赛

荣辱兴衰一任痴

大鹏一日同风起，抟扶摇直上九万里。很多人只是羡慕着鹏徙南冥、直飞万里、水击三千、翼若垂云的豪迈壮烈，却很少有人想到鲲鱼裂鳞褪皮，展翅生翼的痛苦挣扎。若是没有承受过重生的痛苦，又如何腾翔九天？这一点也充分印证在了翼菲的发展历程中。

拿到上千万元融资的张赛信心满满，觉得可以和翼菲一起迎来一段高速发展的时期，然而翼菲即将面临的却是一个生死存亡的考验。

为了冲销售额，翼菲的创始团队作出了一系列在今天看来非常错误的决策。他们主动放弃了自己最擅长的并联机器人领域，转而尝试去接家电行业的大集成订单。这种订单如果做成了，固然会对公司的销售额有很大提升，但当时的翼菲并没有这方面的人才储备。加之客户十分强势，签订订单之后没有一分钱的预付款，要产线验收之后才付款。于是，翼菲搭上了大量的人力物力，自己垫资采购了大量的原材料。看着公司急剧流失的现金流，张赛很快发现这种思路不对，他与合伙人进行沟通，提出及时止损放弃，回归主业，但没能达成一致。与此同时，合伙人又在公司规模尚小的情况下，坚持推行 BU 制（业务单元独立核算），这样又使得本来就很紧张的技术资源由于 BU 的限制，变得更加难以统筹调动。到 2015 年年底，公司业绩不但没有长进，还产生了大量无法交付的项目，大额垫资全部打了水漂。于是，内忧外患之下，翼菲在 2016 年年初终于走到了现金流断裂的绝境中。

为了挽救公司，张赛从父母处借出了他们打算用来买房子的一笔钱，另外两位自然人股东也慷慨解囊，借钱给公司救急，先给员工支付工资，但公司的其他合伙人却不愿再拿出任何资金，甚至还提出要张赛回购股份，退出公司。在这段最痛苦的日子里，公司长达 3 个月的时间无法给员工支付工资，但翼菲的 40 多名员工却相信张赛可以力挽狂澜，重新将公司带回正轨，无一人离职，甚至还自掏腰包去出差，去维护客户，去扶持项目。这些都让张赛无比感动，他暗暗立下誓言，但凡还有一口气在，也一定会挽救翼菲。

此时摆在张赛面前的有三座大山要迈过：一、合伙人出了问题，要更换公司的管理层；二、现金流已经断裂，要筹集公司运营以及回购合伙人股份的资金；三、以往投资协议中的对赌触发，要想办法让原有投资人取消对赌。张赛在与一些投资人接触之后，明白只有靠自己的力量解决这三个问题，才有可能为公司融到救命的资金，重获新生。

这真的是张赛人生中的一段至暗时刻，过往一直顺风顺水的学霸几乎被逼入了山穷水尽的境地，他的胸口像被一块千斤巨石压着，无法透过气来。他想挣扎，想咆哮，但这些都于事无补。要想让这四十多位优秀的员工不至于失业，要想让支持自己的投资人不至于失败，要想让信任自己的客户和供应商不遭受损失，要想让翼菲这个名字继续延续下去，张赛必须承担起这个重担来！一介看似文弱的书生，在危难时刻也爆发出了惊人的决断。

张赛首先去找当时的合伙人谈判，在经历了一番非常痛苦的过程之后，终于与他达成了一致。随后，为了筹集资金，张赛先后抵押和出售了自己位于济南和北京的两套房子。家人的支持又一次发挥了关键的作用，由于张赛创业花光了自己的全部积蓄，而且为了节省公司开支，给自己开的工资又很低，所以这两套房其实是双方父母出钱购买的，如今都毫不犹豫支持了张赛的决定。但即使如此，还是不够，张赛生平第一次开口找亲戚朋友借钱。好在他多年来积累的信誉和人品发挥了作用，即使在没有任何抵押的情况下，很多人也愿意把钱借给他。这样一点一点，张赛终于凑够了公司短期运营和回购合伙人股份的全部款项。最后张赛找到先前的两轮投资人，动之以情，晓之以理，也都成功让他们取消了原有的对赌条款，并继续支持公司的发展。

张赛参加峰瑞资本年会

当翻越过这三座大山之后，张赛得到了峰瑞资本的支持，他们在这个事件中看到了一个真正年轻企业家的魄力、决心和信念。于是他们投资了翼菲，并随后见证了翼菲飞速发展的奇迹。回望这段往事的时候，张赛开玩笑地说，也许正是因为公司名字当中有"凤凰"的字样，所以才命中注定要经历一次绝境浴火、涅槃重生的过程。如今已经褪去束缚，是到了该冲上云霄的时候了。

前路犹长今启始

经历过生死的翼菲更加团结而富有战斗力，每一名翼菲员工都深知能走到今天是多么不易，自然也会加倍地爱护公司，甘于奉献。张赛迅速统一了大家的思想，取消不合时宜的 BU 制，并把业务重心重新放回并联机器人的相关应用上。这一举措立竿见影，由于翼菲在并联机器人方面深厚的技术积累和性价比优势，他们生产的机器人很快就进入许多国内外知名企业的生产线。

例如某国内知名食品生产企业，面对巨大的市场需求，急切希望对原有生产线进行升级改造，提高生产效率，更好地满足客户需求。该企业也非常重视客户体验，他们经常邀请客户到工厂来参观实际生产过程，而一条条自动化高科技产线无疑会提升公司形象。在此之前，该企业也曾找过某国内知名高校合作进行自动化改造，但后道包装环节始终没有解决好。

试用翼菲的机器人，表现出了良好的性能和稳定性，于是公司便将其主打产品所有的后道包装生产线都交给了翼菲来设计制作。这条生产线不仅包含并联机器人，还有传送带、包装机、称重机等多个设备，以及一系列为此定制开发的非标组件，具有较高难度。翼菲通过前期实验、仔细观察、与客户反复沟通等方式，从与客户签署订单到实施，翼菲仅仅用了三个多月，就成功使整条生产线顺利运转起来。在生产车间的参观走廊里，隔着巨大的落地玻璃，订货商看到整齐摆放着几十台翼菲机器人以及相应的生产线，在翼菲并联机器人快速灵动的舞姿之下，一块块产品被有序地装入盒中，并最终送到千家万户。

再如某世界五百强企业，对于设备供应商的要求一向十分严格。在此之前，他们基本都使用欧美产品，从未使用过国产机器人。翼菲团队与该企业接触后，了解到他们的痛点与具体需求，产品装箱环节用人较多，效率较低。于是翼菲便购买了一些该产品样品，在自己车间里模拟其工厂的生产情况搭建了一条小型生产线，并用它来做装箱演示。在他们专业精神的真诚感召下，该企业中国区以及全球的高层到翼菲参观考察，虽然彼时翼菲的规模不大，但其产品的专业化程度、员工的精神面貌以及企业对未来的规划都让这家世界级企业看到了这家供应商的潜质。于是，他们首次允许中国的国产机器人设备进入了车间试用。经过一段时间的成功试用后，翼菲最终也顺利获得该企业的正式订单，成为他们第一个国产机器人供应商。如今，翼菲设计制造的产线已经成功应用在该企业在中国大陆的各个工厂中，而他们全部产品的生产背后都有翼菲的一份功劳。

又例如某手机产业链中的巨头公司，使用的自动化设备除了精度高、速度快、稳定性好之外，还要求可以应用在无尘车间中，设备的自身运行要求不会对周边环境产生灰尘和杂质，同时与产品接触的部位也不能有任何污染和损伤。挑战也往往蕴藏着机遇，张赛带领的翼菲勇于迎接各种挑战。在最初供货时，由于经验不足，送去的机器人产品虽然性能上可以满足客户需求，但在外观和防尘措施上并没有达到客户的期待。翼菲产品面临着被拒之门外的危机。得到消息后，张赛当机立断，放下手头工作，连夜飞到客户所在的城市，次日一上班，就出现在了客户的工厂。进行了一番深入沟通后，张赛终于争取到了再试一次的机会。他又马不停蹄赶回了济南，组织技术人员开会，向他们传达了产品改进的意见与方向；工程师们领悟需求之后,加班加点设计,仅用两天时间便完成了图纸;采购主管亲赴供应商现场盯货,供应商也给予了大力的支持与配合,三天之内保质保量地完成供货;张赛亲自上阵,与生产部同事连续奋战两个通宵,奇迹般仅仅用时一个星期,将两套崭新的设备送到了工厂。客户表示很满意,同时,也非常赞叹翼菲的能力与效率,信任由此建立。后续,该客户和翼菲签了很多订单,每次都是时间紧、要求高、任务重,但张赛和团队想尽办法,排除万难,都成功地交付了订单,成为该客户的核心自动化供应商之一。

张赛在海外客户工厂参观考察

这样的案例还有很多很多,翼菲用自己专业化的能力和优质服务,获得了许许多多客户的认可,每个采购过翼菲设备的客户几乎都与他们建立了长久的合作关系,后续的自动化需求也都找翼菲来完成。张赛认为,客户的需求才是企业发展最大的动力,正是由于客户的严格要求,才使翼菲不断登上新的台阶。张赛非常重视突破性的创新研发,诸如湿巾粘盖、五轴理瓶、快递分拣、异形烟码垛、颗粒药包装等许多行业内的开创性应用,翼菲率先提出、研发并成功实施。张赛带领的翼菲正在逐渐成为行业的引领者,不断挑战并创造着一个又一个全新的机器人应用领域。

张赛在车间里指导机器人调试工作

功成名就未可知

时光流转,如白驹过隙,忽然而已。如今的张赛已经跨入人生的第三个本命年,翼菲也刚刚庆祝了八周岁的生日。8年里,翼菲从只有3名员工,到拥有300余人的生产研发团队;从8平方米的办公室,到济南总部一万多平方米的厂房,并在上海与杭州建立了子公司;从只有一款并联机器人产品,到轻工自动化领域全覆盖,并业务辐射到一些消费和特种行业应用;从屡屡被拒绝,到服务上百家客户,全国一半的省份中都可以找到翼菲的产品,并远销欧美和东南亚;从没有订单,到现在销售额过亿元,并且还在不断飞速增长之中。翼菲的发展速度也成为工业自动化领域中的一个标杆。

翼菲夺得了2018年第三届清华校友三创大赛先进制造行业的冠军,荣登胡润百富2018中国最具投资价值新星企业百强榜单,与清华大学合作,获得了2018中国机械工业科学技术奖一等奖。张赛本人也获得了很多殊荣,其本人最看重的,无疑是中央电视台授予的"2017CCTV中国创业榜样"的称号。当他在颁奖典礼上从中国上市公司协会会长王建宙手中接过沉甸甸的奖杯,并将它高高举起时,满场掌声雷动,灯光环绕。张赛的内心充满了激动、欣慰与自豪,这一刻,是对他以及他所开创的事业最好的肯定。

张赛在《2017CCTV中国创业榜样》颁奖典礼上

张赛的人格魅力来源于他对自身的严格要求以及对事业的执著追求，而正是这种魅力，使得他能将自己的理想与信念，传递并感染身边的每一个人，从而凝聚起志同道合的团队，可以像他一样忘我地拼搏与奉献。正因为有这样一个专业、团结而又极富战斗力的集体，翼菲才得以不断创造各种奇迹。也正是这种魅力，使得投资人相信张赛，相信这家年轻的创业公司，将资金投向他们，成为其在成长路上的坚强助力。

张赛和他的翼菲自动化的故事才刚刚开始，未来还有更多的艰难险阻、更多机会、更多惊喜在等待着他们。如果说张赛最初创业的想法只是趁着年轻去闯一闯，锻炼能力，证明自身的价值，时至今日，张赛认为创业最大的价值就是自己所做的这番事业，改变了很多人的命运，可以使这个世界变得更加美好。张赛的梦就是翼菲的梦：成为一家世界级的中国机器人公司。相信这个梦想很快就会实现！

"行路难，行路难，多歧路，今安在？"**但在歧路中，有这样一个人，踏破荆棘，执着地去追逐自己的梦想**，坚定地要做中国的机器人品牌。他就是张赛，而"追梦"亦是他人生的关键词。

志存高远，昂扬启航。 张赛的梦想来源于他的少年时代，动画片《变形金刚》里的"Transformers, more than meet the eye!"让他从小就渴望拥有一个属于自己的机器人。为了实现梦想，他不懈地努力：放弃重点院校保送资格，毅然参加高考，考入清华大学；在大学期间努力修学分、学技能，成绩名列前茅。而后，他又放弃了直博资格，远赴重洋求学。求学生涯中，张赛选择的是与机械和自动化相关的专业，清华大学和哥伦比亚大学培养了他成为优秀工程师的理论基础，5年工业企业的工作生涯磨练了他丰富的实践经验。在工作的过程中，张赛敏锐地发现了国内工业自动化水平相对较低、生产产线急需升级改造的痛点。他认为，解决这个痛点的关键在于工业机器人和自动化生产线。在多方对比研究后，他选择了一种当时新兴的工业机器人种类——并联机器人。这是一种以并联机构为基础而搭建的机器人种类，其高性能的特点使它可以广泛应用于多个领域，能够极大程度上减少企业人力成本、提高生产效率、保障产品质量。当时，国际并联机器人种类少、价格高昂，国产机器人厂商采用的办法一般都是买来国外的机器人成品，再拆开仿制研究。张赛拒绝走这样的"捷径"，他决定从最基础的理论开始，从头搭建机器人体系，坚持自主研发。怀抱着打造属于中国人自己的机器人品牌的理想，张赛开始了他"翼菲冲天"的创业之路。

夜以继日，为梦想拼搏。翼菲成立之初，张赛掏出自己全部积蓄投入到项目之中。当时，整个团队只有3个人，为了不影响周边其他公司正常工作，他们经常是夜深人静时才进行打孔、切割等工作。8平米左右的办公室，连人带设备都挤在里面，在调试大功率机器时，偶尔引起跳闸，造成全办公室的断电，张赛甚至面临被物业负责人赶出去的窘境。就是在这样艰苦的条件下，创始团队夜以继日，解决了一个又一个困难。在参加山东省第七届海洽会前，张赛年近六旬的父亲也跑来帮忙进行机器装配，每天跟大家加班到凌晨。在大家的努力下，翼菲的机器人产品性能和稳定性不断提高，真正成为了一款经得起客户现场环境考验的机器人。此后，产品逐渐打开了市场，开始应用到各个领域。与此同时，张赛也开始寻求与资本市场的对接。2015年，张赛带着他的并联机器人项目，一路过关斩将，夺得了当年黑马创新创业大赛硬件与先进制造行业的冠军，吸引了台下就坐的投资人们。凭借可可资本、常春藤资本等机构对翼菲的Pre-A轮投资，公司发展蒸蒸日上。

踏破荆棘、破釜沉舟，置之死地而后生。融资的过程艰难，而融资之后，公司同样面临着巨大的考验。为冲销售额，翼菲的创始团队作出了一系列在今天看来是非常错误的决策。他们放弃了自己最擅长的并联机器人领域，转而尝试去接家电行业大集成的订单。翼菲搭上大量的人力物力，自己垫资采购大量原材料，但效果不尽如人意。看着公司急剧流失的现金流，张赛很快发现这种思路不对，他与当时的合伙人沟通，提出及时止损，回归主业，但没能达成一致。2015年年底，公司业绩不但没有长进，反而产生了大量无法交付的项目，摆在张赛面前的是三座大山：更换公司管理层；现金流已经断裂，需回购合伙人股份的现金；让原有投资人取消对赌。为筹集资金，张赛先后抵押和出售了自己位于济南和北京的两套房子，也平生第一次开口借钱。在动用一切资源解决了所有问题后，张赛终于得到了峰瑞资本的支持，公司得以涅槃重生。经历过生死的翼菲更加地团结而富有战斗力，他们一扑纳心地投入到并联机器人相关应用上，很快产品就进入了国内外知名企业的生产线上，客户包括国内知名食品生产企业、世界五百强企业、手机产业链中的巨头公司……张赛带领着公司完成了一个个近乎苛刻的要求，不断创造着一个又一个奇迹。

未来已至，时光流转，逐梦可期。 如今，翼菲已经走过了八周年。在这八年里，翼菲从只有三名员工，到拥有三百余人的生产研发团队；从只有八平米的办公室，到济南总部超过一万平米的厂房，并在上海与杭州建立了子公司；从只有一款并联机器人产品，到轻工自动化领域全覆盖。伴随着公司的发展，张赛也一路成长，他从一个单纯的工程师和生产主管，真正蜕变为企业领航人，并全新开启打造世界级的中国机器人公司这一梦想征程。张赛和翼菲自动化的故事才刚刚开始，未来可期，梦想也一定会实现。

15

历经艰辛矢志不渝，攻艰克难创新不辍，产业报国初心不改——同方威视

作为中国高等教育的中流砥柱，清华大学以服务国家重大战略要求、推动世界前沿科技创新、培育高水平工程科技人才为核心使命，深度参与国家创新驱动发展战略的实施。

20世纪90年代，随着经济全球化趋势的加强和国际贸易往来的频繁，利用集装箱走私的活动也越来越猖獗，严重破坏了社会的经济秩序，干扰了我国改革开放的进程。打私查危任务变得越来越艰巨。

1991年，中国海关装备了英国宇航公司、德国海曼公司的两套固定式大型集装箱检查系统，装备深圳文锦渡海关，取得显著效益。但是，这种进口设备非常昂贵，一套完整系统的报价高达1000多万美元，每年的维护价格也十分高昂，即使用来装备国家最主要的几十个海关口岸，国家财力也无法承受。因此，开发出中国自己的大型集装箱检查技术，势在必行。

国家高度重视这一工作。在海关总署引进国外设备的同时，国家科技部将"大型集装箱检查系统研究"列入国家科技攻关计划，清华大学承担了项目的研究。该项目于1996年1月通过了国家科委和国家教委的联合验收，使我国成为继法国、德国、英国之后世界上第四个拥有这一技术的国家。这之后，"大型集装箱检查系统"开始了艰辛的产业化之路。

一群为国家战略使命呕心沥血的清华人

"大型集装箱检查系统研究"项目是要把高科技转化成经济、市场的力量,为国家解决实际问题。该项目所取得的科技成果引起国家的高度关注,多次批示清华要早日完成产业化,为海关提供打击走私的利器。

1997年,清华大学领导果断决策,由清华大学企业集团归口负责大型集装箱检查系统的产业化工作,确定了以实体公司为主要承担单位的产业化运作方案。同年6月,同方股份成功上市,投资3000万元,与清华大学共同实施"大型集装箱检查系统"产业化项目,成立了清华同方股份有限公司核技术公司,负责大型集装箱检查系统产业化工作。这个核技术公司,就是同方威视的前身。该公司以国家迫切需求为背景成立,把大型集装箱检查系统的产业化作为自身责任和使命。

清华大学拥有全国乃至全世界一流的师资力量,其中工程物理系在直线加速器、探测器、核电子学、图像信息处理等学科拥有一批德高望重的专家教授,他们长期积累的研究成果为大型集装箱检查系统的研发及科技成果转化奠定了坚实基础。

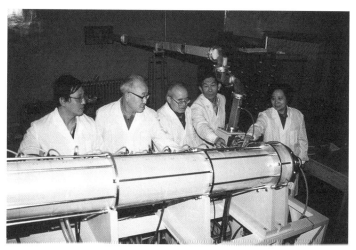

核心部件加速器研发现场图片

为配合产业化运行机制的转换,清华大学在人才任用体制方面锐意改革,鼓励一批科研专家投身高科技的产业化进程。1997年,针对大型集装箱检查系统的技术特点和产业化需求,在科技攻关阶段担任专题负责人的清华大学工程物理系康克军教授带领高文焕、苗齐田等一批专家学者开始了"大型集装箱检查系统"艰辛的产业化之路。胡海峰、陈志强等当时作为工物系在读研究生,也参与到这一国家重大攻关项目中来。

集装箱检查系统的产业化驶入了良性发展的快车道。

1998年,同方威视获得中国海关10套固定式集装箱/车辆检查系统的订单。与此同时,国务院要求清华大学一年之内拿出车载移动式大型集装箱/车辆检查系统样机,如果"清华做不出来,就从国外进口"。但在当时,谁都不知道移动式究竟是什么样子,连基本概念都没有。

1998年,同方威视国内第一套固定式大型集装箱/车辆系统落户天津东港海关

为了圆满完成国家任务,同方威视的创业者们不知度过了多少个不眠之夜。在密云基地,高文焕教授发誓,做不出车载移动系统,就不刮胡子;苗齐田教授奔走各地,找人加工机器,不管是设计还是加工环节,力保设备不出一点问题。在车载移动式大型集装箱/车辆检查系统的最后调试阶段,他们连续奋战了七天七夜,一步一步排除干扰,1999年5月调出了扫描图像,仅用了10个月的时间就完成了任务,研制出了世界首套采用加速器为辐射源的车载移动式集装箱/车辆检查系统产品样机,系统性能达到国际领先水平。接下来,研发团队再攀高峰,于同年6月研制出了世界首套组合移动式集装箱/车辆检查系统。

正是这样一群为国家战略使命呕心沥血的清华人,不仅提前两个月完成了国务院的要求,还使同方威视一跃成为全世界安检领域的技术引领者。

高文焕教授更是把自己的一切都毫无保留地献给了这份他热爱的事业，于2004年累倒在工作岗位上。

同方威视的创业者们始终没有停下前进的脚步。他们提出"办好企业，成就事业，服务社会，报效祖国"的信念，提出"以国家战略需求为己任，为国家做一些有意义的事情"的办企业宗旨。始终牢记使命责任，始终坚定理想信念，始终坚持企业发展与国家战略相适应、相结合，成立伊始，同方威视无时无刻不在关注祖国发展，在国家整体需求中定位和把握企业的发展重点，在国家战略的大局规划中思考和谋划企业的前进方向。无论是承担国家"八五"攻关项目、实施H986工程，还是响应国家"走出去"战略、建设创新型国家，都信念坚定，矢志不渝。

林郁正、童德春、刘以农、唐传祥、陈怀璧等清华大学工程物理系的专家、学者在同方威视市场开拓方面作出了突出的贡献。在一些出口关键场合，由于工作需要，他们也需要"走到前台"，与客户的专家、学者进行交流。林郁正教授为了出口韩国合同的签署，专门与韩国的学者联系，通过他们将同方威视产品技术的特性介绍给客户。与同方威视最早签署订购合同的澳大利亚海关，专门派专家来到工物系进行交流。他们不仅看重同方威视的设备，更看重支撑其发展的研究力量和技术水平。工物系的专家、学者们也以这一在自己的研究成果基础上发展起来的高科技企业为荣，他们不断推出新的研究成果，经常在国际会议上发表文章，介绍与同方威视相关的研究工作，从另一个侧面扩大了同方威视在世界上的影响力，成为清华高科技走向世界的积极推动者。

20多年来，经过以康克军、胡海峰、陈志强为代表的三代领导集体的不懈努力，同方威视从一个名不见经传的小公司发展壮大成为与欧美竞争对手三分天下的安检领域知名企业；从一家安检设备供应商发展成为综合安全解决方案提供商；从当初注资3000万元成立公司到现在的销售收入超过50亿元人民币；产品种类从单一品种发展到30多个系列300多个品种，拥有全球安检行业内最完整的产品线序列；生产能力从过去仅生产几套设备到如今每年生产150余套大型集装箱检查系统和5000多台小型安检设备，生产基地也从北京密云一地扩展到江苏、波兰、巴西，形成了全球化的生产布局；员工人数从10多人发展壮大到4000多人，其中包括来自30多个国家的近500名外籍员工；从只有一个注册公司到控参股企业达到30

多家；从2001年同方威视设备销售到澳大利亚实现海外市场零的突破，到现在设备遍布全球170个国家和地区；从当初为中国海关装备现代化查验工具，只有一个海关客户，到目前业绩覆盖海关、民航、铁路、轨道交通、邮政物流、公安司法、环保、核电、辐照质检、冶金等诸多领域。

同方威视密云产学研基地

如今的同方威视，在全球安检市场位居全球第三。其中，在全球货物车辆检查系统的市场占有率连续9年保持第一。2016年开始，同方威视手提、托运行李的市场占有率成功跻身全球前三甲。

作为清华大学的高科技企业，满足国家战略需求、让中国更安全、让世界更安全是历史赋予同方威视的光荣使命。从查私到查危，从打私到反恐，从一开始的满足国家战略需求到新时期的"让世界更安全"，同方威视的使命不断得到传承和升华。正是因为坚持了国家战略需求这个责任，正是因为牢记着让世界更安全的使命，同方威视才得以快速发展和不断壮大，才能在各方面取得令人瞩目的成绩，才能走出一条不平凡的发展创新之路。

这所有的一切，都是这群投身产业化的清华人矢志不渝的坚定信念和无怨无悔的崇高追求。

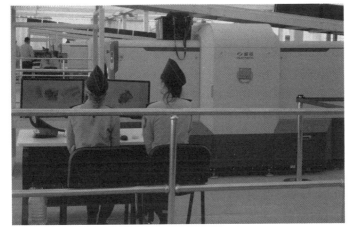

同方威视CT型行包检查系统护航哈萨克斯坦阿斯塔纳世博会

一条永不言弃的信念

同方威视最初是为了承担清华大学大型集装箱检查系统科技成果转化任务成立的,党和国家领导人对科技成果转化的高度重视给了同方威视的开拓者极大的鼓舞,也为他们指明了前进的方向。

清华大学对科技成果转化工作,从政策、资金等方面给予了很多支持和帮助,增添了同方威视开拓者的信心和力量。这些开拓者和清华大学的专家学者一起,以巨大的智慧和勇气,自强不息、艰苦奋斗,为科技成果转化探索出了一条成功之路。

同方威视的开拓者有着一条永不言弃的信念,那就是不忘初心、心无旁骛,坚持科技成果转化。

同方威视20多年的发展,从时间上主要分为"一五"到"五五"五个发展阶段。"一五"和"二五"阶段,在康克军、胡海峰等领导的带领下,同方威视探索出一条科技成果转化的成功之路,圆满完成了中国海关H986工程项目,成功实现了"走出去",为我国核技术应用的发展作出了积极贡献。到"二五"末期,公司经营规模实现大跨越,业务发展稳步增长,技术创新能力显著增强,管理工作日趋完善,确立了以"亮剑"精神为核心的企业文化。

"三五"阶段企业经营变数增加,业务工作一度面临较大困难。同方威视时任总裁陈志强以破釜沉舟的勇气和敢想敢干、不怕失败的决心，正视国际金融危机的影响以及欧盟启动的反倾销制裁，带领公司主动求变，大胆进行产业结构调整改革，陆续建立了多个区域中心，探索尝试组建国别特区。根据形势变化，适时和大胆提出以建立事业部这种专门组织形式来承担重大科技成果转化课题和项目。成立事业部团队，将市场、研发、设计、售后服务等各类人员融为一体，大大提高了成果转化效率，缩短了成果转化周期，提升了市场竞争力。凭借这种勇气和毅力，加上积极的创新实践，同方威视赢得了成功，到"三五"末，同方威视的销售收入止跌回升，"四五"阶段更是实现了持续稳步增长。

在现阶段，同方威视紧密围绕科技成果转化这条永不言弃的信念，以科学发展观为指导，紧密围绕"立足安全领域，做全球安检行业的领导者；成为安全领域新技术、新产品的引领者"的战略定位，全面贯彻落实"五五"战略规划，围绕"一个发展目标"，奋力打好"三大攻坚战"，调控风险，促进改革，持续创新，创建引领全球安检行业技术发展、在全球产业发展中具有话语权和影响力的领军企业，为努力成为践行创新发展理念、提供优质产品和服务、履行社会责任、拥有全球知名品牌形象的典范企业而不懈努力。

一种开创先河的科技成果转化模式

同方威视成立后，以康克军为代表的同方威视开拓者，率先提出并建立了"带土移植、回报苗圃"的科技成果转化模式。

同方威视与清华大学建立了风险共担、利益共享的互利机制，确保了双方长期紧密的合作关系，为科技成果转化提供了根本保证；同方威视建立了配套的人才队伍，重视发挥团队群体优势，为科技成果转化提供了重要保障；同方威视重视加强创新能力建设，形成了相辅相成的核心技术体系，为科技成果转化创造了必要条件；同方威视迅速建立了现代化生产基地，搭建了产品开发平台，为科技成果转化提供了坚实基础。

科技成果转化的逐步深入助推了同方威视与清华大学之间产学研的合作发展。近年来，同方威视每年支持清华大学科研经费和技术使用费等各类科研经费超过1亿元，通过建立学生奖学金、励学金、海外优秀人才引进基金等方式,累计向清华大学捐款1000多万元。同方威视建立并采取了技术使用费的回报机制,明确了校企之间的利益关系,夯实了产学研长期健康发展的基础。除技术使用费外,同方威视以多种形式积极参与学校学科建设、人才培养等工作。同方威视对清华大学的暗物质探测、汤姆逊散射等物理前沿探索研究给予了很大支持,与工物系、电子系、自动化系等共建了危爆物品扫描探测国家工程实验室,参建了清华大学锦屏地下实验室,向清华大学艺术博物馆、新清华学堂等捐赠了数套安检设备,促成了清华大学工物系和泰国朱拉隆功大学、马来西亚国民大学联合筹建加速器实验室工作。作为集生产制造、研究开发、教学试验、培训参观等功能于一体的密云产学研基地,同方威视已经成为清华大学校外人才培养基地和清华学生重要的实习场所。2012年以来,人才培养基地已接待清华大学工物系暑期实习学生、核学科夏令营活动和其他专业人员考察近2000人次。

清华大学工物系师生赴同方威视泰国设备现场进行暑期实践

在学科建设、人才培养以及科研开发等方面,同方威视与清华大学工程物理系积极开展合作,时任总裁胡海峰提出并与工物系达成了"六个共同":共同投入资源、共同面向需求、共同研究开发、共同享有知识产权、共同承担风险、共同分享收益。在此基础上,2004年,双方成立了联合研究所,2012年升级为清华大学安全检测技术研究院,2015年建立了公共安全协同创新中心,搭建了具有威视特色的以企业为主体、以市场为导向、产学研相结合的创新机制平台。

胡海峰在任期间,适时提出"同建新苗圃、播种共培育、互利齐发展"的新理念新思路,将"产学研"拓展到"产学研用",在"面向用户、与用户合作、现场试用、让用户认可"上下功夫。产学研用相结合,满足了国家重大战略需求,深化了合作对接,促进了产学研合作模式的深入发展,这是同方威视推动高科技成果转化向纵深发展的又一次成功实践。

一种牢不可破的发展理念

综观同方威视20多年的发展史,认真梳理威视人遵循的法则,就会发现,他们始终把理念创新放在企业发展全局的核心位置,在实践中与时俱进,大胆创新,解放思想,实事求是,也就是一切从企业实际出发,在发展中研究新情况,解决新问题,探求和把握企业发展的客观规律。

在"四五"初期,同方威视的发展面临着一些短板和隐忧,比如单一产品、单一行业占比过于集中,新产品、新业务发展不均衡,企业的总体抗风险能力较弱等。公司管理层敏锐地意识到公司存在的问题,并通过一系列举措,使同方威视步入发展的快车道,迎来企业发展战略转变和经营模式转型的最佳机遇期。

陈志强董事长提出了"用新思路寻找新出路、以新理念引领新发展"的战略指导思想。他指出,要正确认识公司发展的"新常态",准确研判环境态势,做到因势而谋、应势而动、顺势而为,及时抓住新形势下的战略机遇期,激发企业发展的内生动力和活力,牢牢把握发展的主动权。

同方威视始终把"理念创新"摆在企业发展全局的核心位置,注重解决企业发展方向问题。发展理念管全局、管根本、管方向、管长远,直接关乎同方威视的发展成效乃至成败。"常制不可以待变化,一涂不可以应万方",唯有顺应国内外发展大势和行业发展趋势,敢于创新和突破,才能找到同方威视的发展之路。面对当前全球反恐形势升级的挑战和国内产业结构大调整的机遇，在陈志强董事长的带领下，同方威视解放思想，敢于突破，积极跻身安检行业的主战场，把握未来安检行业的发展走向和趋势。突破固有理念，突破原有模式，把创新作为引领发展的第一动力，把人才作为支撑发展的第一资源，形成了以创新为主要引领和支撑的管理体系和发展模式。

正是由于同方威视始终坚持了解放思想、实事求是的发展理念，坚持了主动求变，坚持了以新思路寻找新出路、以新理念引领新发展的改革思路，最终推动了企业从技术驱动积极转向市场驱动和行业驱动，推动了产品结构的不断优化升级。

正是在这种创新理念的引导下，全体威视人迎难而上，主动求变，开拓创新，培育、引进、发展出了一批新技术和新产品。同方威视积极融入大数据、云计算、人工智能等新的发展趋势，改造和重塑了创新体系和架构，逐步培育了新的产业发展模式，保持了企业经营规模和盈利能力的持续增长，圆满完成了发展目标和任务，为实现同方威视梦想迈出了坚实的步伐。

一面指引前行的旗帜

同方威视成立以来的 20 多年间，从未停止过技术创新的脚步。在同方威视成立 10 周年的时候，确立了"探索一代、培育一代、研发一代、生产一代"的自主创新产品开发路线。为了适应技术变革、客户需求和业务发展带来的新变化，后来的 10 多年间，同方威视在自主创新的基础上，积极探索引进创新、合作创新、集成创新等创新模式，实现了"人无我有，人有我优"的竞争优势。可以毫不夸张地说，技术创新是同方威视一面指引前行的旗帜。

同方威视的技术创新分为自主创新、引进创新和合作创新三种方式。

同方威视获评制造业单项冠军示范企业证书

自主创新是保持同方威视核心竞争力的根本,也是同方威视得以长久生存和不断发展的关键。同方威视敢于自我否定和自我超越,以市场为驱动,不等不靠,以清华大学为研发创新的坚实后盾,用最快的速度创新开发出基于CT技术的行包检查系统。技术创新酝酿了新一代产品,新一代产品拓展了新的市场,形成了产学研用的良性循环。

对同方威视而言,引进创新是快速融合其他专业先进技术的手段,将由此在交叉学科领域产生具有原创性的新技术。离子迁移谱技术的成功就是同方威视针对市场的迫切需求,采取外部引进和内部创新相结合的方式,在消化吸收基础上再引进、再创新的成功案例。经过不懈努力,同方威视拥有了离子迁移谱技术的全部知识产权,申请相关国内外专利332件,在国内外市场累计销售额超过7亿元。

合作创新是同方威视与合作伙伴发挥和融合各自核心技术,快速进入相关行业的重要途径,也是同方威视掌握关键部件核心技术的重要手段。通过与澳大利亚、欧洲等国际上一些先进的研究机构合作,同方威视开展了前瞻性、先导性和探索性的重大技术研究,成功研发出金矿品位在线分析系统、快中子射线融合成像系统,为未来技术更新换代和新兴业务发展打下了重要基础。

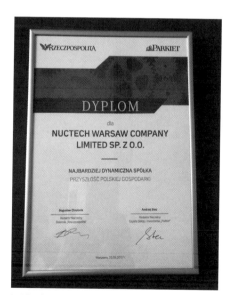

同方威视华沙公司获波兰最具活力和创新能力中小型企业奖

持续的技术创新,产学研用的高效转化,有力地推动了同方威视跻身国家创新企业行列。2009年,同方威视被认定为国家级企业技术中心分中心;2012年,被认定为国家创新型试点企业;2017年,被认定为国家技术创新示范企业、中国制造业单项冠军示范企业。

创新是适应新常态、赢得新发展的核心,创新也是同方威视制定发展战略、提高企业核心竞争力之本,创新,已经成为威视人的内在基因和工作常态。

技术创新,永远在路上。

一个能够抓住时代机遇的企业

同方威视是一个能够抓住时代机遇的企业。

同方威视在发展壮大的 20 多年间，抓住了每一个历史机遇期，成功实现了三个历史时期的"走出去"，即：抓住机遇走出去、转危为机走出去、"一带一路"走出去，有效地推进了公司全球化进程，增强了企业的综合实力。

一是抓住机遇走出去。为了响应国家"走出去"战略，同方威视制定了"借船出海"和"突破、布点、收获"的海外市场策略，广泛参与国际市场竞争，加大技术创新力度。继成功签约澳大利亚项目实现海外市场零的突破后，大型货物车辆检查系统海外市场份额迅速增加，同方威视从一个国内名不见经传的小公司发展壮大成为国际安检行业的知名企业。

二是转危为机走出去。"三五"初期，同方威视面临国际金融危机和欧盟反倾销的严峻挑战。危机是一场灾难，会使原本激烈的市场博弈进一步白热化；危机也是一次机遇，促使企业反思传统发展模式的弊端。随着国际金融危机影响加剧，全球各大经济体之间的贸易保护主义会进一步抬头。如果不主动求变，谋划实现持续发展的新思路和新举措，企业有可能会在这种危机中覆灭。在那个时候，同方威视要真正进入欧洲市场，就必须下大力气推动欧盟本地化生产工作。同方威视分秒必争，迅速组建了欧洲本地化生产团队，积极拓展欧盟本地化生产供应链资源。面对各种困难，同方威视沉着应对，经过 6 年不懈的坚持和努力，成功地走出了危机，在欧洲站稳了脚跟！

目前，同方威视华沙公司已经有波兰籍员工近百人，当地员工数量占比超过 90%。凭借过硬的实力，华沙公司成功列入欧盟合格供应商名单。2017 年 5 月，华沙公司获颁波兰最具活力和创新能力中小型企业奖第一名，2018 年 1 月，获得《福布斯》杂志波兰版钻石奖，为同方威视的全球化布局迈出了坚实的一步。

三是"一带一路"走出去。2013 年，国家提出"一带一路"倡议，同方威视紧紧抓住这一重要历史机遇，积极推动高科技产品"走出去"。同方威视积极响应，研发了关键核心器件电子关锁，并实现产品化；哈萨克斯坦、亚美尼亚等国口岸现代化项目的实施，推动了所在国的通关便利化。

同方威视根据"一带一路"科技创新行动计划,积极展开科技合作与交流,同方威视和清华大学工程物理系合作,与泰国、马来西亚大学共建加速器联合实验室,不仅为学校科技人文交流作出了贡献,也进一步提升了同方威视品牌在"一带一路"沿线国家的高科技形象。2017年,同方威视在荷兰成立了欧洲研发中心,推动了中欧高科技安检领域的合作,共同研发高科技安检产品,服务欧盟及"一带一路"沿线国家。通过"一带一路"走出去,更加坚定了同方威视走全球化发展道路的信心和决心。

装备在波兰泰雷斯波尔的同方威视火车检查系统是世界上首创的跨三轨火车安检系统

一种融进血脉的精神传承

在清华系的企业中,提到"亮剑"精神,马上就会让人联想到同方威视。"亮剑"精神并不是一个简单的标签,而是融入威视人血脉的一种精神,一种企业文化,一种传承与发扬。

同方威视秉承清华大学"自强不息,厚德载物""行胜于言"的校训校风,以及同方"承担、探索、超越""忠诚、责任与价值等同"的企业文化,通过自身不断实践,形成了以"亮剑"精神为核心的企业文化。同方威视广大干部、员工自觉践行"亮剑"精神,书写了一个个感人肺腑的动人事迹,使同方威视的凝聚力、战斗力明显增强。以"亮剑"精神和奋斗文化为核心的优秀企业文化成为同方威视前进的强大动力。进入"五五"发展阶段,同方威视提出"创新引领、超越担当"的新时期同方威视企业文化,旨在进一步传承"亮剑"精神、奋斗文化并赋予其新的特色。

加强党的建设,弘扬企业文化,是同方威视不断发展壮大的根本保证和精神动力,是同方威视凝聚力和创造力不断增强的重要源泉。

同方威视组建不久就成立了党支部,当时的党员只有几个人。2017年11月,清华大学党委研究并同意成立同方威视党委,翻开了同方威视党建工作新篇章。目前,同方威视党委下辖27个党支部,党员人数超过500名。

同方威视党建活动

20多年来,同方威视安检产品遍布全球170多个国家和地区。无论是在国内的设备维护现场还是在海外的产品值守站点,无论是在条件艰苦的地区还是在恐怖活动频发的国家,无论是在严重缺氧的高原还是在孤独寂寞的边疆,无论是在烈日炎炎的盛夏还是在冰冷刺骨的寒冬,只要有同方威视的安检产品,就会有同方威视党员的身影,就会有同方威视员工的足迹。以党员、干部为代表的同方威视人,发扬大无畏的"亮剑"精神,恪尽职守,无私奉献,抢挑重担,勇敢向前,奋斗拼搏,以自身的优异表现赢得了客户的赞誉,他们以自身的出色业绩为同方威视发展作出了贡献。他们不仅是国家"走出去"战略的先行者,"一带一路"倡议的践行者,也是中国文化的传播者、中国和其他国家友谊的美丽使者。

伟大的事业需要崇高的精神，崇高的精神支撑和推动着伟大的事业。一代又一代的威视人，践行"亮剑"精神，用实际行动书写奋斗文化，为同方威视的发展注入了强大的精神力量。

结　　语

"让世界更安全"是威视人用毕生精力为之奋斗的愿景。习近平主席在2019年的新年贺词中提道："成就是撸起袖子干出来的，是新时代奋斗者挥洒汗水拼出来的。"前行的道路充满艰辛，伟大梦想依靠双手和智慧来成就。

愿同方威视在时代的洪流中稳健而坚定地沿着既定方向扬帆起航、劈波斩浪。祝同方威视越来越好。

时间回溯到20世纪90年代，利用集装箱走私的活动越来越猖獗，严重破坏了社会的经济秩序，"打私查危"的任务越来越艰巨。在当时，国际固定式大型集装箱检查系统非常昂贵，一套高达1000万美元。因此，开发出中国自己的大型集装箱检查技术迫在眉睫，为了攻克技术难关，同方威视应运而生。

呕心沥血，肩负国家安检使命。1998年，同方威视获得中国海关10套固定式集装箱车辆检查系统的订单。为了完成国家任务，同方威视的创业者们度过了无数不眠之夜。调研、系统设计、加工……所有的环节都一丝不苟。在最后的调试阶段，创业者们连续奋战了七天七夜，一步一步排除干扰，调出了扫描图像，完成了系统，同时也使系统性能达到国际领先水平。这些工作者将自己的一切奉献给了事业，甚至累倒在工作岗位上也在所不辞。就这样，一群为国家战略使命呕心沥血的清华人，不仅提前完成了国务院的要求，还使同方威视成为世界安检领域的技术引领者。这样的忘我精神被一代代传承，经过20多年的发展，同方威视从一个名不见经传的小公司成长为拥有世界顶尖生产力的国际知名企业，销售收入超过50亿元人民币，安检产品种类也从单一品种发展到30多个系列300多个品种。这一切都离不开同方威视工作者的使命感与奉献精神。

与时俱进，坚持新技术引入、研发，顺应行业趋势。在发展的过程中，同方威视始终把理念创新放在发展全局的核心位置，在实践中与时俱进。公司的发展曾面临着一些短板，比如单一产品、单一行业占比过于集中，新产品、新业务发展不均衡，企业的总体抗风险能力较弱等。面对这些问题，公司坚定地顺应行业发展趋势，迎难而上，主动创新，培育、引进、发展出了一批新技术和新产品。同方威视积极融入大数据、云计算、人工智能等新技术，改造和重塑了创新体系和架构，逐步培育了新的产业发展模式，同时引进大量技术人才，保持了企业经营规模和盈利能力的持续增长。

自主创新，坚守使命，提升核心竞争力。理念创新外，同方威视还十分注重技术创新，兼顾自主创新、引进创新、合作创新三种方式。公司不断进行自我超越，以清华大学为研发创新的坚实后盾，用最快的速度开发出基于CT技术的行包检查系统，酝酿新的产品，拓展新的市场。同时，公司积极引进专利技术，并与国内外先进研究机构进行重大技术研究合作，研发出金矿品位在线分析系统、快中子射线融合成像系统等，为新兴业务发展奠基。先进的理念创新，持续的技术创新，产学研用的高效转化，使同方威视不断提高核心竞争力，跻身国家创新示范企业行列。

抓住时代机遇，紧随国家"走出去"号召，走向全球化。在同方威视发展壮大的20多年间，公司抓住了每一个历史机遇期，成功实现了三个历史时期的"走出去"。首先，为了响应国家"走出去"战略，同方威视制定了精准的海外市场策略，积极参与国际市场竞争，继成功签约澳大利亚项目实现海外市场零的突破后，不断拓展国际市场份额。同时，在面对危机和挑战时，公司全力以赴，化危机为机遇。同方威视曾面临国际金融危机和欧盟反倾销的严峻挑战，但是公司并没有退缩，而是迅速组建了欧洲本地化生产团队，拓展欧盟本地化生产供应链资源。经过几年的不懈努力，成功走出了危局。2013年，国家提出"一带一路"倡议，面对这一历史重要时机，同方威视把握住了机遇，研发出了"电子关锁"，并将其产品化。同时，公司在哈萨克斯坦、亚美尼亚等国口岸推动现代化项目的实施，实现了所在国的通关便利化。此外，同方威视与清华大学工程物理系合作，和泰国、马来西亚大学共建加速器联合实验室,既为学校科技人文交流作出了贡献,也进一步提升了同方威视在"一带一路"沿线国家的重要作用及高科技品牌形象。

"自强不息,厚德载物"是清华大学的校训,亦是同方威视一脉相传的"亮剑"精神。同方威视秉承"承担、探索、超越""忠诚、责任与价值等同"的企业文化,以超乎寻常的奉献精神、创新精神发展企业,同时抓住时代机遇,走向全球化,实现企业"让世界更安全"的理想,践行责任的使命。

16

**同方环境
20载**

2003年,一场突如其来的"非典"灾难,使得防治"非典"成为我国应急管理的头等大事。由于长期以来我国医疗机构的环境保护设施建设普遍滞后,医院废水和医疗垃圾无害化处理一直是我国环境污染防治工作的"短板"。"非典"疫情的暴发使医疗废物的处理面临巨大的考验,这也正好给了一家创建仅四年的环保公司带来了发展的契机。怀着强烈的责任感与使命感,这家公司组织精锐的力量,全力投入到医疗废物(危险废物)无害化处理装置的研发中。夜以继日的加班,24小时全天候的工地试验,管理团队、研发和施工人员冒着可能被感染的巨大风险,在严峻的形势下克服了难以想象的困难,"非典"期间在全国十多个省(区、市)建成了30多个大型医疗垃圾处理设施,并应用了累积的40余项专利技术,保障了医疗垃圾处理设施各个环节安全达标,为抗击"非典"作出了贡献,受到了国家教育部的表彰。企业自身实力和声誉也得到了提升,自此公司迈入了良性发展的快车道。这家公司就是同方环境股份有限公司。

同方环境股份有限公司注册成立于2003年9月,但其孵化培育始于1999年。经过20年的发展建设,公司持有环境工程(大气污染防治工程、固体废物处理处置工程、水污染防治工程)专项设计甲级和咨询(生态建设和环境工程）甲级资质、机电工程施工总承包资质、市政公用工程施工总承包资质、环保工程专业承包资质，并已通过ISO 9001、ISO 14001和ISO 45001国际体系认证；承担了多项国家863及973科研课题。截至目前公司已拥有116项发明专利及实用新型专利，并被列入国家级重点环保项目的核心技术名单；在烟气脱硫、烟气脱硝、烟气除尘、垃圾焚烧处理、污泥干化焚烧、资源综合利用及绿色能源等领域均处于国内领先水平，已成为中国环保产业骨干企业、全国环保优秀品牌企业、北京市科技创新型企业和中关村"十百千工程"重点培育企业。

公司以先进的技术、科学的管理、高精的质量建成了数百个节能环保精品工程，其承建的北京市鲁家山生活垃圾焚烧发电工程被录入中央电视台的大型纪录片《超级工程3》；山东大唐临清热电厂"上大压小"新建项目获得2018—2019年度国家优质工程奖；华电十里泉电厂超低排放项目获得2018年度电力建设科技进步一等奖；江苏华美2×350MW热电联产项目脱硫工程获2017国家优质工程奖等荣誉，为我国节能环保事业作出了重要贡献。

创业始于理想

20年卧薪尝胆，20年风雨兼程。时至今日，习近平主席的"绿水青山就是金山银山"已经深入中国普通民众的心中。但时间退回到1999年的春天，环保对于老百姓而言，似乎还是可有可无的事。而中国的脱硫市场已经悄然并缓慢地启动，只是当时的环保技术主要来自国外且鱼龙混杂，良莠不分，价格居高不下。面对此种情形，五六个意气风发的清华人，在忧国忧民的焦虑和产业报国的热忱中，热烈地讨论着如何将自己毕生的研究成果转化为生产力，引领起中国自主技术研发的节能环保产业，并在中国带动起环保这一新兴领域的制造业，实现实业救国、产业报国的梦想。这其中，有年近70岁的中国环保事业奠基人徐旭常院士，年仅37岁的清华热能系主任彭晓峰教授和首批长江特聘教授、清华大学煤清洁燃烧国家工程中心主任姚强教授，以及日后成为同方环境股份有限公司董事长，当时的职业经理人薛霖女士。时值千禧年的春天，小小的同方环境公司从同方事业部起家，羽翼稚嫩却目标高远，他们要做"国内第一、国际一流"，要"为了祖国的碧水蓝天、为了人类的下一个千年而奋斗"。

越是丰满的理想就越是要接受现实的挑战,也只有在现实中一次次受挫,才可以验证理想和初心是否坚如磐石。1999—2003年长达5年的初创期,虽然有清华大学教授专家的科研力量作后盾,但做企业靠真金白银,占领市场更是要技术和商务齐头并进。一次次的投标中,同方环境总是技术满分,商务零分。因为没有做过项目,实验室里的技术无法应用到实体产业中,公司在谈判桌上就没有说服力。再加上行业的壁垒,要想突破并站稳脚跟难上加难。拿不到大项目那就先从小项目做起,大气治理从沈阳化肥厂30吨锅炉、南宁冶炼厂75吨的高炉,杭钢集团130吨炼钢炉的脱硫改造……一步步培育产业,逐步积累家底,事业部也由此逐渐发展成为同方环境分公司,又一点点扩张成为股份有限公司。

技术驱动市场

2003年的"非典",给了同方环境人施展能力的舞台,也更加坚定了他们实业报国的理想。而2004年无疑是同方环境事业发展的转折年。就在这一年,华能国际电力股份有限公司在充分了解同方环境的环保技术并参观其设备后,出于对国内能源环保领域自主研发技术的支持及认可,将华能汕头电厂一、二期脱硫工程交给同方环境。这对于卧薪尝胆多年的同方环境来说,是一次绝佳的证明实力的机会。同方环境抓住这次机遇,精心组织、认真施工,项目按期完工。2005年年底至2006年年初,华能汕头电厂一、二期脱硫工程顺利通过168小时试运行,同方环境以此向华能国际交出了满意的答卷。之后同方环境又陆续中标华能其他电厂的项目,包括我国第一个1000MW(兆瓦)机组的烟气脱硫——华能玉环电厂超临界燃煤发电机组脱硫项目。伴随这个良好的开端,同方环境由此打开了在国内环保领域的市场,此后项目源源不断。中石化2×100MW、大唐宁德电厂4×600MW、863项目华能海口电厂2×300MW和华能德州电厂2×300MW机组等烟气脱硫工程相继中标。在海口,公司的自主技术烟气脱硫装置通过验收,科技部把这一成功经验向全国推广。经过几年的坚守和努力,同方环境在烟气脱硫、除尘领域中标额已逾十五亿元,科技成果开始转化为生产力,在服务国家、改善环境的同时,企业逐步走上正轨。

华能玉环百万千瓦脱硫项目

同方环境在开放合作中创新，先后与奥地利能源与环境、日本三菱重工、美国GE、德国鲁奇、奥地利安博巨、德国西门子、美国燃料、意大利TKC等一批国际知名企业保持着资源共享、优势互补的良好合作关系，使企业技术发展始终站在国际技术前沿。仅以大气部分为例，截至2012年5月，公司承建烟气脱硫装置105台（套），机组装机容量累计3679万千瓦，每年可减排二氧化硫总量245万吨；承建烟气脱硝装置共50多台（套），累计装机容量超过1000万千瓦，年减排氮氧化物总量超8万吨；承建97台（套），累积超千万千瓦的除尘装置，粉尘排放浓度低于30毫克每标准立方米，效率达99.5%。

正是凭借着独到的技术优势，公司相继承建了"亚洲第一塔"——大唐多伦5×460T/H锅炉烟气脱硫塔；国内首个"烟塔合一、无旁路"大唐锦州电厂烟气脱硫工程；环保新标准下的华能福州电厂4×300MW脱硝工程；973项目的山西美锦电袋一体化除尘示范工程；国家863项目的"天然气制氢及高压氢气加氢站"等标志性大型工程项目；与内蒙古大唐国际再生资源开发有限公司合作的综合利用粉煤灰生产铝硅钛合金的示范项目。

2008年北京奥运会期间，同方环境承接了16个奥运环保项目。其中北京周边电厂的环保项目中，60%～70%的项目是由同方环境完成的。凭借如此闪亮的成绩单，2010年广州亚运会环保项目恒运电厂SNCR脱硝和广州发电厂1—5号机组SCR脱硝工程再次交到同方环境手中。

2011年5月承建、2013年12月投产的北京鲁家山垃圾焚烧发电项目更是同方环境的经典之作。该项目是当时亚洲最大，目前国内处理规模最大的垃圾焚烧项目之一，满足欧盟标准2000/76/EU烟气排放指标，是垃圾无害化、减量化处理及可再生能源发电的环保示范工程，该工程被录入央视纪录片《超级工程3》中。该项目可为北京市石景山、丰台、门头沟和西城的部分垃圾提供焚烧处理，年余热发电4.2亿千瓦时，年上网电量达3.2亿千瓦时，焚烧产生的余热还可向周边居民供热，相当于每年节约14万吨标准煤。

北京鲁家山垃圾焚烧发电项目

回首同方环境的技术研发及产业化发展之路，同方环境人深深体会到自主开发必须与引进消化相结合，即在引进国外先进技术的基础上，结合国内实际情况恰当消化吸收，并做进一步改良或者系统集成，从而适应国内日益提高的环保标准以及具体的产业应用要求。也正是基于此，同方环境在项目实施过程中，始终以卓越的技术，拓展和引领产业发展，根据合作方提出的严格的定制要求，结合自身的创新技术成果，创造性地满足了合作方特定的高难度高标准技术要求。

以文化为引领，向管理要效益

理想是风骨，文化是魂魄。面对市场的激烈竞争，同方环境一直秉承"自强不息，厚德载物"的人文精神，将"承担、探索、超越""忠诚、责任与价值等同"视为核心价值观,在经营过程中始终强调危机意识、不骄不躁;精诚团结、合作共赢;人才至上、义利并重的企业文化,员工快乐工作,企业健康成长。

技术是核心,管理是关键。严格的管理制度不一定成就优秀的企业,但优秀的企业必有严格的管理制度作保障。为了保证企业长期稳定可持续发展,公司根据自身的业务特点制定了一套严格的管理制度并贯穿于公司经营的全过程。在工程利润缩减的大环境下,对项目实施成本目标管理、过程质量管理、安全保障管理。公司重视项目前期的策划,在里程碑进度目标下,设计、采购、分包、回款、支付等子计划一一形成审批和时时监控考核,使得项目的实施在可控范围内。项目现场管理遵循公司多年沉淀下来的优化管理模式,在人、财、物、场基本生产要素的作业空间和时间上进行合理配置和管理,进度、质量、安全三项齐抓并举,继而从根本上保证和实现了项目成本控制目标及利润目标。在赢得业主高度评价的同时,树立了良好的行业口碑,实现了经济效益和社会效益的双赢。

为了绿水青山,同方环境人始终在路上

如果说企业是一艘航船,那么企业家就是船长,企业文化某种程度上是企业家的性格、眼界、风格的投影。作为能源环保领域的知名企业,温婉典雅的薛霖董事长始终以高雅大气的处世为人来掌舵公司,使同方环境这艘航船可以劈波斩浪、行稳致远。

出生于浙江德清书香门第,15岁考入华东师范大学地球物理专业的薛霖,大学时喜欢泡在图书馆里。"当上帝要你承受时,你说受不了是没有用的。"年轻的薛霖被这句话击中,她深刻领悟到人生敢于归零的力量之美。所以,走出校门后她无论是做教师、经商,还是创业,每一次重新开始,她都愉快欣然地面对和接受,并拿出十二分的勇气和努力去完成,直至交出一份令人满意的答卷。企业初创之时,中秋夜还在外地投标;在频繁出差外地项目谈判的高强度工作下,三个月昼夜复习考取清华MBA,重新走入校园学习管理;"非典"、奥运期间和工程师、施工队一起奋战在一线……初创期的打开局面,发展期的扩张规模,上升期的稳健超越,以及转型期的开阔敏锐,任何一个阶段,薛霖都始终保持从容、果敢、担

当与大器的一贯作风。正因如此，公司汇聚了各方贤才，并给他们提供充分施展才干的平台，建立了良好的机制，共同朝着一个目标努力。而为企、为人用真心、投真情，也使公司赢得了众多商业伙伴的信任，建立了可持续的发展共生关系，企业的道路越走越宽广。

正是因为有了这样一位胸怀大志、目标坚定的领航人，同方环境从一个小小的事业部成长为行业知名的环保企业。同方环境的发展经历呈现了一家创新型企业孵化长大的完整历程，可谓是创新企业的先行者。

薛霖

展望环保产业的发展前景，同方环境依然激情如初。当前我国环保体系已经有了极大的完善，法律、法规、政策、标准等日渐完备，相关的环保政策陆续出台，国家水、土、固、废、气的大监管格局已形成，环保督查力度越来越大，产业政策正在发力。随着环保要求越来越严，环保投资也将急剧增加。按照相关机构预测，完成蓝天保卫战、渤海综合治理、长江保护修复等行动，环保投入需求将超过 4 万亿元，并预测到 2023 年中国环保行业总产值将接近 14 万亿元。此外，环保产业正处于从高速发展向高质量发展转变的重要节点，激烈的市场竞争将促使行业加快重组，订单将向优势企业进一步集中。总之，环保产业仍处于加快发展的黄金机遇期。这对于始终怀抱着济沧海之梦想的同方环境人来说也是又一次发力的机遇。他们绝不会仅仅满足于曾经辉煌的业绩，而是会继续练好内功、提升实力、寻找机会、蓄势待发，力争成为卓越的全产业环保综合服务商，让祖国处处天蓝、水碧、土净。长风终破浪，正是扬帆时！

时间追溯至 2003 年，那时，中国的环境能源产业仍处于起步阶段，而环境污染问题却日益严重，环保治理与改善迫在眉睫。正是在这样一个时间点，一群清华人毅然担当起社会责任，投身环保产业，"为了下一个千年,实现同一个梦想",同方环境由此成立。

抓住医疗废物处理机遇,迎难而上。 2003 年的"非典",是一场突如其来的灾难,但也给同方环境带来了机遇。为了研发医疗废物(危险废物)无害化处理装置,同方环境的科研人员连夜加班完成设计,24 小时倒班驻扎在工地上,他们冒着发烧、免疫力下降、有可能被感染的巨大风险,却无一人退缩。最终,这批 40 余项专利技术的产品保障了各个环节的安全达标,取得了巨大的成功。在共抗"非典"的全民战争中贡献了力量。这宝贵的经历也壮大了公司的固废处理业务,为公司赢得了市场信任。

努力研发新技术,减少环境污染。 2004 年,华能国际电力股份有限公司与同方环境签订了合作协议。协议要求同方环境先从 30 万机组做起,到 60 万机组后如果没有出现问题才能进行后续项目合作。这个要求极具有挑战性,同方环境抓住了机遇,经过各方的协同努力,2005 年年底至 2006 年年初,华能汕头电厂一、二期脱硫工程顺利通过 168 小时试运行,合作十分成功。随后,项目源源不断地到来,同方环境的科技力量转化为生产力,企业逐步产生了大规模的经济效益。"亚洲第一塔""天然气制氢及高压氢气加氢站"……在一个个项目的历练中,同方环境不断进行技术积累与创新,努力研发出节省资源、减少环境污染的新技术,促进循环经济发展。

团队凝聚,上下一心。 2008 年北京奥运会期间,同方环境承接了 16 个奥运环保项目。其中,北京周边电厂的环保项目有接近 70% 是由同方环境完成的,包括盘山、唐山、张家口等北京周边地区的脱硫项目,以及华能北京热电厂、京能石景山热电厂的烟气脱硝……在那段时间里,全体员工用高负荷的工作运转保质保量地完成了项目目标。2010 年,同方环境再次获得了广州亚运会环保项目恒运电厂 SNCR 脱硝和广州发电厂 1-5 号机组 SCR 脱硝工程。柔软的情感纽带与坚实的管理造就了同方环境的团队凝聚力,使公司上下可以一致行动,高效率完成目标,推动公司不断发展。而对企业每一位员工来说,同方环境不仅是一个高速发展的企业,更是一个稳定可靠、有温度的家园。

走向国际,环保产业未来可期。 同方环境紧随国家"走出去"的号召,公司与奥地利能源与环境、日本三菱重工、美国 GE、德国鲁奇、奥地利安博巨、西门子、美国燃料、意大利 TKC 等众多国际知名企业保持着合作关系,不断提升企业技术水平,使企业技术发展紧跟国际技术前沿。仅以大气部分为例，截至 2012 年 5 月，公司承建烟气脱硫装置 105 台（套），机组装机容量累计 3679 万千瓦，每年可减排二氧化硫总量 245 万吨。

青山绿水就是金山银山。"十四五"时期是谱写美丽中国建设新篇章，实现生态文明建设新进步的第一个五年，是深入打好环境污染防治攻坚战，持续改善生态环境质量的关键五年。同方环境，未来可期！

致　　谢

　　感谢清华校友总会在本书组稿编审过程中给予的大力支持，尤为感谢唐杰秘书长的悉心指导，并提出很多宝贵的意见和建议，这令编写组受益匪浅。感谢本书收录的 16 家清华校友企业的积极配合与热情支持。由于遭遇新冠肺炎疫情等原因，本书编写及出版周期较长，这些企业不仅给予了我们充分的理解与信任，更为宝贵的是为了顺应企业的发展变化，不厌其烦地配合更新稿件，使本书的记录更为贴合企业发展现实。

　　感谢本书出版方清华大学出版社的诸位编辑老师。正是因为您们的敬业精神，专业的工作，才使本书顺利出版。

　　最后感谢我们未知的读者。清芬挺秀，郁郁葱葱。在这美好的 4 月，希望本书给您的阅读体验带来一抹新绿。更希望这绿意渐浓，生机盎然，焕发出无穷无尽的生命光彩。

编写组
2021 年 4 月清华园